中國學術思想
研究輯刊

二十編

林慶彰 主編

第 17 冊

北宋《春秋》學研究

侯步雲 著

花木蘭文化出版社

國家圖書館出版品預行編目資料

北宋《春秋》學研究／侯步雲 著 -- 初版 -- 新北市：花木蘭文
化出版社，2015〔民 104〕

目 2+212 面；19×26 公分

（中國學術思想研究輯刊 二十編：第 17 冊）

ISBN 978-986-404-006-3（精裝）

1. 春秋（經書）2. 研究考訂

030.8   103026877

ISBN-978-986-404-006-3

9 789864 040063

中國學術思想研究輯刊

二十編　第十七冊　　　　　　　ISBN：978-986-404-006-3

北宋《春秋》學研究

作　　者　侯步雲

主　　編　林慶彰

總 編 輯　杜潔祥

副總編輯　楊嘉樂

編　　輯　許郁翎

出　　版　花木蘭文化出版社

社　　長　高小娟

聯絡地址　235 新北市中和區中安街七二號十三樓

　　　　　電話：02-2923-1455／傳眞：02-2923-1452

網　　址　http://www.huamulan.tw 信箱 hml 810518@gmail.com

印　　刷　普羅文化出版廣告事業

封面設計　劉開工作室

初　　版　2015 年 3 月

定　　價　二十編 21 冊（精裝）台幣 38,000 元

北宋《春秋》學研究

侯步雲　著

作者簡介

侯步雲，1979 年生，河北邢臺人。1999 就讀於河北師範大學歷史文化學院；2003 年至 2009 年，考入西北大學中國思想文化研究所，攻讀中國儒學思想史專業，並順利取得碩士、博士學位。2008 年 12 月，榮獲 2007～2008 學年優秀研究生稱號。從 2009 年 07 月至今，在陝西科技大學思想政治理論課教學科研部任教。2013 年 06 月，獲得國家社科基金項目《兩宋〈春秋〉學與理學研究》，在研。

提　要

　　《春秋》，孔子據魯史《春秋》修作而成，始自魯隱公元年，終於魯哀公十四年，共十二公，二百四十二年。其後解經的五家之傳形成，流傳最廣的是三傳：《春秋左傳》、《春秋公羊傳》、《春秋穀梁傳》，並最終取得經典地位。從《春秋》學整個發展史看，宋代研究《春秋》的著作數量眾多，而對宋代《春秋》學，尤其是北宋《春秋》學與理學思潮的萌芽、發展關係的系統 專門探討卻很薄弱。這方面的研究存在諸如「著重於經學意義的梳理 疏於社會學的考察」、「重個案研究，輕系統論述」等問題。有鑒於此，本文以北宋《春秋》學發展為主題，試圖揭示其與理學的互動關係，以期小益於拓展宋代學術的研究視野。

　　政治危機、儒學困境以及政府與學人共同做出的努力是北宋學人研究《春秋》的前提條件，三者之間緊密聯繫。政治危機實質是追尋理想的政治憲綱，而《春秋》本身具有歷史批判、政治批判的功能，蘊含「大中之道」。所以，政治危機為北宋儒者研究《春秋》提供了現實土壤。儒學面臨自身困境，而外部佛道二教的成長、壯大有力地挑戰儒學權威。因此，儒學需要做出更新。《春秋》整體上既有被樹立的資源，也有被批判的資源，其所含有的王道主題也可以在一定程度上應對佛老。因此，儒學困境為北宋學人研究《春秋》準備了學術動力。為解決現實問題，北宋政府及學者所做的積極反應，為北宋《春秋》學的產生、成長指明了研究方向。

　　北宋《春秋》學研究主要包括理學的解經與一般儒學的解經兩種模式。宋初疑經惑古思潮下的《春秋》研究，主要是一般儒學的闡釋，其中蘊含理學解經的萌芽。范仲淹、歐陽修、「宋初三先生」、劉敞等以迴向儒家之道為學術宗旨，或懷疑、批判漢唐訓詁式的《春秋》注疏，以至對經本身產生懷疑、作出修改，或重視、重申《春秋》中相關的倫理道德規範，這為理學的崛起掃清了障礙。熙寧新法前後，《春秋》學者既承接了前期學人一般儒學的解經方式，又開始或有意或無意探索到新的解讀視角，即理學的研究。王安石與《春秋》的關係一方面對《春秋》學發展有一定的阻礙作用，另一方面間接開啟了《春秋》學發展的新方向；蘇轍《春秋集解》主張以「道」「勢」解讀《春秋》，直接推進了「道」與《春秋》的關係，同時對《春秋》研究中的一般問題也有涉獵；孫覺承宋初學人胡瑗、孫復等人的「尊王」思想，明確《春秋》的「王道」主題，又受當時學術環境的影響而使得《春秋經解》帶有「理」的味道，這一時期的《春秋》學有承上啟下之功。之後到兩宋之際，《春秋》學兩條路徑的進程更加明朗化。一是義理化的《春秋》，《春秋》完全從屬於「理」，同時又為「理」的實現準備了文化載體。周敦頤、邵雍、張載等構建形上範疇「理」《春秋》在此過程中只是起到輔助性作用。二程尤其是程頤對《春秋》的認識全面而理性，「理」成為闡釋《春秋》的唯一、最高依據，並形成「理」與《春秋》的道

與器、形上與形下之勢。胡安國《春秋傳》吸收程氏《春秋》觀的「天理」依據，又加入現實政治的元素，塑造出體用相合的學術風格，《春秋》學至此在最高層面上施展其濟世功能。另一路徑是一般儒學的《春秋》研究，這一時期在《春秋》的研究方法上有新的突破，崔子方、蕭楚、葉夢得三人各有所得。兩條路徑的發展並非獨立平行，而是相互有交叉點。

從北宋《春秋》學的歷史發展來看，學人們在研究方法的總體導向上存在一變化過程，即由依據制度化、倫理化的儒家之道解經轉向依形上意義之「理」解經。這種轉變是合乎邏輯、合情合理的，具體表現為對《春秋》經、傳、史關係的不同認識。

北宋學人在解讀《春秋》思想的過程中表現出強烈的致用性、與理學的互動關係等特點。可以說，北宋《春秋》學豐富了宋代學術的繁榮，為理學的興起、發展提供了實踐資源，而其中所表現出的現實關懷更值得我們繼承和發揚。北宋學人對《春秋》的研究於宋代學術不無功勞與貢獻。

目次

凡　例

一、本文所用《左傳》、《公羊傳》、《穀梁傳》爲學界通用名稱，關於其書名的變化、成書過程、流傳情況等，前輩學人多有論證，今暫不作細緻考辨。

二、爲便於論文格式的統一，本文所用《左傳》、《公羊傳》、《穀梁傳》的版本爲顧馨、徐明校點，遼寧教育出版社，1997 年版。

三、文中所稱引前賢時彥，均直呼其名，免去「先生」字樣，敬請諒解。

引　言

　　《春秋》，孔子據魯史《春秋》筆削修作而成，始自魯隱公元年（周平王 49 年，公元前 722 年），終於魯哀公 14 年（周敬王 39 年，公元前 481年），共 12 公，242 年。大約西漢初年，形成五家解經之傳：《左傳》、《公羊傳》、《穀梁傳》、《鄒氏傳》、《夾氏傳》。據《漢書‧藝文志》稱：《左傳》流轉最早，「四家之中，《公羊》、《穀梁》立於學官，鄒氏無師，夾氏未有書。」〔註 1〕所以，流傳較廣並最終取得經典地位的是《左傳》、《公羊傳》、《穀梁傳》三傳。宋代研究《春秋》的著作數量眾多，已成爲學界共識。四庫館臣有言：「說《春秋》者，莫夥於兩宋。」〔註 2〕馬宗霍也認爲：兩宋「《易》與《春秋》，作者尤繁」〔註 3〕；有學者詳加考證，得出「宋代共有各種《春秋》學專著達 602 種」〔註 4〕；也有學者據《四庫全書總目》列表對比宋代五經、四書類著作：

〔註 1〕　〔漢〕班固撰，顏師古注《漢書》卷 30，《藝文志》，中華書局，1962 年版，第 1715 頁。

〔註 2〕　〔清〕永瑢等撰《四庫全書總目》卷 29，《經部‧春秋類四》，中華書局，1965年版，第 234 頁。

〔註 3〕　馬宗霍《中國經學史》，《民國叢書》第 2 編，上海書店，1989 年版，第 121頁。

〔註 4〕　張尚英，舒大剛《宋代〈春秋〉學文獻與宋代〈春秋〉學》，《求索》，2007年第 7 期，第 199 頁。

表 1　宋代「五經」及《四書》研究著作比較 [註5]

	詩類	易　類	書類	禮　類	春秋類	四書類
總目	18	56	22	25	38	22
存目	3	7	3	3	5	6
總計	21	63	25	28	43	28
備註		含託名之作 3 種		含附錄所列 3 種，僞書 4 種，有異義者 1 種	含僞書 2 種	含託名之作 5 種

　　雖然四庫所收集的《春秋》學著作並不一定完整，其中有漏選、篩汰等主觀、客觀原因，但仍舊可以從某一側面反映出《春秋》在兩宋文化中的優勢。宋代學術以理學（性理之學）爲其突出特徵，學界對理學的研究視角廣泛而多元，相關著作、論文浩如煙海。令人尷尬的是：一方面是數量之廣的《春秋》學文獻，一方面是影響深遠的理學思潮，二者之間的關係如何卻很少進入學者系統、專門研究的視野，不能不說是學界的遺漏之處。本文以北宋《春秋》學發展爲主題，試圖尋找其成長脈絡，揭示其與理學的互動關係，以期小益於拓展宋代學術的研究視野。

一、研究現狀

　　《春秋》及其傳注自出現以來，就引起學人們的興趣，兩宋對《春秋》的關注更超出其他時期。研究兩宋《春秋》學發展情況，從北宋入手，不失爲有效而合理的選擇。近幾十年來對北宋《春秋》學的研究，在取得可觀的學術成果的同時也存在一些問題。

　　1. 著重於經學意義的梳理，疏於社會學的考察

　　20 世紀以來，研究者尤其是經學家通常把北宋《春秋》學納入中國經學史的範圍，指明北宋儒者治經特點及其表達主旨。皮錫瑞在《經學歷史》中視宋代爲「經學變古時代」，分述五經在這一時期的變化，其中歸納宋代研究《春秋》的特徵爲「皆沿唐人啖、趙、陸一派」 [註6]；陳廷傑所著《經學概論》以「宋代經學之變革及其流派」爲論證對象，探討兩宋《春秋》類

〔註 5〕　陳戰峰《宋代〈詩經〉學與理學》，陝西人民出版社，2006 年版，第 66 頁。
〔註 6〕　〔清〕皮錫瑞著，周予同注釋《經學歷史》，中華書局，1959 年版，第 250 頁。

專著的治經優劣，總結其爲「蓋宋代諸儒，大都兼採三傳，不盡如漢世專門之學也，然其失也多穿鑿」〔註7〕；馬宗霍《中國經學史》〔註8〕論及先秦到清代的經學，其中就「宋代經學」區分爲「道學」與「宋學」，說明宋代《易》學、《春秋》學盛行的原因；周予同《群經概論》中考察《春秋》經及三傳的基本情況，進而說明「宋學的《春秋》學以棄傳談經爲特色」〔註9〕；蔣伯潛《十三經概論》〔註10〕，指明宋代學人研究經學的特點爲「由客觀的趨向主觀的」，《春秋》學方面以「並棄三傳」的胡安國、「斥《春秋》爲『斷爛朝報』」的王安石爲代表。20世紀中後期，出現了新的經學史體裁，章權才研究經學斷代史《宋明經學史》〔註11〕，簡述不同的歷史時期、社會條件下五經發展情況，涉及到胡安國的《春秋》觀。姜廣輝《中國經學思想史》〔註12〕，以經學思想在中國古代社會的演變爲主線，介紹漢唐以前、漢唐、宋明、清代四個階段儒家經典的發展情況，《春秋》經傳思想的變化亦在其中。

　　這種從經學史角度對兩宋《春秋》學所做的考察，依據其自身特徵，確立其在經學發展史上的地位，有一定的學術意義；但這種論證並沒有把北宋、南宋《春秋》學的發展分開分類論述，忽略北宋《春秋》學出現的社會、文化背景，也疏於觀照北宋《春秋》學與當時時代思潮理學的關係，至少缺乏詳細的論證與分析。或許正是這種疏忽，使得上述學人對北宋《春秋》類專著的具體評論有所偏誤，如蔣伯潛所講的胡安國「並棄三傳」，實際上胡安國對三傳、前人學術成果都有所吸收，詳見下文細述。

2. 單一性彰顯北宋《春秋》學在《春秋》學史上的學術特徵，缺少對其內在關係的探討

　　沈玉成、劉寧《春秋左傳學史稿》〔註13〕通過文獻梳理，認爲宋元明時

〔註7〕陳廷傑《經學概論》，商務印書館，1930年版，第117～118頁。

〔註8〕馬宗霍《中國經學史》，《民國叢書》第2編，上海書店，1989年版，第119～121頁。

〔註9〕周予同《群經概論》，載朱維錚編《周予同經學史論著選集》，上海人民出版社，1983年版，第253～270頁。

〔註10〕蔣伯潛《十三經概論》，上海古籍出版社，1983年版，第19頁。

〔註11〕章權才《宋明經學史》，廣東人民出版社，1999年版，第151～182頁。

〔註12〕姜廣輝主編《中國經學思想史》，中國社會科學出版社，2003年版。（宋明卷、清代卷還沒有出版，暫不做議論。）

〔註13〕沈玉成、劉寧《春秋左傳學史稿》，江蘇古籍出版社，1992年版，第202～220頁。

期的《春秋》經傳研究「進一步政治化」，指出宋儒議論大都為有感而發，《春秋》學更多的趨向於政治化，並闡述了孫復、劉敞、蘇轍、胡安國等主要《春秋》學學者的《春秋》觀；戴維《春秋學史》〔註14〕以人物為橫線，以歷史時期為縱線，把北宋《春秋》學劃分為慶曆前後的《春秋》學、王安石新經義系統下的《春秋》學、北宋中後期諸學派的《春秋》學，論及「北宋五子」《春秋》理學化的趨勢；趙伯雄《春秋學史》〔註15〕立足於《春秋》學為政治哲學的觀點，總述北宋前期《春秋》學的發展趨勢，議論胡瑗、孫復、劉敞、王安石、二程等的治經宗旨、方法、影響等，如二程把《春秋》納入其理學範圍；楊向奎《宋代理學家的〈春秋〉學》以天人關係為理論基礎，探討孫復、程頤、胡安國、朱熹等《春秋》學的亮點，如程頤「以修養工夫求《春秋》大義，是《春秋》理學化的由來」〔註16〕。

對北宋《春秋》學階段的劃分及其或理學化或政治化的定性，有利於我們宏觀上把握北宋《春秋》學的發展。問題是：這種歷史階段的劃分標準是什麼，是否成立。如果是按政治化的逐漸加深進行劃分，那麼各階段是如何表現這種深入的；如果是按理學化的標準，則這種理學化的細微過程又是如何表現的，理學化的具體內容也需要界定。北宋《春秋》學或政治化或理學化的特點，是否獨立發生發展，二者之間有何關聯，諸如此類的問題都需要進一步考證。

3. 重個案研究，輕系統論述

吳德義《論孫復思想的貢獻及其時代價值》〔註17〕探討孫復對《春秋》的整體性解讀；徐洪興《思想的轉型——理學發生過程研究》〔註18〕其中論及范仲淹、孫復對《春秋》的認識；何澤恒《歐陽修之經史學》〔註19〕分析了歐陽修史學與《春秋》學思想，並認為其史學成就源於《春秋》；葛煥禮分

〔註14〕戴維《春秋學史》，湖南教育出版社，2004 年，第 310～352 頁。
〔註15〕趙伯雄《春秋學史》，山東教育出版社，2004 年版，第 419～484 頁。
〔註16〕楊向奎《宋代理學家的〈春秋〉學》，《史學史研究》，1989 年第 1 期，第 22～28 頁。
〔註17〕吳德義《論孫復思想的貢獻及其時代價值》，《晉陽學刊》，1990 年第 4 期，第 81～87 頁。
〔註18〕徐洪興《思想的轉型——理學發生過程研究》，上海人民出版社，1996 年版，第 243，331 頁。
〔註19〕何澤恒《歐陽修之經史學》，國立臺灣大學出版委員會，中華民國 69 年版，第 77～95 頁。

別討論了蘇轍、崔子方的《春秋》學特點〔註 20〕；侯外廬等主編的《宋明理學史》〔註 21〕、張豈之主編的《中國思想學說史》〔註 22〕等通史類著作也或多或少的涉及到宋代某學人的《春秋》學研究情況，如對孫復、胡安國《春秋》觀的介紹；蔡方鹿《程顥、程頤與中國文化》〔註 23〕講到二程的經學思想，包括他們對《春秋》的態度。

這種專門性的探討發掘了個體研究《春秋》學術價值，但相對於整體性的北宋《春秋》學來看，則缺乏系統性、連貫性，不足以顯示北宋《春秋》學發展的內在邏輯性。即便把這些個案研究成果主觀的組成整體，也是各自當家，不成「一家之言」。

4. 學術視角廣泛而缺乏整合

牟潤孫《論兩宋〈春秋〉學之主流》〔註 24〕以孫復、胡安國爲例，指出北宋與南宋《春秋》學的各自偏重；江湄《北宋諸家〈春秋〉學的「王道」論述及其論辯關係》〔註 25〕從北宋《春秋》學的角度，分析「王道」的制度性、文化性、求實性等特點；張志強《從思想史到政治哲學》〔註 26〕重於從方法論方面肯定宋代《春秋》學在宋學研究上的學術意義；張尚英、舒大剛《宋代〈春秋〉學文獻與宋代〈春秋〉學》〔註 27〕以文獻學的視角梳理、分析宋代《春秋》學的相關著作；李建軍《宋代〈春秋〉學與宋型文化》〔註 28〕探討宋代《春秋》學與宋代社會背景下的政治學、理學、文學、史學等諸多文化層面的相互關係；張高評《臺灣〈春秋〉經傳研究之師承與論著》〔註 29〕

〔註 20〕 萬煥禮《論蘇轍〈春秋〉學的特點》，《孔子研究》，2005 年第 6 期；《崔子方的〈春秋〉學》，《山東大學學報》，2006 年第 4 期。

〔註 21〕 侯外廬，邱漢生，張豈之主編《宋明理學史》（上），人民出版社，1984 年版。

〔註 22〕 張豈之主編《中國思想學說史》（宋元卷上），廣西師範大學出版社，2007 年版。

〔註 23〕 蔡方鹿《程顥、程頤與中國文化》，貴州人民出版社，1996 年版。

〔註 24〕 牟潤孫《論兩宋〈春秋〉學之主流》，載《注史齋叢稿》，中華書局，1987 年版，第 140～161 頁。

〔註 25〕 江湄《北宋諸家〈春秋〉學的「王道」論述及其論辯關係》，《哲學研究》，2007 年第 7 期。

〔註 26〕 張志強《從思想史到政治哲學》，《哲學動態》，2006 年第 11 期。

〔註 27〕 張尚英，舒大剛《宋代〈春秋〉學文獻與宋代〈春秋〉學》，《求索》，2007 年第 7 期。

〔註 28〕 李建軍《宋代〈春秋〉學與宋型文化》，中國社會科學出版社，2008 年版。

〔註 29〕 張高評《臺灣〈春秋〉經傳研究之師承與論著》，《江海學刊》，2004 年第 4 期。

整理臺灣 5 所大學對《春秋》經傳的研究成果，包括史學、文學、科技等各個學術領域，其中談到對北宋《春秋》學的研究論著；池田秀三著、石立善譯《日本京都大學的〈春秋〉學研究之傳統》〔註30〕論及作者對「京都學派」的認識以及對日本各《春秋》學學者研究特點的總結。雖然其主要討論對象為兩漢《春秋》學，但為研究北宋甚至兩宋《春秋》學提供了方法上的思考。

　　的確，多角度的分析，有助於我們多元地理解北宋《春秋》學。但這種形式的研究是否應該歸總，不同研究方嚮之間是否有聯繫，能否歸入上述所論北宋《春秋》學政治化、理學化的特徵，需要我們進一步思考。

二、本文研究的框架結構及其相關概念

　　鑒於目前對北宋《春秋》研究中存在的不足，本文致力於系統研究整理北宋學人研究《春秋》的情況，揭示其歷史的和邏輯的發展進程。縱觀《春秋》學在古代的發展脈絡，北宋王安石本人的學術特點及其新法對《春秋》的官方定位成為《春秋》學研究方向、方法上的轉折點，即《春秋》開始與抽象概念發生關係，開始由主動方轉為被動方。此前宋初學人對《春秋》的認識、闡述集中於制度、法則等操作層面，力圖從中回歸儒家之道；此後北宋中後期至兩宋之際的《春秋》學逐漸成為「理」的落實載體。這其中既有理性精神的成長因素，也與《春秋》經傳自身的特點有關。

　　需要注意的是：對《春秋》的研究中存在理學的解經與一般儒學的解經兩種模式。宋初疑經惑古思潮下的《春秋》研究，主要是一般儒學的闡釋，其中蘊含理學解經的萌芽；熙寧新法前後，《春秋》學學者既承接了前期學人一般儒學的解經方式，又開始或有意或無意探索到新的解讀視角，即理學的研究；之後到兩宋之際，以「理」解經成為研究《春秋》的重要方式。當然，理學的《春秋》研究與一般儒學的《春秋》研究並非絕對獨立，而是相互間有影響、滲透；而且，無論是哪一種研究，都是北宋學者投身於社會實踐，進行理論思考和探討的結果。

　　基於以上所述研究主線，北宋《春秋》學研究主要分為三部分：第一部分，論述北宋學人研究《春秋》的社會背景、學術環境。面對政治與儒學危

〔註30〕池田秀三著,石立善譯《日本京都大學的〈春秋〉學研究之傳統》，本文原載《臺灣東亞文明研究學刊》第二卷第二期（總第四期）（臺北：臺灣大學人文社會高等研究院、2005 年 12 月）

機，政府與學人配合採取相應舉措，《春秋》於其中發揮了積極作用。第二部分，具體探討北宋學人研究《春秋》的過程，可劃分爲三個階段，即宋初范仲淹、歐陽修、「宋初三先生」等以迴向儒學之道爲學術宗旨，解讀《春秋》；熙寧新法前後，王安石《春秋》「斷爛朝報」說引起學界強烈反響，蘇轍、孫覺爲其中代表。雖然二人同是以「斷爛朝報」說爲治《春秋》的起點，但研究思路並不一致。蘇轍以「道」「勢」解經，推進《春秋》與最高範疇「道」的直接關係，同時也關注一般儒學解經時的《春秋》問題；孫覺主要是沿襲宋初學人一般儒學《春秋》研究的治經方式，但也受到抽象思維方式的影響。所以，這一時期的《春秋》學有承上啓下之功；新法後，程頤視《春秋》爲抽象之「理」的文化載體，胡安國在前人研究成果的基礎上，既以「理」解經，又體現《春秋》的致用精神。同時，一般儒者在解經方法上進行了新的探索，如以日月例解經、專題性解經。第三部分，在北宋學人研究《春秋》具體情況的基礎上，對其所採用的解釋《春秋》的方法及其原因進行總結，即主要是從以儒家之道解經轉爲以「理」解經。這種轉變是學術與政治合力而成的結果。

　　爲了便於清晰的論證，有必要對以下幾個概念進行界定。

1. 《春秋》與《春秋》學

　　關於《春秋》名稱的由來及其含義的變化，許多學人都有過考證、分析〔註31〕。目前學界對此的基本認識爲：《春秋》，最早見於《國語》，是當時各國史書的通名，如《墨子·明鬼》中載有「周之《春秋》」、「燕之《春秋》」、「宋之《春秋》」、「齊之《春秋》」。後成爲魯國史書的專名，《孟子·離婁下》：「晉之《乘》，楚之《檮杌》，魯之《春秋》一也。」〔註32〕今本《春秋》是孔子據魯史而修作〔註33〕，爲儒家經典之一。爲什麼稱爲「春秋」？一般認爲與古代社會的農業有關，「春秋」連用表一年時間，如此記錄，《春秋》成爲編年體史書。

〔註31〕　注：參看范文瀾《群經概論》（載《民國叢書》第2編，上海書店1989年版）；周予同《群經概論》（載朱維錚編《周予同經學史論著選集》，上海人民出版社，1983年版）；楊伯峻《春秋左傳注》（中華書局，1981年版）；沈玉成、劉寧《春秋左傳學史稿》（江蘇古籍出版社，1992年版）等著論。

〔註32〕　〔宋〕朱熹《孟子集注》，載《四書章句集注》，中華書局，1983年版，第295頁。

〔註33〕　注：有學者反對是孔子修訂《春秋》，如楊伯峻《春秋左傳注·前言》中所論。

　　《春秋》從通名到專名再到經典的變化，則《春秋》學也有相應的含義。以魯史《春秋》講，孔子在此基礎上進行編修，突顯其中大義，可以說是最初的《春秋》學。隨著後人對《春秋》經傳的不斷解讀、闡發，《春秋》學的視角日漸廣泛。有學者就提出：「《春秋》學是經學的一個分支，它也正像經學一樣，是一種綜合性的學問，幾乎涉及了舊時學術的各個領域。」又指出《春秋》學的性質「主要應該是一種政治哲學」〔註34〕。的確，《春秋》學包含諸多內容，關係到史學、文學、哲學、政治學、地理學等多個領域，把《春秋》學歸入政治哲學的範圍，有一定的道理與學術意義，但筆者傾向於《春秋》學包容性、開放性的學術品質，其性質的歸屬或許可以說是綜合的，這其中既有《春秋》經傳本身所含有的可解讀資源的因素，又有其所處的不同社會環境、研究者的學術體系或取向等因素。

2. 宋學與理學

　　對「宋學」、「理學」概念的解析，學人們多有論證〔註35〕。「宋學」，廣義上講，指宋代學術，包括史學、文學、哲學、政治學等多種學科；狹義上講，「宋學」之稱出現於清代，是相對於「漢學」而言。漢學是指解經者通過校勘、辨偽、訓釋等方法解釋儒家經典，始於漢代，盛於唐初，復興於清。宋學是指從唐中後期開始而大興於宋的、以擺脫漢唐注疏傳統而重視義理闡發為特色的新的解經方式，即義理之學。

　　「理學」，宋代已出現此名。廣義的理學，即為以尋求儒經大義的義理之學，包括有宋一代的濂學、關學、蜀學、新學、洛學等學派；狹義的理學，以「性與天道」為主題，「道」、「理」等抽象概念既具有形上特性，又有倫理價值的含義，即義理之學中的性理之學，主要包括濂學、關學、洛學等學界公認的學術派別。本文所用的「理學」為性理之學，如「理學發展中的《春秋》學」，介紹了周敦頤、張載、邵雍、程頤等的《春秋》觀，理學的《春秋》

〔註34〕趙伯雄《春秋學史・自序》，山東教育出版社，2004年版，第4頁。

〔註35〕注：鄧廣銘《略談宋學》（載《鄧廣銘治史叢稿》，北京大學出版社，1997年版）；張豈之主編《中國思想學說史・宋元卷》（廣西師範大學出版社，2007年版）；周予同「漢學」與「宋學」（載朱維錚編《周予同經學史論著選集》，上海人民出版社，1983年版）；陳來《宋明理學》（遼寧教育出版社，1991年版）；陳植鍔《北宋文化史述論》（中國社會科學出版社，1992年版）；漆俠《宋學的發展和演變》（河北人民出版社，2002年版）；姜廣輝《「宋學」、「理學」與「理學化經學」》（《哲學研究》，2007年第9期）；徐洪興《思想的轉型——理學發生過程研究》（上海人民出版社，1996年版）等相關論著。

研究也主要是指以形上之「理」或「道」解經，與此相對的是一般儒學的《春秋》研究。如有特殊情況，另有說明。

三、本文的研究方法

1. 思想史與學術史相結合

同學術史相比，思想史是比較年輕的學科，它不單是對某一學派的介紹，更需要分析、提煉其理論觀點。所以，研究方法及原則很重要。20 世紀以來，許多學人如胡適《清代思想史》、錢穆《中國近三百年學術史》、侯外廬《近代中國思想說學史》等普遍論及學術史與思想史的結合。關於這種結合，張豈之簡明扼要地指出：「學術史不同於政治史、法律史等，也不同於思想史」「在思想史中含有一定學術史的內容，同樣，在學術史中也含有一定思想史的素材」，二者中「思想史更加偏重於理論思維（或邏輯思維）演變和發展的研究」，並且二者的結合「並不是人為地將它們捏合在一起，而是要尋找二者的溝通處，使之融合為一個整體」〔註 36〕。同時，認為思想史的研究注意與學術史、社會史、經學史等多種學科結合〔註37〕。可見，對思想史研究視野的拓寬，就是要把思想史作為一整體進行立體研究，其中思想史與學術史的結合不失為有意義的研究方法之一。就本文《春秋》學而言，我們不僅要考察孫復、蘇轍、程頤、胡安國等研究《春秋》的特點及學術意義，也要研究北宋《春秋》學與理學的互動關係。

2. 歷史與邏輯的統一

此為歷史學研究的基本原則，也是其重要的研究方法。本文在對北宋《春秋》學發展的論述中，一方面要關注這一時期學人研究《春秋》的歷史演變過程，另一方面要尋求其內在發展的邏輯性，即對北宋學人研究《春秋》所進行的階段劃分既要體現歷史性，更應當體現其必然的邏輯性。

3. 比較、歸納、分析等的綜合運用

即以北宋學人《春秋》類原典文獻為基礎，分析其《春秋》觀的具體內容，歸納其不同的《春秋》學特點，並適時地進行或橫向或縱向的比較，凸顯《春秋》學的主體性、流動性。

〔註36〕 張豈之《序》，載張豈之主編，王宇信等撰述《中國近代史學學術史》，中國社會科學出版社，1996 年版，第 1 頁。
〔註37〕 張豈之《五十年中國古代思想史研究》，《中國史研究》，1999 年第 4 期。

4. 列表法

為了較直觀、較客觀而多形式的分析、歸納北宋學人研究《春秋》的特徵，本文採用了有限的列表法，如蘇轍對《春秋》起止時間、事件的認識等。

第一章　北宋學人研究《春秋》的前提條件

　　北宋《春秋》學成為顯學，並非偶然，是與趙宋政府所面臨的一系列問題及賢人學士所作的諸多理論思考、實踐操作分不開的。建立在唐末五代分裂、戰亂、價值觀迷失基礎上的趙宋政權，雖然採取了積極措施進行補救，但補救取得成效的同時又帶來了新問題。當學人們把目光投向儒學，尋求解答時，儒學自身也正面臨兩難的困境。因此，以消除政治危機為起點的儒學中興運動拉開了序幕，《春秋》作為儒家政治經典之一，滿腔熱情地投身於這場運動。

第一節　宋初社會危機與儒學困境

　　趙宋王朝建立之初，為避免重蹈唐末五代的覆轍，最高權力者採取了一系列加強中央集權的措施。皇帝直接控制軍事、財政、行政大權，削弱州郡實力；隨後又加強禁軍制度、建立通判制度和轉運使制度。依當時情形看，宋初的集權政策成功地避免了地方割據的分裂局面，如史學家范祖禹講：「唯本朝之法，上下相維，輕重相制，如身之使臂，臂之使指……藩方守臣，統制列城，付以數千里之地，十萬之師，單車之使，尺紙之詔，朝召而夕至，則為匹夫。是以百三十餘年，海內晏然。」〔註 1〕中央對地方的控制確實達

〔註 1〕　〔宋〕范祖禹《范太史集》卷 22《轉對條上四事狀》，《四庫全書〈文淵閣〉

到了一呼百應的效果。宋太祖也頗爲自信地對宰相趙普講：「朕與卿定禍亂以取天下，所創法度，子孫若能謹守，雖百世可也。」〔註2〕但實踐證明，宋太祖開創的施政法度只適用於一時，而並不能以體系化、制度化的姿態推行一世。

宋初的集權政策遺爲後患。由於高度集權，官僚機構迭生，從政人員隊伍龐大，如眞宗時官吏總數57萬，占當時戶籍總數的9%〔註3〕。而且，官僚隊伍缺乏相應的監督、考察機制，形成苟且守舊、不思進取的士風、官風。朱熹曾講：「本朝自李文靖公、王文正公當國以來，廟論主於安靜，凡有建明，便以生事歸之，馴至後來天下弊事極多。」〔註4〕其中李文靖公指「聖相」李沆，此人可謂宋初士林風氣萎靡的代表。眞宗時，與北方契丹處於戰爭狀態，王旦感歎不應無所作爲，李沆回應：「少有憂勤，足爲警戒。他日四方寧謐，朝廷未必無事。」有人議論李沆不論政事，李辯解：「吾非不知也。然今之朝士得升殿言事，上封論奏，了無雍蔽，多下有司，皆見之矣。若邦國大事，北有契丹，西有夏人，日旰條議所以備禦之策，非不詳究。薦紳如李宗諤、趙安仁皆時之英秀，與之談，猶不能啓發吾意。自餘通籍之子，坐起拜揖，尚周章失次，即席必自論功最，以希寵獎，此有何策而與之接語哉？」〔註5〕可見，李沆一切按慣例行事，認爲官吏之間的交流並無可取之處。有學者指出：宋初政治指導思想主要是黃老思想〔註6〕。這種觀點雖然有待進一步考證，但確實表明宋初政治運作因循守舊，缺少可行性的施政憲綱和文化綱領。

此外，爲防範農民起義，抵抗少數民族的侵犯，政府大量擴軍，國家一大半財政用於養兵，由此也造成冗費，財政危機日益嚴重。「財不足用於上而下已弊，兵不足威於外而敢驕於內，制度不可爲萬世法而日益叢雜，一切苟

本》，上海古籍出版社1987年影印。

〔註2〕 〔宋〕李心傳《建炎以來繫年要錄》卷61，《四庫全書〈文淵閣〉本》，上海古籍出版社1987年影印。

〔註3〕 郭正忠《中國古代官僚機構的膨脹規律及根源》，《晉陽學刊》，1987年第3期。

〔註4〕 〔宋〕黎靖德編，王星賢點校《朱子語類》卷130，中華書局，1994年版，第3095頁。

〔註5〕 〔元〕脫脫等《宋史》卷282，《李沆傳》，中華書局，1977年版，第9539～9540頁。

〔註6〕 張其凡《呂瑞與宋初的黃老思想》，載《宋史研究論文集》，河南人民出版社，1984年版。

且，不異五代之時。」〔註7〕嚴重的社會危機亟待解決方案的出臺。

依託聖人之言，通過注解經書闡述自己的觀點、看法〔註8〕，已成為學人們普遍而行之有效的思考模式，而文化典籍也只有在不斷的注解與闡釋中才會彰顯其價值。當學人們以自覺擔當精神、憂患意識，懷抱希望轉向傳統儒家經典時，他們看到的只是空虛、蒼白而與現實社會嚴重脫節的章句訓詁之經學。

西漢時，為適應大一統政治的需要，文化上儒學取得官方學術地位。武帝時已立五經博士，如言《詩》魯有申培公，齊有轅固生；言《春秋》齊魯有胡毋生，趙有董仲舒。同時，經學已成為士人獵取功名的手段，經學內部不同派別之間為利益而相互排斥。由於秦火，經本殘缺，恪守「師法」、「家法」成為士人治經的主要方式，經學由此出現了「一經說至百餘萬言」的繁瑣局面。這種支離蔓延的治經學風已經遠離了先秦儒學所具有的經世致用、深奧大義的實踐、理論精神。

至唐初，經學面臨的是：一方面，唐太宗下詔諸儒撰定《五經正義》，高宗時頒行天下，成為科舉考試的唯一標準答案。經學取得了統一，但在治經方法上並無創見，只是南北朝訓詁之學的延續；另一方面，懷疑、不滿官方注疏之經的風氣日盛，「及乎大曆之間，啖助、趙匡、陸淳（質）以《春秋》，施士丏以《詩》，仲子陵、袁彝、韋彤、韋茝以《禮》，蔡廣成以《易》，強蒙以《論語》，皆自名其學，蓋不復守舊說。」〔註9〕其中又以啖、趙、陸《春秋》學派為顯，四庫館臣稱：他們的治特點為「考三家得失，彌縫漏闕，故其論多異先儒」「蓋捨傳求經，實導宋人之先路。」〔註10〕此前注解《春秋》，尊傳甚於尊經，寧信經誤而不信傳非。啖、趙、陸治《春秋》則援經擊傳，以主觀體驗解聖人精神，變專門《春秋》學為通學。但是，唐代學人為改變經學弊端所做出的努力並沒有成為普遍的學術風尚，只是少數人的個體行為；而且經過唐末五代的戰亂，唐人懷疑注疏之風早已成為落花流水。

宋初慶曆以前，經學仍舊無甚變化。開國三朝，官方大規模地組織整理舊籍的工作。如太宗時，下詔校刻《五經正義》，「太宗以孔穎達《五經正義》

〔註7〕　〔宋〕歐陽修《歐陽文忠公集》卷17，《本論》，《四部叢刊》本。
〔註8〕　張豈之主編《中國思想史》，西北大學出版社，1989年版，第3頁。
〔註9〕　馬宗霍《中國經學史》，《民國叢書》第2編，上海書店，1989年版，第103頁。
〔註10〕　〔清〕永瑢等撰《四庫全書總目》卷26，《經部·春秋類一》，中華書局，1965年版，第213頁。

刊板詔孔維與（李）覺等校定。」〔註11〕直到眞宗時，「咸平二年……（邢昺）受詔與杜鎬、舒雅、孫奭、李慕清、崔偓佺等校定《周禮》、《儀禮》、《公羊》、《穀梁春秋傳》、《孝經》、《論語》、《爾雅義疏》，及成，並加階勳。」〔註12〕科舉取士，仍就以官方《正義》爲準，嚴守經傳注疏，不許標新立異。如引用頻率很高的科試黜賈邊事件：省試題目爲「當仁不讓於師賦」，李迪作賦符合官方《正義》的要求，賈邊解「師」爲「眾」，與注疏相異，所以取李迪而黜賈邊〔註13〕。可見，宋初三朝學風沿襲漢唐傳注之學，正如清人皮錫瑞所講：「經學自唐以至宋初，已陵夷衰微矣。然篤守古義，無取新奇；各承師傳，不憑胸臆，猶漢唐注疏之遺也。」〔註14〕

不僅如此，佛道二教於外部挑戰儒學權威。佛教自印度傳入中國，道教爲中國本土宗教，二者在唐代取得了長足發展。宋初統治者基本上襲用唐代儒、佛、道並行的文化政策，提倡三教並用，又大興佛、道二教。如宋太祖派和尚赴印度求法取經，敕修《大藏經隨幽索引》；太宗時在五臺山、天台山等處修造寺院、佛像，又令贊寧編撰《宋高僧傳》，認爲浮屠之教有益於政治；眞宗則親自撰寫《崇釋論》，並爲佛經作注。就道教而言，宋太祖曾向道士蘇澄請教養生之要，賜號「頤素先生」；眞宗命張君房專修道藏，編成《大宋天宮寶藏》。

比較二者的社會影響力，佛教對社會各階層都有相當大的吸引力。當時，士大夫談禪論佛已成爲一種風尚。如范仲淹曾作《十六羅漢因果識見頌序》，「一句一歎，一頌一悟，以至卷終，胸臆豁然，頓覺世緣大有所悟。」〔註15〕很有體會；歐陽修指出當時情況，「比見當世之名士，方少壯時力排異說，及老病畏死，則歸心釋老，反恨得之晚者，往往如此也。」〔註16〕張載也認爲：

〔註11〕〔元〕脫脫等《宋史》卷431，《儒林傳·李覺》，中華書局，1977年版，第1282頁。

〔註12〕〔元〕脫脫等《宋史》卷431，《儒林傳·邢昺》，中華書局，1977年版，第12798頁。

〔註13〕注：《宋史·王旦傳》（卷282），馬端臨《文獻通考》卷30，《選舉考》（《四庫全書〔文淵閣〕本》，上海古籍出版社1987年影印）均有載入。

〔註14〕〔清〕皮錫瑞著，周子同注釋《經學歷史》，中華書局，1959年版，第220頁。

〔註15〕〔宋〕范仲淹《范文正公集·別集》卷4，《十六羅漢因果識見頌序》，《四部叢刊》本。

〔註16〕〔宋〕歐陽修《歐陽文忠公集》卷140，《唐徐浩玄隱塔銘》，《四部叢刊》本。

「自其說燬傳中國，儒者未容窺聖學門牆，已爲引取，淪胥其間，指爲大道。〔乃〕其俗達之天下，至善惡、智愚、男女、臧獲，人人著信。」〔註 17〕異質文化的盛況，表明儒學地位逐漸被削弱。

　　無論是宋初面臨的社會危機，還是儒學自身所處困境，都促使有識之士思考、探索，尋找復興之路。

第二節　政府與學人的努力及《春秋》在其中的影響

　　面對政治、文化上所存在的種種問題，上至宰相下至士人都積極地做出回應。范仲淹、歐陽修等制定科場改革的具體方案，獎掖人才，促進學風的轉變；胡瑗、孫復、李覯等學人排擊佛老，批判漢唐經學弊端，提倡直尋經義，推動學術創新。

一、科舉改革

　　科舉制度既是政治制度的一種，又屬文華的一部分。從某種程度上講，科舉考試在形式上引導了社會士風、學風，如漢代以訓詁之學、唐代以文章之學選拔官吏，於是治經者一經說至百萬餘言，作文者以奢靡、華麗辭藻爲治學目標。宋初科舉考試基本沿襲李唐，分進士科、明經科，前者以詩賦分等，後者重帖經、墨義。爲了改變儒學自身發展受到束縛的現狀，有必要從官方政策上對科考進行一次革新。北宋時期，科舉考試有三次改革〔註 18〕，范仲淹、歐陽修倡導、實踐的慶曆至嘉祐年間的興學是其中一次。這次改革范仲淹上奏《答於詔條陳十事》在前，確定大政方針；歐陽修具體起草細則，並於嘉祐年間大張旗鼓地執行。改革的指導思想爲重策論輕詩賦，即著重發揮儒學義理與經世之道，減輕詩賦在其中的地位。「今先策論，則文辭者留心於治亂矣；簡其程式，則閎博者得以馳騁矣；問以大義，則執經者不專於記誦矣。」〔註 19〕可見，這一改革以官方政令的形式提倡義理解經，應用

〔註 17〕〔宋〕張載著，章錫琛點校《張載集》，《正蒙·乾稱篇第十七》，中華書局，1978 年版，第 64 頁。
〔註 18〕注：陳植鍔《北宋文化史述論》（中國社會科學出版社，1992 年版，第 78～120 頁中有詳論。
〔註 19〕歐陽修《文忠集》卷 104，《詳定貢舉條狀》，《四庫全書〈文淵閣〉本》，上海古籍出版社，1987 年影印。

於現實生活。

慶曆至嘉祐年間興學的具體過程，有學人已做過詳細考論〔註20〕，這裡僅就改革的意義做一簡單說明，從中探求《春秋》的地位。

1. 科舉制度的革新促進了宋代學校的發達

最顯著的變化是州縣學校增多，范仲淹到任蘇州時，置辦蘇州府學，聘胡瑗執教。同時，鄉塾式的私人講學興盛，如「宋初三先生」都是以私人講學著稱，其弟子多能應舉中第。

2. 有助於培養適應社會需要、儒學革新的有用人才

以策論取士，激勵學子關心時政，改變政府官員因循之風。如范仲淹授孫復《春秋》，薦舉其爲國子監直講；又推薦李覯爲太學助教。嘉祐二年的科舉考試，又使得蘇軾兄弟、張載、程顥等新秀人才脫穎而出。

3. 改變了宋初注疏訓詁的經學之風

由於改革後的科舉考試要求依經發表時論，不再是背誦、記憶性的考試內容，所以必然會激發學子脫離傳注，憑己意發揮創造性見解，爲疑經惑古的新學風奠定了基礎。

雖然慶曆新政作爲一場政治運動失敗了，但其中所提倡的創新、務實精神不斷壯大，爲理學思潮的崛起準備了條件。這場改革中，《春秋》經傳作爲傳統科考內容，仍舊發揮其應有的作用。《宋史·選舉志一》：「凡進士，試詩、賦、論各一首，策五道，帖《論語》十帖，對《春秋》或《禮記》墨義十條。」又，「初，禮部貢舉，設進士、九經、五經、開元禮、三史、三禮、三傳、學究、明經、明法等科。」〔註21〕其中涉及到《春秋》及三傳。可以說，無論是帖經、墨義式的重章句重注疏，還是先策論後詩賦式的重義理重經旨，《春秋》都有一定的學術地位。雖然王安石新法罷《春秋》，以《三經新義》爲考試的統一標準，但其後多次討論科考《春秋》出題從正經還是從三傳的問題。

二、排斥佛老，懷疑經傳

佛道二教的發展，產生的後果之一是破壞儒家綱常名教、價值觀念，尤

〔註20〕 注：可參見陳植鍔《北宋文化史述論》，中國社會科學出版社，1992年版，第95～114頁。

〔註21〕 〔元〕脫脫等《宋史》卷155，《選舉志一》，中華書局，1977年版，第3604頁。

其是佛教，因此當時士人主要是排斥佛教。中唐時期，韓愈成為反佛鬥士，以佛為夷狄之人，不通倫常禮教，主張「人其人，火其書，廬其居」。雖然其理論建樹有限，但為重新樹立儒學權威開了先路，並對宋初學人在攘佛理論探索方面有一定的啓發意義。

宋初的柳開、田錫、王禹偁承中唐韓愈反佛的大旗，首開北宋排佛運動的先河。他們沒有提出有建設性的理論意見，但社會影響力比較大。至孫復、石介等繼續從儒家道統、倫理綱常等方面攻排佛教。孫復認為：「佛老之徒，橫乎中國。彼以死生、禍福、虛無、報應為事，千萬其端，紿我生民，絕滅仁義以塞天下之耳，屏棄禮樂以塗天下之目……去君臣之禮，絕父子之威，滅夫婦之義……。儒者不以仁義禮樂為心則已，若以為心，則得不鳴鼓而攻之乎？」〔註22〕指出佛教主題與中國禮教相異。排佛論又表現在孫復的《春秋》觀中，《春秋》的主線之一為「攘夷」，「攘夷」之「夷」主要是指文化意義上的夷狄。

歐陽修、李覯較理智地看到佛教理論的長處及其盛行的原因，主張以闡明儒家禮樂來戰勝佛教。歐陽修認為：中國「王道不明而仁義廢，則夷狄之患至矣。及孔子作《春秋》孟子距楊墨之說，然後王道復明。」〔註23〕這裡的「夷狄」既有地域之夷，又有文化之夷的含義，而《春秋》可以作為明王道、排夷狄的經典依據。但歐陽修並沒有對《春秋》展開論述，而是冷靜的指出佛教自身有精緻的「為善之說」的理論。在這種情況下，簡單的從形式上毀佛並不能解決問題，關鍵是「禮義者，勝佛之本也。」「使天下皆知禮義，則勝之也。」重建儒家禮義之教才是排佛的根本。這一思路對當時學人們思考探索新儒學體系有重要的啓發意義。陳善《捫虱新語》講：「此論一出，而《原道》之語幾廢。」李覯也認同佛教中存在有價值的理論，「佛以大智慧獨見情性之本，將驅群迷，納之正覺，其道深至，固非悠悠者可了。」〔註24〕但就是佛教中的「情性之本」這種心性學儒家經典中也早已涉及，「欲聞性命之趣，不知吾儒自有至要，反從釋氏而求之……釋之行固久，始吾聞之疑，及味其言，有可愛者，蓋不出吾《易·繫辭》、《樂記》、《中庸》數句

〔註22〕〔宋〕孫復《孫明復小集·儒辱》，《四庫全書〈文淵閣〉本》，上海古籍出版社 1987 年影印。

〔註23〕〔宋〕歐陽修《歐陽文忠公集》卷17，《本論下》，《四部叢刊》本。

〔註24〕〔宋〕李覯著，王國軒校點《李覯集》卷24，《修梓山寺殿記》，中華書局，1981 年版，第 267 頁。

間。」〔註25〕主張以緩和、漸進的消極方式闢佛，如先禁剃度，禁修寺觀，但更爲積極的方法是重建禮教，復興儒學。「儒之強則禮可復，雖釋老其若我何！」〔註26〕可以看出，雖然同是提倡從加強禮樂教化的角度闢佛，但其中的途徑並不一樣。歐陽修傾向於對《春秋》、《易》等六經的整體理性認知；李覯側重於以《易》爲理論支持，以《禮》爲具體的制度化操作模式，頗有功利主義的色彩。但無論哪一種方式都爲儒學新體系的構建提供了思考路向。

排斥佛老是儒學復興的外在途徑，懷疑經傳、以義理解經是內在的拯救儒學自身，二者相輔相成。從唐《五經正義》統一經學開始，便陸續有學者公開批評、懷疑權威性經典，最突出的即爲啖助、趙匡、陸淳《春秋》學派，如前所述。到慶曆年間，這一懷疑經傳的學風成爲影響深遠的社會思潮。關於疑古思潮，學人們多有考察論述〔註27〕。這裡解釋兩點：

一是從疑傳到疑經再到改經，是宋初學人開拓意識、理性精神發展的必然結果。但應該注意到這種變化更大意義上代表慶曆之際一股強勁的批判之風興起，其中不免有矯枉過正之嫌。正如司馬光所言「新進後生，未知臧否，口傳耳剽，翕然成風，至有讀《易》未識卦爻，已謂《十翼》非孔子之言；讀《禮》未知篇數，已謂《周官》爲戰國之書，讀《詩》未盡《周南》、《召南》，已謂毛、鄭爲章句之學；讀《春秋》未知十二公，已謂《三傳》可束之高閣。」〔註28〕這種學術現象不無道理。而且，從北宋《春秋》學整體發展看，改經並非主流，儒家經典文本仍有一定的學術地位，只是判斷經典的標準逐漸發生了變化，從義理解經到性理解經，經由權威之體到「載道之器」。慶曆之際的懷疑經傳、刪改經文更多是在引導學風、創新精神方面得到學術界的稱讚和認同。

二是單就經學變古中的《春秋》而言，追溯其歷史軌迹：孔子修作《春秋》及三傳產生後，孟子、荀子對此都有過評論，影響深遠。如孟子所謂「孔

〔註25〕〔宋〕李覯《日子匯集》卷23，《邵武軍學置莊田記》，《四庫全書〈文淵閣〉本》，上海古籍出社，1987年影印。

〔註26〕〔宋〕李覯著，王國軒校點《李覯集》卷22，《孝原》，中華書局，1981年版，第246頁。

〔註27〕注：參看陳植鍔《北宋文化史述論》（中國社會科學出版社，1992年版，第190～218頁）；楊新勳《宋代疑經研究》（中華書局，2007年版）；葉國良《宋人疑經改經考》（國立臺灣大學文學院，民國69年版）等著論。

〔註28〕〔宋〕司馬光《溫國文正公文集》卷6，《論風俗劄子》，《四部叢刊》本。

子成《春秋》而亂臣賊子懼」對《春秋》政治功用的判斷，荀子對三傳的兼采，都成為後人研究《春秋》的理論支點或思考起點。兩漢時期，《春秋》成為顯學，今古文學家都對《春秋》進行了或經義的闡發或字例的考證訓詁。董仲舒則依託《春秋》發揮出「大一統」思想，並從天人關係、《春秋》例法等方面加以證明，將《春秋》改造成適應漢代政治社會發展需要的官方主流意識形態。關於董仲舒的《春秋》學思想，現代學人有過相關探討〔註29〕，這裡要說明的是：相對意義上講，漢代《春秋》學學術意義附屬與政治意義。魏晉南北朝時，《春秋》學大體上沿著義疏體發展，三傳都出現了相應的注解類著作，如杜預《春秋經傳集解》，范甯《春秋穀梁傳集解》，徐彥《公羊注疏》。及至隋唐五代，《五經正義》以官方形式統一經學，《左傳正義》以杜注為尊，治經方法上因襲傳疏體。這一時期，已有學人開始懷疑、否定官方所定《春秋》權威，如劉知幾論孔子所修《春秋》「未諭者有十二」；中唐啖、趙、陸《春秋》學派以經批判三傳，變《春秋》學為通學。但直到宋初慶曆年間以前，注疏式的《春秋》仍佔據有利地位。慶曆年間，經學變古一發不可收拾，《春秋》積極地參與其中。

　　熙寧變法以前，《春秋》與其他經典如《易》、《禮》等一道兒為自由闡釋儒經之風做出了貢獻，甚至宋初《春秋》的地位高於稍後興起的四書學。唐君毅曾講宋代治學次第：「宋學之初起，乃是以經學開其先。在經學之中，則先是《春秋》與《易》見重，然後及於《詩》、《書》之經學，再及於《易傳》、《中庸》、《大學》及《孟子》、《論語》等漢唐人所謂五經之傳記。」〔註30〕即《春秋》是學人關注的首要之經。馬宗霍也指出：「宋人經學，其有不守陳義，自闢新術，非一家一派所得而囿者……其間《易》與《春秋》，作者尤繁。蓋《易》本隱以之顯，《春秋》推見至隱，一明天道，一明人事。惟人所言，不必徵實，故自王弼廢象數，而談《易》者日增；自啖助廢三傳，而談《春秋》者日盛，空言易騁，亦不獨宋儒為然也。」〔註31〕這裡《易》與《春秋》受到學人重視是事實，「不必徵實」「空言易騁」是否為其中原因

〔註29〕注：參看金春峰《漢代思想史》（中國社會科學出版社，1997年版）；周桂鈿《董學探微》（北京師範大學出版社，1989年版）；范學輝《董仲舒〈春秋繁露〉與經學開山》（《孔子研究》2006年第5期）等相關論著。

〔註30〕唐君毅《中國哲學原論·原教篇》，中國社會科學出版社，2006年版，第7頁。

〔註31〕馬宗霍《中國經學史》，《民國叢書》第2編，上海書店，1989年版，第119，121頁。

則有待考證。實際上,《春秋》與《易》成爲宋初學術焦點既有當時學者以出世意識和責任思考、探索北宋強國之路,重新確立儒學作爲精神家園的地位之因素,也有《易》主變通與不變,有益於從理論上確立學術思路,指導現實;而《春秋》涉及政治批判及價值原則,其「尊王攘夷」有思想意義和現實意義的因素。且宋人研究《易》與《春秋》等經典對其中的一些疑點、難點做了大量對比、考證,不是「不必徵實」「空言易騁」一語能概括的。直到王安石新法,《春秋》才被官方政令限制在科考內容之外,但並不妨礙其在民間的流傳及在學界的研究。

本章結語

綜上所述,北宋學人研究《春秋》的前提條件爲:政治危機、儒學困境以及爲解決問題,政府與學人共同做出的努力,三者之間緊密聯繫。政治危機實際上是如何確立一套行之有效的政治憲綱,實現政治運作的良性循環,而從古代文化典籍中總結政治經驗、抽離政治原則成爲宋初學人普遍的學術選擇。《春秋》本身具有歷史批判、政治批判的功能,蘊含「大中之道」。可以說,現實要求與《春秋》特性不謀而合,政治危機爲北宋儒者研究《春秋》提供了現實土壤。儒學面臨的自身困境以及外界挑戰,需要儒學做出更新,即衝破漢唐注疏之學的藩籬,開出義理解經的新模式,並以儒家仁義之道回應佛老之教。《春秋》整體既有被樹立的資源,也有被批判的資源,其所含有的王道主題也可以在一定程度上應對佛老。所以,儒學困境爲北宋學人研究《春秋》準備了學術動力。面對問題,北宋政府及學者所做出的積極反應又爲北宋《春秋》學的產生、成長指明了研究方向。需要說明的是,王安石新法以前,《春秋》主動參與新學風、新思潮;新法後,《春秋》因其自身理論水平的有限,逐漸轉爲被動參與性理之學的崛起。當然,主動、被動的說辭只是相對意義上而言。

第二章　回歸儒家之道的《春秋》研究

　　趙宋政府建立 80 年，政治內部冗官冗兵冗費，國力日衰，外部少數民族政權日漸強大。文化上儒學自身發展受阻，外有佛老勢力的挑戰。如何改變社會現狀，成爲學人們普遍思考的對象，而從《春秋》中尋求答案也似乎成爲學人們的共識。范仲淹、歐陽修主要是對《春秋》整體性的把握，懷疑漢唐《春秋》傳注，歐陽修更是把《春秋》的研究視野擴展到史學範圍；「宋初三先生」胡瑗、石介、孫復著重於《春秋》經文的闡釋，其中胡瑗、石介所存《春秋》學資料不足，孫復《春秋尊王發微》以「尊王」爲主題，論證儒家仁義禮樂之道，開創兩宋義理解《春秋》的先河。劉敞將《春秋》進一步體系化，破傳立新相結合，其徑直改經的學術特點打破了傳統經典的權威地位，完全以義理爲依歸，以致用爲導向，對後學以「理」解經頗具啓發意義。這一時期的《春秋》一方面批判漢唐注疏、訓詁之《春秋》，另一方面通過重新解讀《春秋》，發揮儒家規範制度之道，爲現實問題的解決提供參考答案，從而爲理學的興起打下堅實的鋪墊基礎。

第一節　疑經惑古中的《春秋》研究

　　儒家經學從產生經由漢代訓詁之學，到唐初得到統一，其標誌爲官方《五經正義》的頒佈。經學統一在掃除漢代學派紛爭局面的同時也嚴重束縛了儒學的自然發展。中唐儒家學者曾做出一番努力，但經歷唐末五代戰亂，最終沒有形成氣候。至此慶曆年間，批判、否定漢唐注疏之風暢然流行，成爲一種普遍的學術風尚，《春秋》傳注亦在懷疑之列。

一、范仲淹：《春秋》「褒貶大舉，賞罰盡在」

范仲淹（989～1052）字希文，以政治家聞於後世，其學術可圈可點。《宋元學案》載：「先生（范仲淹）泛通六經，尤長於《易》。」〔註1〕除擅長《易》外，其對《春秋》也有過涉獵。據《范文正公集》中記錄：范仲淹曾傳授《左氏春秋》於武將狄青，認為：「熟此可以斷大事，將不知古今，乃匹夫之勇。」〔註2〕又，《泰山學案》講：范仲淹在睢陽主管教育時，不僅經濟上幫助孫復，而且授以《春秋》。「孫生篤學不捨晝夜」，後以《春秋》聞於世〔註3〕。如此大的動作，不能不說范仲淹對《春秋》下過一番功夫。

同其他學者一樣，范仲淹尊崇《春秋》經而懷疑三傳，「聖人之為《春秋》也，因東魯之文追西周之制，褒貶大舉，賞罰盡在。謹聖帝明皇之法，峻亂臣賊子之防，其間華袞貽榮，蕭斧示辱，一字之下，百王不刊。游、夏既無補於前，《公》《穀》蓋有失於後。雖丘明之傳，頗多冰釋，而素王之言尚或天遠。」〔註4〕意指孔子所修作《春秋》神聖而蘊含法度，儘管《左傳》解經有可取之處，但總體而言，范氏不滿三傳解經。

應該說，范仲淹對《春秋》的解讀大多是散論，或總體評說儒家經典時，《春秋》只是其中之一，或是對他人《春秋》類著作的評議，但其中透露出范氏強調《春秋》的用世功能。

> 孔子作《春秋》即名教之書也。善者褒之，不善者貶之，使後世君臣愛令名而勸，畏惡名而甚矣。〔註5〕

> 然則文學之器天成不一……至於通《易》之神明，得《詩》之風化，洞《春秋》褒貶之法，達《禮》《樂》製作之情。〔註6〕

> 蓋聖人法度之言存乎《書》，安危之幾存乎《易》，得失之鑒存乎《詩》，是非之辨存乎《春秋》，天下之制存乎《禮》，萬物之情存乎《樂》。〔註7〕

〔註1〕〔清〕黃宗羲原著，全祖望補修，陳金生，梁運華點校《宋元學案》卷3，《高平學案》，中華書局，1986年版，第137頁。

〔註2〕〔宋〕范仲淹《范文正公集》，《言行拾遺錄》卷1，《四部叢刊》本。

〔註3〕〔清〕黃宗羲原著，全祖望補修，陳金生，梁運華點校《宋元學案》卷2，《泰山學案》，中華書局，1986年版，第101頁。

〔註4〕〔宋〕范仲淹《范文正公集》卷6，《說春秋序》，《四部叢刊》本。

〔註5〕〔宋〕范仲淹《范文正公集》卷5，《近名論》，《四部叢刊》本。

〔註6〕〔宋〕范仲淹《范文正公集》卷7，《南京書院題名記》，《四部叢刊》本。

〔註7〕〔宋〕范仲淹《范文正公集》卷9，《上時相議制舉書》，《四部叢刊》本。

上述材料有兩層含義：第一，此處「名教」指儒家教化之學，孔子所修作的《春秋》以價值判斷而懲惡揚善，故爲「名教之書」；第二，所謂《春秋》「褒貶之法」屬道德評判，「是非之辨」屬事實評判。范氏顯然於兩種性質有所混淆而都歸置於《春秋》。這種情況一方面證明范氏對《春秋》研究並不是很深入，缺少嚴謹性，另一方面范氏研究《春秋》關注的是《春秋》在現實生活的規範作用。如此，范氏肯定《春秋》褒貶之例，「(孔子)修《春秋》則因舊史之文從而明之有褒貶之例焉。」〔註8〕「論者曰《春秋》無賢臣，罪其不尊王室也。噫，《春秋》二百四十年天地五行之秀，生生不息，何嘗無賢乎？」〔註9〕即希望通過《春秋》的褒貶之法引起社會風氣的轉變。因爲宋初近八十年的時間裏，上層機構仍舊推行清靜無爲的政策方針，國勢日漸頹敗，政治、文化變革迫在眉睫。范仲淹正是以此爲目的，提倡《春秋》褒貶之法，導引社會風尙。至於論朱寀《春秋》學有聞於士林，「學者以爲《春秋》之道久隱而近乃出焉，寀苦心探賾，多所發揮，其所著《春秋指歸》等若干卷。」〔註10〕朱寀《春秋指歸》已不可考，但從范仲淹治學取向來看，其稱讚朱寀對《春秋》「多所發揮」，也多是就《春秋》經世之功而言的。

　　由上可知，范仲淹對《春秋》的看法與當時流行的否定注疏的懷疑之風一致，突出《春秋》的適用性，但沒有細緻深入地考察《春秋》全文。這一認識是和當時的社會環境分不開的，也是范氏個體的學術自覺和選擇。

二、歐陽修對《春秋》的理性認識

　　歐陽修（1007～1072）字永叔，吉州廬陵人，稍晚於范仲淹，是慶曆新政的積極參與者。在人品、氣質、文學等方面，堪與范仲淹同日而語，於學術造詣上，較范氏略勝一籌。

　　作爲北宋理學思潮的先驅，歐陽修不僅否定傳統章句訓詁之學，而且懷疑、批評儒家經典本身；面對外來文化的侵入，歐陽修立足於本土文化，排擊佛教而不失理智；史學方面，歐陽修首開正統之辯，啓發後人思考。這些學術思想的斷面，在歐陽修的《春秋》學中有所呈現。

〔註8〕〔宋〕范仲淹《范文正公集》卷9，《與周騤推官書》，《四部叢刊》本。
〔註9〕〔宋〕范仲淹《范文正公集》卷14，《太府少卿知處州事孫公墓誌表》，《四部叢刊》本。
〔註10〕〔宋〕范仲淹《范文正公集》卷19，《進故朱寀所撰春秋文字及乞推恩與弟寔狀》，《四部叢刊》本。

引用率很高的一段話是南宋王應麟《困學紀聞》中陸游對慶曆年間疑經惑傳思潮的總結，「唐及國初，學者不敢議孔安國、鄭康成，況聖人乎？自慶曆後，諸儒發明經旨，非前人所及，然排《繫辭》，毀《周禮》，疑《孟子》，譏《書》之《胤征》、《顧命》，黜《詩》之序，不難於議經，況傳注乎？」〔註11〕其中涉及歐陽修的有「排《繫辭》」「毀《周禮》」「黜《詩》之序」，而歐陽修對《春秋》經傳的認識一點也不亞於前此三項。

（一）從形式上講，在《春秋》經與傳的關係上，歐陽修表示尊經，但不盡廢三傳，並提出「求情責實」的解經方法。

據年譜載：歐陽修於天聖元年應舉隋州，「試左氏失之誣論，其略云：『石言於晉，神降於莘，內蛇鬥而外蛇傷，新鬼大而故鬼小』。」即歐陽修十六歲時，已懷疑《左傳》不實。至景祐四年，歐陽修三十歲，作《春秋論》三首及《春秋或問》二首，論證《春秋》經傳關係。五篇《春秋》類論文主要涉及兩個問題：第一，對比《春秋》經與三傳，明確表示尊信孔子所作經典。「事有不幸出於久遠而傳乎二說，則奚從？」以此問題為切入點，歐陽修依次指出判斷事件可信度的標準：「從其人而信之可也」到「捨眾人而從君子」再到「捨君子而從聖人」。這一從低到高的排列暗示聖人等同於真理之義，此為歐陽修尊經的理論前提。運用到《春秋》上，則三傳的作者「博學多聞」屬君子之列，「其傳不能無失者也」；孔子聖人，則「萬世取信一人而已」。現實情況是士人捨經而從傳，如關於隱公是否即位，趙盾是否弑君，許世子是否弑君之事，學人多認可三傳的觀點。歐陽修認為其中的原因是「經簡而直，傳新而奇，簡直無悅耳之言而新奇多可喜之論」，即從《春秋》經與傳不同的表達方式、人們的心理選擇進行對比，所以學人從傳而不信經。於此，歐陽修表明自己的立場：「經之所書，予所信也；經所不言，予不知也。」堅決擁護聖人經典。至於「經文隱而意深，三子者從而發之，故經有不言傳得而詳爾」的說法，歐陽修認為「妄意聖人而惑學者，三子之過而已。」〔註12〕即三傳憑私臆度，迷惑後學。

可見，歐陽修全力支持孔子所修作《春秋》經而否定三傳。「否定」並不是廢棄不用，歐陽修也在一定程度上認可三傳的作用。「夫傳之於經勤矣，其

〔註11〕〔宋〕王應麟著，孫海通校點《困學紀聞》卷8，遼寧教育出版社，1998年版，第190頁。

〔註12〕〔宋〕歐陽修《歐陽文忠公集》卷18，《春秋論上》，《四部叢刊》本。

述經之事，時有賴其詳焉。」承認三傳在記錄事實解讀經義方面有一定的貢獻，但終究得不償失，「經不待傳而通者十七八，因傳而惑者十五六。」「聖人之意，皎然乎經。」〔註13〕表現出歐陽修尊信經典本身而理智看待三傳的嚴謹學風。

第二，「求其情責其實」的治經方法。歐陽修以《春秋》研究中魯隱公是否即位、趙盾、許世子是否弒君很具有代表性的三件事為例，駁斥三傳觀點，提倡「求情責實」。「孔子何為而修《春秋》？正名以定分，求情而責實，別是非，明善惡，此《春秋》之所以作也。」〔註14〕「正名以定分」「明善惡」屬道德評判，「求情而責實，別是非」屬事實評判，兩種判斷是孔子《春秋》經的宗旨。歐陽修雖然沒有明確二者的相互關係，但從全文看，歐氏強調的是後者，突出依經而尋事件的真實性。如魯隱公是否即位，歐陽修認為：「息姑之攝與不攝，惟在為公與不為公。」即完全在於經文的書寫。如果息姑實際上並未行使國君的權力，孔子書稱「公」，則「不求其情，不責其實而善惡不明」，有失《春秋》旨義。「隱實為攝則孔子決不書曰公，孔子書為公則隱絕非攝。」〔註15〕嚴格依據《春秋》經文作解，三傳所解有誤。

又如關於趙盾弒君之事，歐陽修主張「《春秋》之法使為惡者不得幸免，疑似者有所辨明。」尤其是疑似難明之事，聖人當「求情責實以明白之」。如果趙盾不討賊而有弒君之心，與趙穿事實上的弒君行為同罪，而最後歸為趙盾弒君，此為「逆詐用情之吏矯激之為爾」，並非孔子本意，「孔子患舊史是非錯亂而善惡不明，所以修《春秋》。」從而肯定《春秋》經所書：「趙盾弒其君」，三傳之說不可完全相信。

以此來看，歐陽修尊崇《春秋》經原典，否定而不廢棄三傳，即「以經為正，而不泥於章讀箋詁」〔註16〕，較簡單的捨傳從經多一份理智。以「求情責實」的原則解經，就經而言，突顯《春秋》史的特性。但不得不說：歐氏對《春秋》經傳的比較略顯單薄，比較的標準是「人」，「聖人」；而「求情責實」的解經方式，其內在的根據是「理」，即條理、規律等，但歐陽修解經指向史實，有減損《春秋》道德規範效用的嫌疑。其中原因，離不開宋初經學界疑經惑古推動了史學界的辨偽、考證，《春秋》恰恰具有經與史兩種屬性，

〔註13〕〔宋〕歐陽修《歐陽文忠公集》卷18，《春秋或問》，《四部叢刊》本。
〔註14〕〔宋〕歐陽修《歐陽文忠公集》卷17，《春秋論中》，《四部叢刊》本。
〔註15〕同上
〔註16〕〔宋〕葉適著《習學記言序目》卷47，《五言古詩》，中華書局，1977年版。

也離不開歐陽修本人務實、致用、嚴謹的治學風格。

（二）從內容上講，歐陽修一方面直接表達對《春秋》固有問題的看法，另一方面則是對《春秋》的具體運用。

首先，歐陽修認為《春秋》中對災異、自然現象的記載含有天人關係之義。「夫據天道，仍人事，筆則筆而削則削，此《春秋》之所作也。」〔註17〕即「天道」、「人事」是孔子修《春秋》的指導思想和主要內容。歐陽修所謂「天」，是指客觀存在的自然界，「天道」主要指自然規律，「夫立天之道，曰陰曰陽。陰陽各有數，合則化成矣。」〔註18〕天與人，「天道」與「人事」的相互區分與關聯，歐陽修概括為：「聖人不絕天於人，亦不以天參人。絕天於人則天道廢，以天參人則人事惑，故常存而不究也。」意指天與人之間有聯繫，但「天」於人不具有主宰性、絕對性。「人事者，天意也。《書》曰：『天視自我民視，天聽自我民聽。』未有人心悅於下，而天意怒於上者；未有人理逆於下，而天道順於上者。」〔註19〕即由「人心」決定「天意」，「天道」順於「人理」，「人心」與「天意」、「天道」與「人理」統一，最終目標為「修吾人事而已」。

以此天人關係論來看《春秋》僖公十八年「隕石於宋，六鷁退風過宋都」，三傳各有解詞，「援他說攻異端，是所是而非所非。」歐陽修認為：「《左氏》則辨其物，《公》《穀》則鑿其意。」與聖人之義不相和。若依《左氏》所解以石為星，則莊公七年「星隕如雨」當書「星隕而為石」，《公》《穀》所解也不能通於全文類似事例。「謹物察數，人皆能之，非獨仲尼而後可也。」「三者之說一無是矣」，否定三傳對此條經文的解讀。實際上，「聖人記災異著勸誡而已矣。」〔註20〕通過記錄災異警戒在上者仁政治國，由天意治人事。可見，歐陽修反對三傳的任意穿鑿，突出《春秋》的現實意義，表現其強烈的用世情懷。

在批判對自然現象臆斷的同時，歐陽修也排斥對人事的附會。《左氏》中載有柯陵之會，以單子觀人外表而斷言國家禍福。在歐陽修看來，國家存

〔註17〕〔宋〕歐陽修《歐陽文忠公集》卷60，《石鷁論》，《四部叢刊》本。
〔註18〕〔宋〕歐陽修撰，徐無黨注《新五代史》卷58，《司天考第一》，中華書局，1974年版，第671頁。
〔註19〕〔宋〕歐陽修撰，徐無黨注《新五代史》卷58，《司天考第二》，中華書局，1974年版，第705～706頁。
〔註20〕〔宋〕歐陽修《歐陽文忠公集》卷60，《石鷁論》，《四部叢刊》本。

亡與個體的禮儀節度並無必然關係，只是「幸其言與事會而已」，屬於巧合
之事。證據有二：一是以聖人為標準，作為與天地同大的聖人都不能由外表
推至人心，以至人的禍福，左丘明、單子遠在聖人之下，故其推斷不可信；
一是由禮儀來看，「夫禮之為物也，聖人之所以飭人之情而閑其邪僻之具也。」
禮制的設立緣於人情而又節制人情，「是故有其服必有其容」，而「衣冠之不
正，瞻視之不尊，升降周旋之不節，不過不中禮而已」，即由人的儀容只是
可以推測其是否合乎禮節。進一步講，可以肯定的是「喜怒哀樂之動乎中必
見於外」。所以，單子由外表儀容而推知禍福不成立。「夫君子之修身也，內
正其心，外正其容而已。」〔註21〕指出修身的內容為正心、正容，內外合一，
排斥無原則、無根據的臆測。

　　綜上，我們可以發現，歐陽修對災異、迷信的分析充滿理性精神，其天
人觀是向先秦儒家天人觀的回歸。雖然歐陽修對三傳的理解、反駁過於形式，
缺乏更深層的思考，但在慶曆年間疑經疑傳的學風下，足以折射出歐陽修本
人求實、濟世的學術指向。

　　其次，由《春秋》引生的兩個問題：正統辨，排佛論，歐陽修有自己的
看法。

1. 正統辨

　　近代梁啟超講：「中國史家之謬，未有過於言正統者也。」〔註22〕雖然立
論揭示正統論的專制性，但也顯現出正統論的重要地位。正統之辨始於晉而
盛於宋，晉習鑿齒作《漢晉春秋》，以蜀漢為正統，魏晉為偽國。宋代正統辨
以歐陽修開啟先路。

　　關於歐陽修的正統論及其史學思想，學人多有研究〔註23〕，或論說正統
論的內容，或質疑正統論的前後矛盾之處。為清楚明瞭地闡述歐陽修的《春

〔註21〕　〔宋〕歐陽修《歐陽文忠公集》卷60，《辨左氏》，《四部叢刊》本。
〔註22〕　梁啟超《梁啟超全集》第三卷，北京出版社，1999年版，第746頁。
〔註23〕　參見梁啟超《新史學・論正統》（載梁啟超著，夏曉紅點校《清代學術概論》，
　　　　中國人民大學出版社，2004年版，第252～260頁）；饒宗頤《中國史學上之
　　　　正統論》（上海遠東出版社，1996年版）；內藤虎次郎著，蘇振申譯《支那史
　　　　學史・宋代史學的發展》（載《宋史研究集》第6輯，國立編譯館中華叢書編
　　　　審委員會，民國66年）；金鑫，曹家齊《說歐陽修的正統論思想》（《史學史
　　　　研究》2005年第2期）；江湄《從「大一統」到「正統」》（載瞿林東主編《文
　　　　明演進源流的思考：中國古代史學研究》，北京師範大學出版社，2007年，第
　　　　253～269頁）等相關論著。

秋》觀，特以下面兩個問題作爲考察的重點。

第一，正統論的緣起。首先需要說明的是歐陽修《居士集》中《正統論三首》、《或問》、《魏梁解》並非初稿，「考正統論初有《原正統》、《明正統》、秦、魏、東晉、後漢、梁論凡七篇，又有《正統後論》二篇、《或問》一篇、《魏梁解》一篇、《正統辨》兩篇。當編定《居士集》時刪《原正統》等論爲上下篇而繼以《或問》、《魏梁解》，餘篇雖刪去而傳於世，今附《外集》。」〔註24〕即正統論三首是後來根據《原正統》等七篇刪定而成。《歐陽文忠公集》末周必大所跋也有說明，「惟《居士集》公決擇篇目素定，而後校眾本有增損其辭至百字者，皆已附注其下，如《正統論》、《吉州學記》、《瀧岡阡表》又迥然不同，則收置《外集》。」足見歐陽修對正統論的重視。其晚年編定《居士集》，對舊論又有所修正。但無論前後有何變化，不變的是正統論的理論依據，即儒家之道所表現的《春秋》。

> 正統之說肇於誰乎？始於《春秋》之作也。當東周之遷，王室微弱，吳徐並僭，天下三王，而天子號令不能加於諸侯，其《詩》下同於列國，天下之人莫知正統。仲尼以爲周平雖始衰之王而正統在周也，乃作《春秋》。自平王以下，常以推尊周室明正統之所在，故書王以加正月而繩諸侯。王人雖微必加於上，諸侯雖大不與專封。以天加王而別吳楚，刺譏襃貶一以周法。凡其用意無不在於尊周。
> 〔註25〕

意指孔子通過書法襃貶修《春秋》，證明周王室爲正統所在。這裡推尊周王，尊的是統一政權，歐陽修認爲孔子修《春秋》之意正是正統論的開端。但畢竟《春秋》經文中無「正統」二字，「正統之說不見於六經，不道於聖人。」歐陽修承認孔孟時不存在正統說，後世也眾說紛紜無定論，

> 是非予奪，人人自異而使學者惑焉，莫知夫所從；又有偏主一德之說，而益之五勝之術，皆非聖之曲學也。自秦漢以來，習傳久矣。使孔孟不復出則已，其出而見之，其不爲之一辨而止其紛紛乎？此余之不得已也。〔註26〕

這裡解釋自己作正統論的原因：一是五德轉移說存在弊端。「偏王一德」、「五勝之術」即先秦時鄒衍創立「五德終始」說，以五種自然元素金木水火土依

〔註24〕〔宋〕歐陽修《歐陽文忠公集》卷16，卷末題注說明，《四部叢刊》本。
〔註25〕〔宋〕歐陽修《歐陽文忠公集》卷59，《原正統論》，《四部叢刊》本。
〔註26〕〔宋〕歐陽修《歐陽文忠公集》卷16，《或問》，《四部叢刊》本。

次運轉相生相勝論解釋自然界的變化，並進一步延伸至朝代興衰、歷史變化之理。秦統一六國後，實踐此說，從水德、改曆法。以後歷代以「五德終始」說作爲政權存在的神聖依據，直至北宋建立，流行依舊。如歐陽修的友人尹洙認爲：「天地有常位，運曆有常數，社稷有常主，民人有常奉。故夫王者，位配於天地，數協於運曆。」〔註27〕類似的政治觀念在士大夫中普遍存在；史學界中也是如此，《冊府元龜》正是用神秘的「五德終始」說總結歷代興衰。歐陽修批判五德轉移論，「曰五行之運有休王，一以彼衰，一以此勝，此歷官、術家之事，而謂帝王之興必乘五運者，謬妄之說也。」〔註28〕也即「非聖之曲學」，所以「不得已」而辨正統。

二是「余不得已也」有孟子好辯之意。歐陽修以接續孔孟之道自任，擔當「政統」的傳承者。唐代韓愈曾明確提出儒家之道的歷史統系，「斯吾所謂道也，非向所謂老與佛之道也。堯以是傳之舜，舜以是傳之禹，禹以是傳之湯，湯以是傳之文武周公，文武周公傳之孔子，孔子傳之孟軻。軻之死，不得其傳焉。」韓愈以復興儒家之道爲己任，「使其道由愈而粗傳，雖滅死萬萬無恨。」〔註29〕歐陽修甚是推崇韓愈，「學者非韓不學也，可謂盛矣……韓氏之文之道，萬世所共尊，天下所共傳而有也。」〔註30〕其傳承「政統」的擔當精神不能不說有孟子、韓愈的影子，而「道統」與「政統」都是儒家之道的組成因素。

總之，在歐陽修這裡，正統論的理論來源爲孔孟之道，具體表現爲孔子所修《春秋》。雖然《春秋》沒有正式提出「正統」二字，但《春秋》之意在於「正統」。「非聖之學」的「五德終始」論遮蔽了聖人「正統」之義，所以歐陽修「不得已」而作正統論。

當然，引發歐陽修探討正統的直接導火索是宋初官方修史對一些問題的處理有不當之處。《正統論·序論》講：宋太祖時，薛居正承旨撰修《五代史》，爲五朝君主作帝記。後李昉又奉命編次前世年號，視後梁爲僭僞。司天監所用《崇天曆》亦「盡黜梁所建號」。如此一來，李昉所編前世年號及《崇天曆》與史官所修史書「戾不相合」。從秦至後周，「千有餘年治亂之迹

〔註27〕〔宋〕尹洙《河南先生文集》卷3，《河南府請解投贄南北正統論》，《四部叢刊》本。

〔註28〕〔宋〕歐陽修《歐陽文忠公集》卷16，《正統論上》，《四部叢刊》本。

〔註29〕馬通伯：《韓昌黎文集校注》，古典文學出版社，1957年版，第7～11頁。

〔註30〕〔宋〕歐陽修《歐陽文忠公集》卷73，《記舊本韓文後》，《四部叢刊》本。

不可不辨，而前世論者靡有定說」，所以歐陽修決定以秦至後周的朝代更叠爲材料作正統論。

　　第二，正統論的內涵。「《傳》曰：君子大居正，又曰：王者大一統。正者所以正天下之不正也，統者所以合天下之不一也。由不正與不一然後正統之論作。」〔註31〕這裡《傳》指《公羊傳》。隱公三年「癸末，葬宋繆公」，《公羊傳》解詞講：「故君子大居正」。何休注曰：「明修法守正最計之要者。隱公元年「春王正月」，《公羊傳》云：「何言乎王正月？大一統也。」何休注曰：「統者，始也，總繫之辭……莫不一一系於正月，故云政教之始。」〔註32〕依次講，《公羊》所謂「居正」與「一統」指最高權力者在繼承身份上的合法，以建元正朔爲布政施教的開端。前者主要是指禮制規範，後者是指政治實踐。歐陽修取「大居正」之「正」與「大一統」之「統」，提出「正統」一詞。「正天下之不正」，「正」含「至公」、「大義」等道德範疇；「合天下之不一」，「統」由原來的時間「開始」之義轉爲空間上的統一之義〔註33〕。以三代爲例，「其帝王之理得而始終之分明故也」，是爲正統。又，「正統」出現於《漢書・郊祀志下》：「宣帝即位，由武帝正統興」，指繼承合法之義，班固《典引》以受天命爲「正統」。歐陽修論正統，捨棄詭秘天命說，重視人的道德與功業發揮作用，以此論證政權的正當性、合法性。

　　可見，無論是正統論的理論基礎，還是正統論的基本內涵，都離不開《春秋》的啓示作用。其後蘇氏兄弟論正統，受其影響很大。又，歐陽修恰恰在這一點上拓展了《春秋》的適用範圍，其在史學上的貢獻：參與官方所撰《唐書》、私著《五代史》，是其《春秋》觀的具體應用。清人趙翼認爲歐史不惟文筆簡淨，直追《史記》，而以《春秋》書法寓褒貶於紀傳之中，雖《史記》亦不及〔註34〕。

2. 排佛論

　　《春秋》的主題之一爲尊中國貶夷狄，夷狄本指邊遠少數民族，屬地域空間範圍。歐陽修認爲：「王道不明而仁義廢，則夷狄之患至矣。及孔子作《春

〔註31〕〔宋〕歐陽修《歐陽文忠公集》卷16，《正統論上》，《四部叢刊》本。
〔註32〕〔漢〕何休《春秋公羊解詁・隱公元年》，《四庫全書〈文淵閣〉本》，上海古籍出版社1987年影印。
〔註33〕饒宗頤《中國史學上之正統論・通論》，上海遠東出版社，1996年版，第75頁。
〔註34〕〔清〕趙翼著，王樹民校證《廿二史札記校證》卷21，中華書局，1984年版，第459～460頁。

秋》尊中國而賤夷狄，然後王道復明。」以「王道」對比「夷狄」，則夷狄不再單純是空間之夷狄，又含有文化、禮制之夷狄的意思。文化夷狄尤以佛教為代表。宋初學人的排佛，主要是就道統、功利、倫理等幾個層面展開，理論創新有限，但社會影響很大，如柳開、王禹偁等，如前所述。

　　歐陽修分析佛教興盛的原因，提出合理化建議。佛教自兩漢之際傳入中國，其發展趨勢強盛，至宋初，多元文化並立的格局仍舊存在。歐陽修認識到「佛法為中國患千餘歲」，其間也不乏力排者，但現實效果並不如意，「攻之暫破而愈堅，撲之未滅而愈熾。」為什麼會出現這種情況？歐陽修一反前人或時人直接排斥佛教的思考方式，而是開始反思儒家文化本身，得出的結論是：王道順乎民心民意，適應民眾的生活發展要求；實施王政，「雖有佛無由而入」，三代可為明證。三代以下，王道衰微，佛教此時乘虛而入，王公、百姓歸信佛教。可見，佛教吸引民眾而日漸強大，原因在於儒家之道呈現弱勢，造成民眾內心堅守不足，外在信仰有餘。何況佛學理論自身有可取之處，「彼為佛者，棄其父子，絕其夫婦，於人之性甚戾……民皆相率而歸焉者，以佛有為善之說故也。」〔註35〕

　　面對這種局面，歐陽修提出兩點建議：第一，戰略上要以疏導為主。「蓋鯀之治水也，障之，故其害益暴；及禹之治水也，導之，則其患息。蓋患深勢盛則難與敵，莫若馴致而去之易也。」如同治水患用大禹之法，對於佛教之害也應當以引導為主，採用漸進的方式，而不是面對面直接的攻排；第二，戰術上要以儒家禮樂之制教導民眾，需要各級部門的實踐配合。歐陽修認為儒家仁樂禮制為「本」，「孔氏之道明而百家息，此所謂修其本以勝之。」排擊佛教，「非有甚高難行之說也，患乎忽而不為爾」，關鍵是實際操作。具體方案為：「夫郊天祀地與乎宗廟社稷朝廷之儀，皆天子之大禮也，今皆舉而行之。至於所謂蒐狩婚姻喪祭鄉射之禮，此郡縣有司之事也，在乎講明而頒佈之爾。」即將禮節儀式普及化，加大宣傳力度。而且這是一個長期的工作，並非立竿見影之事，「然非行之以勤，浸之以漸，則不能入與人而成化，自古王者之政必世而後仁。」也就是用迂緩之計，此即歐陽修所言「救之莫若修其本以勝之」〔註36〕。

　　應該說，以禮制區別華夷，並非歐陽修的首創，《公羊傳》就很強調這條

〔註35〕〔宋〕歐陽修《歐陽文忠公集》卷17，《本論下》，《四部叢刊》本。
〔註36〕〔宋〕歐陽修《歐陽文忠公集》卷17，《本論下》，《四部叢刊》本。

「書法」。這裡突出的是歐陽修通過運用《春秋》華夷之別，王道思想重新思考攘佛，即開始面向儒家文化本身，而不再是單方面的指責佛教，其所倡導的從國家制度及百姓日用行爲上排佛，更具建設性、可行性。

以上論述了歐陽修的《春秋》觀，包括形式上其對《春秋》經傳關係的認識，內容上對《春秋》經傳中災異、迷信的批判，以及《春秋》在正統論、排佛論中的角色定位。可以看出：在懷疑經傳的新學風中，歐陽修沒有對《春秋》經進行逐條細緻的解讀，而是整體上的把握、運用，尤其是在《春秋》的應用方面，如正統論、排佛論、史書的編撰，進一步拓展了《春秋》的發展空間，對後人研究《春秋》很有啓發意義。

總之，新學風下的范仲淹、歐陽修研究《春秋》，主要表現爲尊信《春秋》而懷疑三傳。二人都不曾對《春秋》作專著類的考證，都強調《春秋》的治世功用，但表達途徑各異。范仲淹以概括性的《春秋》褒貶之法倡導積極有爲的士風，歐陽修則由《春秋》探討政權的合法性，編撰史學典籍，以此爲宋初現實問題提供參考方案。也可以說，歐陽修傾向於以史看待《春秋》，突出史學「實」的特性，較范仲淹論《春秋》更具體、細微，更具理性精神。

第二節　「宋初三先生」論《春秋》

范仲淹、歐陽修對《春秋》的認識推動了當時新學風的形成，尤其是歐陽修的學術理性精神，開拓了《春秋》的應用領域，但二人注重的是整體性的把握儒家經典的內涵，並沒有深入分析《春秋》經文，受二人重視、提拔的「宋初三先生」不同程度地彌補了這一缺憾。

胡瑗、孫復、石介被後人稱爲「宋初三先生」，「宋興八十年，安定胡先生、泰山孫先生、徂徠石先生始以師道明正學，繼而濂洛興矣。故本朝理學雖至伊洛而精，實自三先生始，故晦庵有伊川不敢忘三先生之語。」〔註37〕「三先生」以興師重教、倡導經義義理的實踐學術風格而成爲宋代理學的先驅者，開創理學風氣之先。「明正學」即是闡明儒學精神，表現形式之一爲學術上對《春秋》的研究。從目前資料看，胡瑗、石介的《春秋》說只是片段，孫復則有完整的《春秋》類專著。爲便於清晰地論證《春秋》學發展脈絡，特以胡瑗、石介《春秋》散論爲先，後及孫復《春秋》學。

〔註37〕〔清〕黃宗羲原著，全祖望補修，陳金生，梁運華點校《宋元學案》卷2，《泰山學案》，中華書局，1986年版，第73頁。

一、胡瑗、石介致用性的《春秋》觀

（一）胡瑗（993～1059）字翼之，學者稱其為「安定先生」。少時通五經，後擔任教育要職，以儒家經學為教授內容。胡瑗以教育實踐、教育思想而有聞於當時與後世，許多學者、公卿大夫出自其門下。《宋元學案》載：胡瑗教學，「科條纖悉具備，立『經義』、『治事』二齋：經義則選擇其心性疏通，有器局可任大事者，使之講明六經；治事則一人各治一事，又兼攝一事，如治民以安其生，講武以禦其寇，堰水以利田，算曆以明數是也。」〔註38〕可見，胡瑗根據學生興趣特長而因材施教，既重視經書知識，又注重現實社會的需要，做到理論與實踐相結合。成功的案例即為精通水利的劉彝，其所闡述的胡瑗「明體達用」的教育宗旨，為時人與後人津津樂道。「聖人之道，有體有用有文。君臣父子、仁義禮樂，歷世不變者，其體也；《詩》、《書》、史、傳、子集，垂法後世者，其文也；舉而措之天下，能潤澤斯民，歸於皇極者，其用也……臣師當寶元、明道之間，尤病其失，遂以明體達用之學授諸生，……故今學者明夫聖人體用，以為政教之本，皆臣師之功。」〔註39〕這裡把聖人之道劃分為體、用、文三個方面，「體」為永久性的儒家倫理規範、制度，「文」即承載儒家之道的歷史、文化典籍，「用」即儒家學說在社會政治生活中的具體貫徹。「明體達用」意為通過儒家經典文獻理解聖人精神，並運用於實踐。胡瑗對《易》、《春秋》等經典的研究，在教學過程中得以闡發，正是其「明體達用」思想的生動表現。

胡瑗治經以《易》學最出眾，《四庫全書總目》中錄有《洪範口義》、由其弟子倪天隱記述的《周易口義》，後人研究胡瑗的學術思想史也多以其《易》學為代表，錢穆稱胡瑗為初期宋學中「完養心性的大理論與其工夫所在」的代表〔註40〕。實際上，胡瑗在《春秋》學上也有所造詣。有學者已作考證，胡瑗著有《春秋要義》、《春秋口義》、《春秋辨要》〔註41〕，今已不傳。《宋元學案》中記載胡瑗在教學活動中組織《春秋》經社，研讀《春秋》，孫覺游學

〔註38〕〔清〕黃宗羲原著，全祖望補修，陳金生，梁運華點校《宋元學案》卷1，《安定學案》，中華書局，1986年版，第24頁。

〔註39〕〔清〕黃宗羲原著，全祖望補修，陳金生，梁運華點校《宋元學案》卷1，《安定學案》，中華書局，1986年版，第25頁。

〔註40〕錢穆《中國學術思想史論叢》（五），東大圖書有限公司，中華民國67年，第4頁。

〔註41〕徐洪興《思想的轉型——理學發生過程研究》，上海人民出版社，1996年版，第322～325頁。

於其中，著有《春秋經解》詳見下文；又輯有胡瑗《春秋說》〔註 42〕七條佚文，從中仍可窺見胡瑗《春秋》學的大體面貌。

七條佚文以儒家之道為旨歸，著重於論證儒家的倫理道德規範，表現為君臣、夫婦關係。

一方面是強調「尊王」。桓公五年「蔡人、衛人、陳人從王伐鄭」，《左傳》客觀地敘述了整個事件經過，《公羊傳》解釋討伐的性質，「其言從王伐鄭何？從王正也。」《穀梁傳》則說明戰爭的原因，「鄭，同姓之國也，在於冀州。於是不服，為天子病矣。」胡瑗則於此條經文發掘出「尊王」大義，「不書王師敗績於鄭，王者無敵於天下。書戰則王者可敵，書敗則諸侯得御，故言伐而不言敗。茅戎書敗者，王師，非王親兵致討取敗而書之。」即言第一，從《左傳》記載來看，天王軍隊被諸侯打敗；胡瑗則認為聖人於此通過書法表達天王至尊至上，不可戰勝，書戰、書敗都有損天子威嚴。又，胡瑗對書戰、書敗的不同含義的解釋啟發後人解經，如蘇轍解此條為：「不言戰，王者無敵，莫敢與之戰。」〔註 43〕即從消極方面「尊王」；程頤則解為：「王師於諸侯不書敗，諸侯不可敵王也；於夷狄不書戰，夷狄不能抗王也，此理也。」〔註 44〕這裡由胡瑗書戰、書敗的正面解釋到反面解釋，並對書戰、書敗的對象做了分類，最終歸為「理」。第二，與書例有前後矛盾處，胡瑗則巧妙避開。成公元年天王戰敗於茅戎，與「書敗」之義不相合。胡瑗解釋為此戰天王並沒有親戰，是其他人領兵而戰，所以被打敗而書敗也是理所應當的。這種理解雖有彌縫之功，「尊王」大義躍然紙上，但不免有牽強、生硬之嫌。

除上述書法直接「尊王」以外，胡瑗又以間接方式論證此義。莊公六年「王人子突救衛」，《公羊傳》、《穀梁傳》認同王人尊貴於諸侯，褒嘉其救衛的行為。胡瑗就整個事件反映出的問題加以論說，「諸侯伐衛以納朔，天子不先救朔，卒為諸侯所納，天子威命盡矣。」意指天王至尊地位遭到挑戰，委婉地道出對理想政治形態尊王的肯定。就目前資料看，胡瑗所論「尊王」

〔註42〕 〔清〕黃宗羲原著，全祖望補修，陳金生，梁運華點校《宋元學案》卷1，《安定學案》，中華書局，1986年版，第27～28頁。

〔註43〕 〔宋〕蘇轍《春秋集解》卷 2，《四庫全書〈文淵閣〉本》，上海古籍出版社1987年影印。

〔註44〕 〔宋〕程顥，程頤著，王孝魚點校《二程集》，《河南程氏經說》卷 4，中華書局，2004年版，第1104頁。

傾向於尊崇形式、倫理層面之王，不具有普遍意義，但同慶曆以前漢唐注疏式解讀《春秋》相比，這種從經文中直尋義理的方式是一種進步。

另一方面，夫婦關係中突出「婦道」。莊公二十四年「八月丁丑，夫人姜氏入。戊寅，大夫宗婦覿用幣」，記莊公迎娶齊哀姜之事。三傳多從固定的等級禮儀講，認爲此舉不合禮。胡瑗不從三傳，「婦人從夫者也，公親迎於齊，夫人不從公而至，失婦道也。」所謂「婦道」即爲人婦應該遵從的禮節儀式。以此爲標準對哀姜的行爲做出判斷，體現夫婦之間的尊卑關係。相較而言，胡瑗對伯姬讚譽有加，「伯姬乃婦人中之伯夷也。」宋伯姬事見襄公三十年，大意爲伯姬住處失火，但其堅守婦人之義節，在《春秋》禮樂崩壞的氛圍中，宋伯姬的堅貞得到後人的褒揚。所以胡瑗以賢人伯夷比襯伯姬，其弟子孫覺《春秋經解》直接引用此義，並具體解說稱讚伯姬的原因。

由上可以看出，胡瑗《春秋說》形式上不從三傳，以己意理解經義，雖不免有牽強之過，但其以義理解《春秋》的方式促進了慶曆新學風的轉變；從內容上論證倫理規範，主要是君臣、夫婦之間的等級關係，突出「尊王」、「婦道」等對臣子、妻子的絕對義務要求。這種強調正是對宋初所承唐末五代頹喪的士風、道德觀念迷失等社會問題的解決方式之一，試圖確立儒學傳統價值理念，回歸儒家之道，具有色彩濃厚的濟世之義。

（二）石介（1005～1045）字守道，號徂徠，學者稱其爲「徂徠先生」，後結識孫復，並拜其爲師。從目前研究現狀來看，學人們較多的關注石介的排佛論、道統論、文論及史學思想〔註45〕，對其經學思想研究較少，其對《春秋》的看法更是無人問津。當然，其中有相關文獻不足的原因，但從《徂徠集》、《宋元學案》等著作中仍可得其一二。

同當時學者一樣，石介淹通儒家經典。《宋元學案》言石介以《易》教授學生，孫復的弟子朱長文也講：教育革新時，「明復以《春秋》，守道以《易》學，士大夫翕然向風，先經術而後華藻。」〔註46〕《直齋書錄解題》解石

〔註45〕注：如侯外廬，邱漢生，張豈之主編《宋明理學史》（上）（人民出版社，1984年版，第39～45頁）；張豈之主編《中國思想學說史》（宋元卷上）（廣西師範大學出版社，2007年版，第339～342頁）；潘富恩，徐餘慶《論石介》（《文史哲》，1989年第1期）；徐洪興《思想的轉型——理學發生過程研究》（上海人民出版社，1996年版，第350～369頁）等相關著論。

〔註46〕〔清〕朱彝尊《經義考》卷181，朱長文《春秋通志自序》，《四庫全書〈文淵閣〉本》，上海古籍出版社1987年影印。

介《周易解義》為：「止解六十四卦，亦無大發明。」〔註47〕似乎學術創新有限。有學者也指出：「石介的《易》學似無過人之處，故一般不為學者所重。」〔註48〕按石介著有《易口義》、《易解》，今不傳。《徂徠集》中有《辨易》，《郡齋讀書志》中也錄有相關材料，但確實平淡無甚新意。

《易》與《春秋》是宋代學人治經的重點，石介也加以關注。除《易》外，石介對《春秋》也有所研究。《春秋》學可以說是石介的家學，其父石丙通三家《春秋》學。《徂徠集》中有石介關於《春秋》的散論，《宋元學案》輯出石介《春秋說》片段十則。由這些材料可以看出石介《春秋》觀主要有兩方面。

第一，從形式上講，石介批判《春秋》傳注。「昔者孔子修《春秋》，明帝王之道，取三代之政，述而為經，則謂之書。其文要而簡，其道正而一，所以扶世而祐民，亦萬世常行不易之道也。後世人悖之者，則其書或息。其書息，則聖人之道隳也壞也，斯得不謂之蠹乎？」〔註49〕這裡通過聖人所作《春秋》的載體、內容、功能、表達形式等多方面說明聖人之道，此道具有恆常性。後世解說類著作，如漢唐注疏則陵夷、毀壞聖人精神，「三傳作而《春秋》散」。所以，石介認為三傳為《春秋》之蠹，體現出其尊經而批傳的態度。

事實上，六經之中，石介對《春秋》經情有獨鍾，「六經皆出孔子之筆，然《詩》、《書》止於刪，《禮》、《樂》止於定，《易》止於述，《春秋》特見聖人之作褒貶。」即從孔子對六經的不同整理方式看出《春秋》在儒家經典中的特殊地位。雖然《詩》、《易》大義深邃，「《詩》有文武之政，周召之迹，列國之風，卜商之說。《易》有伏羲、文王之敘，推之差易明，考之差易見。」但相比之下，「獨《春秋》專出孔子之筆」，意為聖人對《春秋》的重視，「君子之於《春秋》，終身而已矣。」《春秋》以善惡褒貶等價值判斷所蘊含的道理而使人一生受益。正是因為孔子親筆作《春秋》，微言旨遠，所以「雖七十子莫能知也」，「左氏、公羊氏、穀梁氏，或親孔子，或去孔子未遠，亦不能

〔註47〕〔宋〕吳興，陳振孫《直齋書錄解題》卷1，《易類》，《四庫全書〈文淵閣〉本》，上海古籍出版社1987年影印。

〔註48〕徐洪興《思想的轉型——理學發生過程研究》，上海人民出版社，1996年版，第357頁。

〔註49〕〔宋〕石介著，陳植鍔點校《徂徠石先生文集》卷7，《錄蠹書魚辭》，中華書局，1984年版，第81頁。

盡得聖人之意。至漢大儒董仲舒、劉向，晉杜預，唐孔穎達，雖探討勘勤，終亦不能至《春秋》之蘊。」〔註50〕從三傳到漢唐《春秋》傳注都不能揭示《春秋》所包含的聖人精神。這種懷疑傳注的治學風格與當時疑經惑古思潮是一致的。

第二，從內容上講，石介《春秋》觀的理論基礎爲「王道」。石介論「道」較多，但具形上意味的抽象之「道」並不多。「道者何謂也？道乎所道也。」〔註51〕「所道」之「道」近於事物的規律、原則。「夫天地、日月、山嶽、河洛，皆氣也。氣浮且動，所以有裂、有缺、有崩、有竭。吾聖人之道，大中至正、萬世常行不可易之道，故無有虧焉。」〔註52〕這裡視「氣」與「道」爲對應性範疇。「氣」具有變動性，屬物質性層面；「道」則具有永恒性，屬精神性層面，但石介並沒有進一步深入論證。有學者研究指出：「石介初步爲『道』和『氣』勾勒出一個輪廓：『道』是至高無上而又完美的，『氣』則是具體而又不完備的。但是，這樣的觀點在石介那裡並未充分展開。」〔註53〕此論可謂一語中的。「未充分展開」的原因一方面有客觀學術環境的要求，如這一時期的主要任務是打破傳注的束縛；另一方面也有石介本人的學術品質，《宋元學案》曾言：「徂徠先生嚴氣正性，允爲泰山第一高座，獨其析理有未精者。」〔註54〕評價石介不擅長嚴密的分析。

「道」的內容限於倫理意義或政治意義，「道於仁義而仁義隆，道於禮樂而禮樂備，道之謂也。」〔註55〕「吾聖人之道大行，君君而臣臣，父父而子子。」〔註56〕可見，「道」主要表現爲倫理綱常規範，「王道」。「夫父道也者，

〔註50〕〔宋〕石介著，陳植鍔點校《徂徠石先生文集》卷14，《與張洞進士書》，中華書局，1984年版，第164頁。

〔註51〕〔宋〕石介著，陳植鍔點校《徂徠石先生文集》卷20，《移府學諸生》，中華書局，1984年版，第244頁。

〔註52〕〔宋〕石介著，陳植鍔點校《徂徠石先生文集》卷19，《宋城縣夫子廟記》，中華書局，1984年版，第221頁。

〔註53〕侯外廬，邱漢生，張豈之主編《宋明理學史》（上），人民出版社，1984年版，第42頁。

〔註54〕〔清〕黃宗羲原著，全祖望補修，陳金生，梁運華點校《宋元學案》卷2，《泰山學案》，中華書局，1986年版，第112頁。

〔註55〕〔宋〕石介著，陳植鍔點校《徂徠石先生文集》卷20，《移府學諸生》，中華書局，1984年版，第245頁。

〔註56〕〔宋〕石介著，陳植鍔點校《徂徠石先生文集》卷19，《宋城縣夫子廟記》，中華書局，1984年版，第221頁。

君道也；君道也者，乾道也。首萬物者乾，則以君況焉；尊萬邦者君，則以父擬焉。」〔註57〕意指「天道」與「人道」相合，「道」成爲貫徹自然與社會的總原則。

「道」的媒介即爲《春秋》，石介不止一次的提及此意。「《周禮》明王制，《春秋》明王道，可謂盡矣。執二大典以興堯、舜、三代之治，如運諸掌。」〔註58〕即言《春秋》爲治理國家的政治憲綱。「《書》之《洪範》，《周禮》之六官，《春秋》之十二經，《孟子》之七篇，《原道》之千三百八十八言，其言王道盡矣。」〔註59〕《春秋》十二經即指《春秋》所述魯國十二公，代表《春秋》全文。這裡擴大了王道表達形式的文獻範圍。兩種說法雖然不衝突，《春秋》無論如何都是闡明王道的代表，但畢竟王道的表現方式發生了變化，透露出石介學術疏闊而謹嚴性不足。既然石介以《春秋》明王道，則其對《春秋》的闡釋勢必關涉倫理規範，如「尊王」、「貶臣」「攘夷」等主題。但由於石介《春秋》類著作材料有限，《宋元學案》僅存的十條佚文中並沒有盡興地展開這些主題。「《春秋》爲無王而作，孰謂隱爲賢且讓而始之哉？」〔註60〕或可概括性地表達此義。前句從其師孫復「《春秋》無王而作」說，表現爲綱常混亂，上下失序；後句駁斥《穀梁傳》「隱公讓桓，成人之美」說。

除此，《春秋說》突顯的是：第一，石介對自然現象的看法。《春秋》中載有大量的日食的記錄，石介總結日食情況的次數，認爲：「日食之變，起於交也，有雖交而不食者。」「交」爲陰陽相合，日食是陰陽變化的結果。「天道至遠，不可得而知，後世執推步之術，案交會之度而求之，亦已難矣。」這裡「天道」指自然界變化規律。石介反對主觀推測、猜想，體現一種較科學的學術態度。

第二，石介解經重書例以及事件的前後連貫性。「稱人者，貶也，而人不必皆貶，微者亦稱人。稱爵者，褒也，而爵未必純褒，譏者亦稱爵……」共

〔註57〕〔宋〕石介著，陳植鍔點校《徂徠石先生文集》卷17，《上徐州扈諫議書》，中華書局，1984年版，第203頁。

〔註58〕〔宋〕石介著，陳植鍔點校《徂徠石先生文集》卷6，《二大典》，中華書局，1984年版，第77頁。

〔註59〕〔宋〕石介著，陳植鍔點校《徂徠石先生文集》卷7，《讀原道》，中華書局，1984年版，第78頁。

〔註60〕〔清〕黃宗羲原著，全祖望補修，陳金生，梁運華點校《宋元學案》卷2，《泰山學案》，中華書局，1986年版，第105～106頁。

列舉十種書法情況。以此來看，石介不贊成固定不變、通行全文的例法規則，而是要就事論例，以義取例。所以，石介強調事件的整體發展，如文公十四年「齊人執子叔姬」條，石介就涉及此年「齊公子商人弒其君舍」、十五年「單伯至自齊」、「季孫行父如晉」、「諸侯盟於扈」、「齊人來歸子叔姬」、「齊侯侵我西鄙」等相關事件，說明面對弒君者，「天子不能討，諸侯不能伐」的綱常解鈕的狀態，側面暗合作者對理想政治王道的嚮往。

由上可知，無論是形式上的尊經棄傳，還是內容上的解讀，石介釋《春秋》都以王道為準則。其中存在不完善、疏略之處，但如同胡瑗《春秋說》的七條佚文所體現的致用精神一樣，石介《春秋》觀也顯示出其對新學風的認同及強烈的用世意圖。

二、孫復《春秋》學的「尊王」思想

胡瑗、石介《春秋》論雖然有一定的學術貢獻，但畢竟只是對《春秋》的片段解說，缺少全局性。「宋初三先生」另外一位孫復彌補了這一缺憾，其著作《春秋尊王發微》圍繞「尊王」闡發政治藍圖，開兩宋義理解《春秋》的先河。

孫復（992～1057）字明復，晉州平陽人。科考失敗後，退居泰山著書講學，學者稱其為「泰山先生」。其弟子石介曾作《明隱篇》，說明孫復不在隱者之列，「非苟富其道以膏潤肥碩於其身」，而是要「利天下也，潤萬物也」〔註61〕。時范仲淹、富弼推薦孫復，認為「先生有經術，宜在朝廷」。孫復由布衣升為國子監直講，後又被召為邇英殿說書。

當時，孫復與胡瑗都以治經、教學而著稱，《宋史》本傳稱「瑗治經不如復，而教養諸生過之。」〔註62〕清人黃震認同這一觀點，「安定之經術精矣，先生復過之，惜其書世少其傳。」〔註63〕據石介講：孫復著有《易說》六十四篇，《春秋尊王發微》十二卷，並提出：「盡孔子之心者大《易》，盡孔子之用者《春秋》，是二大經，聖人之極筆也，治世之大法也。」〔註64〕即《易》

〔註61〕〔宋〕石介著，陳植鍔點校《徂徠石先生文集》卷9，《明隱》，中華書局，1984年版，第95頁。
〔註62〕〔元〕脫脫等《宋史》卷432，《儒林二》，中華書局，1977年版，第12833頁。
〔註63〕〔清〕黃宗羲原著，全祖望補修，陳金生，梁運華點校《宋元學案》卷2，《泰山學案》，中華書局，1986年版，第73頁。
〔註64〕〔宋〕石介著，陳植鍔點校《徂徠石先生文集》卷19，《泰山書院記》，中華

與《春秋》爲心用關係,最終指向治世。《易說》已佚,孫復以《春秋》學名譽當時。程頤曾這樣描述孫復講《春秋》的盛況,「孫殿丞復說《春秋》,初講句日間,來者莫知其數。堂上不容,然後謝之,立聽戶外者甚眾。當時《春秋》之學爲之一盛,至今數十年傳爲美事。」〔註65〕

關於孫復《春秋》類著作,四庫館臣稱:「《春秋尊王發微》十二卷,《中興書目》別有復《春秋總論》三卷,蓋合之共爲十五卷爾。今《總論》已佚,惟此書尚存。」〔註66〕即僅可見《春秋尊王發微》十二卷。孫復作此書時,已年近半百〔註67〕。此前,范仲淹曾爲孫復提供學職,並授以《春秋》。范仲淹對《春秋》的認識,如前所述。孫復是否受其影響,有待考察《春秋尊王發微》全文。

首先,《春秋尊王發微》出現的前提條件:宋初面臨的一系列政治、軍事、經濟等多方面的危機,國力日漸衰微,強烈地撞擊著學人們的憂患意識。對於如何解決這些問題,學人們普遍轉向儒家文化,一致認同六經中蘊含理想政治典範,孫復亦在其列。「虞夏商周之治,其不在於六經乎?捨六經而求虞夏商周之治,猶泳斷潢污瀆之中望屬於海也,其可至哉?」〔註68〕即在儒家經典中尋求治國方案。而此時經學仍舊沿襲漢唐注疏之風,與現實社會嚴重脫節。以懷疑、否定經學章句注疏之學,提倡闡明經典本身所含義理爲特點的慶曆新學風即形成於此時。

孫復積極參與了新學風運動,批判漢唐注疏之學。在給范仲淹的信中,孫復慷慨激昂地表達了這一看法。本來孔子整理的經典文本中寓有完善的治國之道,但從七十子之徒經秦火再到漢魏以下,諸儒所作注解,擾亂了六經原本含有的旨義。而當時政府又以此注解類典籍科考取士,造成資源的浪費。孫復反對當時的教育現狀,認爲:「專主王弼、韓康伯之說而求於大《易》,

---

書局,1984 年版,第 223 頁。

〔註65〕 〔宋〕程顥、程頤著,王孝魚點校《二程集》,《河南程氏文集》卷 7,中華書局,2004 年版,第 568 頁。

〔註66〕 〔清〕永瑢等撰《四庫全書總目》卷 26,《經部·春秋類一》,中華書局,1965 年版,第 214 頁。

〔註67〕 注:孫復作《春秋尊王發微》的時間,據蒲衛忠考爲慶曆二年(1042 年)前。參見蒲衛忠《孫復與宋代春秋學研究》,載《經學今詮初編》,遼寧教育出版社,2000 年版,第 485~486 頁。

〔註68〕 〔宋〕孫復《孫明復小集》,《寄范天章書二》,《四庫全書〈文淵閣〉本》,上海古籍出版社 1987 年影印。

吾未見其能盡於大《易》者也；專守《左氏》《公羊》《穀梁》杜預、何休、范甯之說而求於《春秋》，吾未見其能盡於《春秋》者也……」即數子之說都不能窮盡聖人精神。進而建議政府「廣召天下鴻儒碩老，置於太學，俾之講求微義，殫精極神，參之古今，復其歸趣，取諸卓識絕見大出王、韓、左、谷、公、杜、何、毛、范、鄭、孔之右者，重為注解。」〔註69〕簡言之，即要求拋開注解類著作，從經典文本中直尋經義。

依孫復來看，六經中所含有的經義為聖人之道、儒家之道。第一，聖人之道的內容為儒家傳統價值範疇仁義禮樂，是治國的根本性大綱。「所謂夫子之道者，治天下，經國家，大中之道也。」〔註70〕「仁義禮樂，治世之本也，王道之所由興，人倫之所由正。」〔註71〕強調儒家仁義禮樂之道的政治、倫理功能。「大中之道」與《尚書・洪範》有關，其中講「皇極」，「凡厥庶民，無有淫朋，人無有比德，惟皇作極。」「無偏無陂，遵王之義；無有作好，遵王之道；無有作惡，遵王之路；無偏無黨，王道蕩蕩；無黨無偏，王道平平；無反無側，王道正直。會其有極，歸其有極。」其大意可概括為人事制度上公正無偏私。孔安國注解「建用皇極」，「皇，大；極，中也。凡立事，當用大中之道。」〔註72〕即將「皇極」解釋為「大中之道」。孫復取「大中之道」的外殼，灌以仁義禮樂的內容，並提升到治理國家最高原則的地位。究其實，孫復所言「大中之道」是「夫子之道」的政治表達。

第二，聖人之道表現在政治、歷史、宗教、文學等各個方面，孫復尤其突出前兩者。

儒家之道在歷史方面表現為道統論。孫復講：夫子之道

> 基於伏羲，漸於神農，著於黃帝堯舜，章於禹湯文武周公，然伏羲而下創制立度，或略或繁。我聖師夫子從而益之損之，俾協厥中，筆為六經，由是治天下經國家大中之道煥然而備，此夫子所謂大也。其出乎伏羲、神農、黃帝、堯、舜、禹、湯、文武、周公也

〔註69〕〔宋〕孫復《孫明復小集》，《寄范天章書二》，《四庫全書〈文淵閣〉本》，上海古籍出版社 1987 年影印。

〔註70〕〔宋〕孫復《孫明復小集》，《上孔給事書》，《四庫全書〈文淵閣〉本》，上海古籍出版社 1987 年影印。

〔註71〕〔宋〕孫復《孫明復小集》，《儒辱》，《四庫全書〈文淵閣〉本》，上海古籍出版社 1987 年影印。

〔註72〕〔清〕阮元校刻《十三經注疏・尚書正義》，中華書局，1980 年，第 189～190 頁。

遠矣。噫，自夫子歿，諸儒學其道得其門而入者鮮矣。惟孟軻氏荀卿氏揚雄氏王通氏韓愈氏而已，彼五賢者，天俾夾輔於夫子者也。〔註73〕

這裡有兩層含義：第一，「道」的源頭性。孫復把道統源頭追溯到伏羲；第二，「道」的階段性。「夫子之道」在歷史傳承過程中有三個明顯界限，從伏羲到周公是「道」的創立階段，伏羲為儒家之道的奠基者，從神農到周公對「道」都有所發展（「漸」、「著」、「章」）；孔子對「道」進行了整理，以文字的形式流傳、延續「道」，「道」的治世性在這裡最為完善，故孔子對「道」的提升超出伏羲、周公之功；從孟子到中唐的韓愈，是「道」的恢復或弘揚階段。

應該說，道統論的正式提出始自中唐韓愈，「堯是以傳之舜，舜以是傳之禹，禹以是傳之湯，湯以是傳之文武周公，文武周公傳之孔子，孔子傳之孟軻。軻之死，不得其傳焉。」〔註74〕同韓愈道統論相比，孫復把儒家之道的起點上推至傳說時代，證明儒家之道的「源遠」性；把荀子、揚雄，甚至董仲舒，以至王通和韓愈本人劃入道統序列，證明儒家之道的「流長」性；對「道」傳承過程的分段式論證，使「道」的流傳譜系更具立體性、多面性。二者道統論的差異源於其對儒家之道的理解不同。韓愈所重構的儒家之道主要是指孟子所講的「仁義」，而孫復所謂儒家之道，包含仁義禮樂，其所羅列的「五賢」著眼於他們對儒家之道的宣揚、振興。有學者研究認為：孫復道統思想的具體內容「與後來理學家的道統說有很大的區別，可以視為從韓愈道統說到理學家道統說的過渡形式。」〔註75〕

在政治上表現為等級倫理秩序。孫復屢次言明「君君臣臣父父子子，君國之大經，人倫之大本也。」〔註76〕「君臣父子夫婦，人倫之大端也。」〔註77〕意謂儒家之道所包含的綱常名分是理正人與人在社會、政治生活中

〔註73〕〔宋〕孫復《孫明復小集》，《上孔給事書》，《四庫全書〈文淵閣〉本》，上海古籍出版社1987年影印。

〔註74〕馬通伯：《韓昌黎文集校注》，古典文學出版社，1957年版，第7～11頁。

〔註75〕張豈之主編《中國思想學說史》（宋元卷上），廣西師範大學出版社，2007年版，第337頁。

〔註76〕〔宋〕孫復《孫明復小集》，《兗州鄒縣建孟廟記》，《四庫全書〈文淵閣〉本》，上海古籍出版社1987年影印。

〔註77〕〔宋〕孫復《孫明復小集》，《儒辱》，《四庫全書〈文淵閣〉本》，上海古籍出版社1987年影印。

關係的指導原則。三種社會關係中，孫復著重於君臣一倫。「乾者君之道，坤者臣之道，衣上而裳下者，乾坤之象也。……故舜增五等之制，自上而下，俾貴賤之序益明，天子之位益尊。」〔註78〕這裡乾、坤是《易》的基本概念，由乾為天、坤為地的基本卦象引申至日常生活中衣與裳的上下，進而推至君與臣的社會等級關係，此為《易》的內容之一〔註79〕。孫復通過對《易》的理解與運用，以天道與人道的貫通、等級制的完善強調君王權位的至上至尊。君王在享有最高權力的同時，也有相應的義務。《世子蒯聵論》以衛國內亂為例，把矛盾的源頭指向衛靈公，「生不能治其室，死不能正其嗣。」君王有責任理順等級名分。同樣，對臣子也有一定的要求。為臣者既要尊君，又要盡臣職。《文王論》駁斥《春秋左氏傳》對文王夷滅商紂的注解，指出：「紂雖失德，諸侯背叛」「而文王事之獨無二心。」文王「有庇民之大德，有事君之小心」。意指臣子在「君」與「民」之間要有效地堅守綱常禮制。孫復主張為臣者要積極奮發，有為行事。《罪平津》中斥責漢武帝時宰相公孫弘「無制禮作樂，長世御民之才，但以持祿固位，自圖安樂為事。」即臣下者應當具有擔當精神，濟世救民。看似批評歷史人物，實則是對當時清靜無為、苟且偷安的士風習氣的怒吼。這一層面的含義更具體地表現在《春秋尊王發微》中。

　　由上可知，孫復通過否定傳注，倡言經文本身所包含的聖人之道。此「道」表現在社會、政治生活的各個層面，其目的是重新確立儒家文化的主體地位。聖人之道主要是在政治上落實為綱常秩序。可見，孫復講儒家之道側重於「道」的現實應用、制度建設等實踐層面，而《春秋尊王發微》是這種應用的載體。

　　其次，《春秋尊王發微》的「尊王」大義。如前述，孫復認為六經中含有儒家之道，《春秋尊王發微》是孫復對《春秋》經中聖人之道的解讀，也可以說孫復借《春秋》經的政治、歷史批判精神，以儒家之道為理論指導，闡明「尊王」大義。

　　《春秋尊王發微》開篇解釋孔子作《春秋》的原因，揭示「尊王」主題。「孔子作《春秋》也，以天下無王而作也，非為隱公而作也。」即孔子整理過的《春秋》含有政治價值批判的意味。孫復列舉周道衰微而「無王」的種

〔註78〕〔宋〕孫復《孫明復小集》，《舜議制》，《四庫全書〈文淵閣〉本》，上海古籍出版社1987年影印。

〔註79〕注：參見高亨《周易大傳今注》，齊魯書社，1998年版，第14頁。

種表現，禮制制度上的上下等級失序，「朝覲之禮不修，貢賦之職不奉，號令之無所束，賞罰之無所加。」〔註80〕文化上的標識以《詩》、《尚書》、《春秋》爲例，「《詩》自《黍離》而將，《書》自《文侯》而絕，《春秋》自隱公而使。」《黍離》是周大夫感傷於周宗廟宮室變爲廢墟而作，「天下無復有雅也」；《文侯》列於《周書》誥命類文獻末，「天下無復有誥命也」。正是基於對「無王」的政治、文化現狀的認識，孫復認爲孔子感而作《春秋》，由此也暗示《發微》以「尊王」爲闡釋重點。

「尊王」是通過內對君王本人、諸侯及大夫，外對夷狄的褒貶完成的。

（一）對內的倫常關係

周道衰微以前，聖王之治的理想狀態下，天王有政治、軍事、經濟等多方面的權力，如「《春秋》之義，非天子不得專殺」、「天子祭天地」、「天子無敵，非鄭伯可得抗也。」「無王」的政治現狀則打破了王權的至上性，諸侯國君擅自行使專殺權，國君僭越而行天子禮，諸侯國與天王對抗，甚至天王本人也偏離了王政。隱公七年「天王使凡伯來聘」，孫復認爲：「天王使凡伯來聘，非天子之事也。桓王不能興衰振治，統制四海，以覆文武之業，反同列國之君。」〔註81〕即周王違背禮制。襄公三十年「天王殺其弟佞夫」，《發微》先引《尚書》帝堯之德，反襯周天子無仁德，「《書》稱帝堯克明俊德，以親九族，九族既睦，平章百姓」；繼而認爲「諸侯有失教及不能友愛其弟出奔者，孔子猶詳而錄之，譏其失兄之道」，周王至尊「富有四海」，卻殺其胞弟，更應貶斥，「惡之」〔註82〕。由此可見，孫復所謂「尊王」，並非無原則地盲目尊崇現實權威之君王，尊的是「王」內在的評判標準，即仁義禮樂之道。

以「尊王」的實質再來看倫常關係。莊公元年「單伯逆王姬」，《穀梁傳》講：「躬君弒於齊，使之主婚姻，與齊爲禮，其義固不可受也。」即從情義上講，魯莊公不可聽命於周天王。孫復在此基礎上有所改進，「魯桓見殺於齊，天子命莊公與齊主婚，非禮也；莊公以親仇可辭而莊公不辭，非子也。故交

〔註80〕〔宋〕孫復《春秋尊王發微》卷1，《隱公》，《四庫全書〈文淵閣〉本》，上海古籍出版社1987年影印。以下簡稱《發微》。

〔註81〕〔宋〕孫復《春秋尊王發微》卷1，《隱公》，《四庫全書〈文淵閣〉本》，上海古籍出版社1987年影印。

〔註82〕〔宋〕孫復《春秋尊王發微》卷9，《襄公》，《四庫全書〈文淵閣〉本》，上海古籍出版社1987年影印。

譏之。」〔註83〕意言周王與諸侯國君在違背禮制綱常方面是一致的，所以都受到譏貶。

　　諸侯國內君臣之間，孫復也要求他們符合仁義原則。成公十七年「晉殺其大夫郤錡郤犨郤至」，《發微》認為：「君之卿佐是謂股肱，屬公不道，一日而殺三卿，此自禍之道也，誰與處矣。故列數之以著其惡。」〔註84〕意指君王不行君道，自取禍端，則直書其惡行。必要時刻，國君要死難其國。莊公四年「紀侯大去其國」，孫復首先明確齊國遷他人之國是不講道義，同時指出「紀侯守天子之土，有社稷之重，人民之眾，暗懦齷齪，不能死難。畏齊強脅，棄之而去，此其可哉？身去而國家盡為齊有。」〔註85〕言明紀侯應當以國家、人民為重，與國並存亡，所以對紀侯棄國的行為表示厭惡。實際講來，孫復以理想王政為標準，硬性丈量個體政治地位，確有苛刻之嫌，其後弟子孫覺在重解《春秋》的過程中，修正了這一觀點，在堅持王道原則的同時加入了靈活性的因素，詳見後文。

　　為臣者要尊上，必要時也應當殉職。隱公四年「衛人殺州吁於濮」，「稱人以殺討賊亂也。……桓公被殺至此八月，惡衛臣子緩不討賊。」〔註86〕即臣子有討伐弒君之賊的義務。桓公十一年「宋人執鄭祭仲」，《公羊傳》解為祭仲善權變，含褒義；《穀梁傳》則以死君難為臣道而貶祭仲。孫復取《穀梁》義，進一步突出臣下的責任，「祭仲為鄭大臣，不能死難，聽宋逼脅，逐忽立突，惡之大也。」〔註87〕認為祭仲沒有盡忠盡力，予以最大的貶斥。襄公十九年「晉士匄帥師侵齊，至谷聞齊侯卒，乃還」，《左傳》認為士匄聞喪而還，合乎禮節；《公羊》稱讚其不伐喪；《穀梁》則就特殊情況提出相應的對策。孫復自覺地立足於三傳之外，彰顯尊王之義。「不伐喪，善也，士匄貪不伐喪之善以廢王命，惡也。」〔註88〕即為臣者要始終以君為首位，等

〔註83〕〔宋〕孫復《春秋尊王發微》卷3，《莊公》，《四庫全書〈文淵閣〉本》，上海古籍出版社1987年影印。

〔註84〕〔宋〕孫復《春秋尊王發微》卷8，《成公》，《四庫全書〈文淵閣〉本》，上海古籍出版社1987年影印。

〔註85〕〔宋〕孫復《春秋尊王發微》卷3，《莊公》，《四庫全書〈文淵閣〉本》，上海古籍出版社1987年影印。

〔註86〕〔宋〕孫復《春秋尊王發微》卷1，《隱公》，《四庫全書〈文淵閣〉本》，上海古籍出版社1987年影印。

〔註87〕〔宋〕孫復《春秋尊王發微》卷2，《桓公》，《四庫全書〈文淵閣〉本》，上海古籍出版社1987年影印。

〔註88〕〔宋〕孫復《春秋尊王發微》卷9，《襄公》，《四庫全書〈文淵閣〉本》，上海

級高於道德。不難發現,孫復嚴格以尊王爲旨歸,以政權、政令統一爲主體,甚至捨棄道德判斷而固執的尊信君命,不免有刻板、迂腐之嫌,使「王」的內涵也大打折扣。

《發微》對兄弟、夫婦關係也有所關涉。隱公元年「鄭伯克段於鄢」,孫復講:鄭伯的兄弟段驕悍難制服,鄭伯有意養段之惡以至用兵,「兄不兄,弟不弟」,悖離兄弟之道,「交譏之」〔註89〕桓公三年「公子翬如齊逆女,九月齊侯送姜氏於讙,公會齊侯於讙」,《發微》講:「夫夫婦婦,風教之始,人倫之本也,可不重乎?是故婚禮之重莫重乎親迎。」〔註90〕夫婦一倫在風習教化中有重要地位,而齊侯、魯桓公的行爲不合禮制。

以上簡述了對內的君臣、夫婦等倫常關係。孫復通過譏貶的寫作方式強調尊天子、黜諸侯,「尊王」的實質是尊崇儒家的政治倫理規範,是儒家之道在政治生活中的落實。但由於孫復偏重於「道」在實踐中的應用,使得「尊王」的內涵有些搖擺,時而呈現爲尊從現實君王的權威,如桓公十五年「天王使家父求車」,三傳意爲「非禮」,而孫復解爲「諸侯貢賦不入,周室材用不足」,維護在上者的絕對權力,力倡統一而穩定的政治秩序之意表露無疑。

(二)夷夏觀

華夏民族與少數民族的關係一直是《春秋》學研究的主題之一。孫復對待夷狄的態度主要是以政治倫理規則爲標尺,彰顯尊王大義。

一方面,同傳統的《春秋》觀一樣,孫復堅持攘斥夷狄。如莊公十年,荊楚打敗中原蔡國軍隊,俘獲蔡侯。《春秋》經書爲「荊敗蔡師於莘,以蔡侯獻舞歸。」孫復認爲不書爲「獲」,「不與夷狄獲中國也」;哀公十三年「公會晉侯吳子於黃池」,盟會的主辦方是吳國,此時晉已失去盟主地位。經文列晉侯於吳子之上,意在表明「不以荒服冠諸夏」,「尊諸夏也」。這裡所否定的夷狄仍是地域、血緣層面的少數民族。

另一方面,孫復對夷狄的行爲又有所肯定。如僖公二十一年宋公、楚子等諸侯國君盟會於盂,楚子執宋公而伐宋。孫復解釋對楚稱謂的變化,由稱「荊」表示荊州之夷,到稱人稱子,「以其漸同中國與諸侯會盟,及修禮來聘,

古籍出版社 1987 年影印。
〔註89〕〔宋〕孫復《春秋尊王發微》卷1,《隱公》,《四庫全書〈文淵閣〉本》,上海古籍出版社 1987 年影印。
〔註90〕〔宋〕孫復《春秋尊王發微》卷2,《桓公》,《四庫全書〈文淵閣〉本》,上海古籍出版社 1987 年影印。

稱人少進也；稱子復舊爵也。」〔註 91〕即贊許夷狄主動接受中原禮樂文明，此時夷狄爲道德文化之夷。所以，宣公十一年「楚人殺陳夏徵舒」，夏徵舒作爲弒君之賊，天子與各國諸侯不能誅討，楚人進行征討，維護倫理秩序，「孔子與楚討也」，明確讚賞少數民族在踐守禮制方面的行爲。

正是因爲以仁德禮制區分華與夷，所以孫復認爲「夷狄亂華，諸侯得以驅之逐之」是可行的，但滅其國、執其諸侯就過分了。如宣公十五年「晉師滅狄潞氏，以潞子嬰兒歸」，昭公十七年「晉荀吳帥師滅陸渾之戎」等諸侯對夷狄的做法。中原諸侯有超出禮制文明的行爲，也以夷狄相稱。昭公十二年「楚子伐徐，晉伐鮮虞」，《發微》講：晉國作爲盟主，本應救助被楚國所滅的陳、蔡；相反，晉與楚交伐中原諸侯國，「此夷狄之道也，故夷狄稱之。」〔註 92〕「夷狄之道」即與先進禮樂文明背離的行爲方式或原則。可見，華與夷的概念是變動的，其標準是仁義禮制等政治規範、法則。有學者指出：「宋人之所謂夷狄、中國已是固定實體而不變。」〔註 93〕這裡所講的不變實體是地域意義上所劃分的中國、夷狄，是就當時宋政權與少數民族政權並立而言。孫復所講夷狄，傾向於文化之夷，以此發揮儒家之道。

又，孫復解哀公十四年「春西狩獲麟」條總結性地概括《發微》的尊王主旨。

> 天子失政自東遷始，諸侯失政自會澶梁始，故自隱公至於澶梁之會，天下之政、中國之事皆諸侯分裂之；自澶梁之會至於申之會，天下之政、中國之事皆大夫專執之；自申之會至於獲麟，天下之政、會盟征伐皆吳楚迭制之。聖王憲度，禮樂衣冠，遺風舊政，蓋掃地矣，中國淪胥逮此而盡。前此猶可言者，黃池之會晉魯在焉；後此不可言者，諸侯泯泯，制命在吳，無復中國，天下皆從吳故也，是故《春秋》尊天子貴中國。貴中國所以賤吳楚也，尊天子所以黜諸侯也。尊天子黜諸侯始於隱公是也，貴中國賤夷狄終於獲麟是也。
> 〔註 94〕

〔註 91〕〔宋〕孫復《春秋尊王發微》卷 5，《僖公》，《四庫全書〈文淵閣〉本》，上海古籍出版社 1987 年影印。

〔註 92〕〔宋〕孫復《春秋尊王發微》卷 10，《昭公》，《四庫全書〈文淵閣〉本》，上海古籍出版社 1987 年影印。

〔註 93〕楊向奎《宋代理學家的〈春秋〉學》，《史學史研究》，1989 年第 1 期。

〔註 94〕〔宋〕孫復《春秋尊王發微》卷 12，《哀公》，《四庫全書〈文淵閣〉本》，上

這裡有三層含義：第一，孫復把平王東遷後到敬王二百多年的歷史劃分為三個階段，即諸侯專政、大夫專政、夷狄專執，其劃分的標準為王權的遞變；第二，少數民族把持政權，則華夏民族的先進禮樂文明淪滅逮盡。也即少數民族是落後文明的代表，似乎不可能進步，這與孫復解經過程中對夷狄在文化禮樂方面的贊許有不合之處。其中原因可以解釋為：宋廷建立之初並沒有實現真正意義上的統一，政治、文化秩序的一貫性成為學人們學術與實踐的普遍追求。孫復雖然肯定少數民族在先進文明方面有些許發展，但尊王攘夷、貴中國賤夷狄是其堅持的最高原則；第三，「尊天子黜諸侯」是就中原內部而言的君臣關係，「貴中國賤夷狄」是就中原外部的民族關係而言。無論是「尊天子」還是「尊中國」，其實質都是「尊王」，尊崇儒家之道。

除此以外，孫復解說《春秋》災異也凸顯其「尊王」之義。桓公元年「秋大水」，《發微》將自然現象與人道相聯繫，「昔者聖王在上，王事修而彞倫敘，則休徵應之。」「若聖王不作，五事廢而彞倫攸斁，則咎驗應之。」〔註95〕這裡孫復承襲漢代學者天人感應說，但前人所論是以人格化的「天」限制君主權威，此處的「天」是被動的相應於人，主動權在於「聖王」，進一步講是自然界依人間王道狀態而發生變化。孫復又突出彞倫中的君臣一倫，《發微》把桓公三年「日有食之」理解為「日有食之，陰侵陽，臣侵君之象也」，目的是勸誡在上者「修身以德以消其咎」。以自然現象比附君臣關係，同歐陽修的理性精神相比或許有一定的差距，但孫復正是以此倡「尊王」大義，王道之治。

總之，孫復通過論證君臣、夫婦等級倫理秩序，以及夷夏關係闡明《春秋》「尊王」大義。「尊王」所尊並非現實個體之「王」，而是「王」所內含的儒家之道指導下的政治倫理秩序。也就是說，「尊王」大義的實質是對儒家之道制度、規範的回歸，是對政治秩序中仁義禮樂的精神訴求。有學者指出：「孫復《春秋尊王發微》旨在闡發《春秋》經，但他卻為現實的宋專制主義唱了一曲讚歌。」〔註96〕這裡從當時的社會背景出發，強調孫復《春秋》學的政治功能，但不免忽略了其中的文化含義。

最後，《發微》的學術意義。如上所述，《發微》是孫復所解讀的儒家之道在政治生活中的具體呈現，從而開啓兩宋義理解《春秋》的大門。其學術

　海古籍出版社 1987 年影印。

〔註95〕〔宋〕孫復《春秋尊王發微》卷 2，《桓公》，《四庫全書〈文淵閣〉本》，上海古籍出版社 1987 年影印。

〔註96〕漆俠《宋學的發展和演變》，河北人民出版社，2002 年版，第 228 頁。

意義表現在三個方面：

第一，孫復《春秋》學是對儒家之道的回歸。《春秋》經本身含有君臣綱常、尊王攘夷等內容，由對歷史事件的褒貶而包含價值原則。孫復《春秋》學通過重新闡釋《春秋》經，發揮尊王思想，申明儒家仁義禮樂之道，論證建立統一的文化、政治秩序的重要性。這種回歸在學術上促進了儒學的復興，在政治上則爲當時政權運作提供了一種方案。正如歐陽修在《孫明復先生墓誌銘》中所講：孫復研究《春秋》，「以考時之盛衰而推見王道之治亂」〔註97〕點明了孫復《春秋》學的治世之義。有學者把《發微》對於治道多有發揮、針對性強的特點歸結爲宋代重視《春秋》的一個主要原因〔註98〕，有一定的道理。

第二，孫復《春秋》學推動了宋初學風的轉變。針對宋初經學的弊端，慶曆年間興起疑經惑古的學術思潮。孫復積極參與其中，批判漢唐注疏之學，《發微》即是其捨傳而以己意解經的代表作。從解經方式上看，孫復「本於陸淳而增新意」，即沿襲中唐陸淳捨傳求經的治學方法又有所發展。歐陽修也曾表達這一意思，「先生治《春秋》不惑傳注，不爲曲說以亂經」「得於經之本義爲多。」〔註99〕考察全文，孫復並沒有完全拋開前人注疏成果，如前文所講「大中之法」即引自漢鄭玄。確切講，孫復《春秋》學是採拾傳注作主觀判斷，重視經義的發揮。又，四庫館臣稱：《發微》「有貶無褒，大抵以深刻爲主。」並視常秩所言「明復爲《春秋》，猶商鞅之法」爲篤論，認爲孫復「過於深求而反失《春秋》之本旨」〔註100〕。的確，孫復解《春秋》存在苛求之處，且議論以貶斥爲主。但「有貶無褒」說過於絕對，《發微》對齊桓公攘夷之功、夷狄在禮樂方面的進步是表示肯定的；至於「過於深求」的評論，則忽視了孫復所處的社會環境，何況「過於深求」與《春秋》注疏類著作相比，不失爲一種以主觀體驗與社會現實相結合來把握聖人精神的新的解經途徑。

至此，再來看孫復《春秋》學的學術淵源。范仲淹雖授以《春秋》，但對

〔註97〕　〔宋〕歐陽修《歐陽文忠公集》卷27，《孫明復先生墓誌銘》，《四部叢刊》本。

〔註98〕　侯外廬，邱漢生，張豈之主編《宋明理學史》（上），人民出版社，1984年版，第38頁。

〔註99〕　〔宋〕歐陽修《歐陽文忠公集》卷27，《孫明復先生墓誌銘》，《四部叢刊》本。

〔註100〕　〔清〕永瑢等撰《四庫全書總目》卷26，《經部·春秋類一》，中華書局，1965年版，第214頁。

孫復《春秋》思想影響不大。范仲淹於三傳有微詞，但傾向於《左傳》；孫復對三傳沒有明顯的偏向，批判漢唐注疏，同時又吸收前人成果。有學者研究認爲：孫復《春秋》學本於中唐陸淳、韓愈〔註101〕。即孫復正是承接了中唐《春秋》學者所開創的捨傳求經、斷以己意的解經精神，面對社會問題而倡導《春秋》「尊王」大義，促進了當時疑經惑傳、義理解經新學風的轉變。

第三，孫復《春秋》學對理學的發生有一定的奠基作用。應該說，孫復《春秋》學在形上理論建設方面沒有創新性貢獻，其所理解的儒家之道仍局限於制度、規範等形下層面。程頤批評孫復《春秋》學，「孫大概唯解《春秋》之法，不見聖人所寓微意。」〔註102〕即是言孫復《春秋》止於君臣等級秩序，於「法」之所以然之「理」不通。由於缺少較高的理論作指導，孫復「尊王」思想有時指尊崇儒家倫理規則，有時則指尊奉現實君王威嚴。但整體來講，孫復《春秋》學對基本方向的把握符合儒家精神。南宋朱熹講：孫復解經「雖未能深於聖經，然觀其推言治道，凜凜然可畏，終得個聖人意思。」〔註103〕一方面指出孫復《春秋》學理論深度有缺，另一方面肯定其「治道」精神，對理想秩序的規劃。「得個聖人意思」即孫復所理解的儒家仁義禮樂之道，道理「平正」。又，孫復《春秋》學所反映出的天與人的關係，「天」是應人事而有感，是人格化的「天」。有學者研究認爲：孫復強調綱常道德規範，天道也有道德倫理，「人間的封建道德規範和天的道德規範是一致的，這裡就有了理學體系的萌芽。」「到了後來理學家的手裏，人格神的色彩越來越被沖淡。」〔註104〕道出了孫復《春秋》學對理學某一命題的學術影響。

綜上論述了「宋初三先生」的《春秋》觀。可以發現，同范仲淹、歐陽修整體性的把握《春秋》經義不同，胡瑗、石介、孫復側重分析《春秋》具體經文，闡發儒家倫理規範。胡瑗、石介所存《春秋》類著作不完整，相應地所表達的政治倫理原則也只是鳳毛麟角。孫復《發微》則圍繞「尊王」，貫

〔註101〕徐洪興《思想的轉型——理學發生過程研究》，上海人民出版社，1996年版，第333頁。

〔註102〕〔宋〕程顥，程頤著，王孝魚點校《二程集》，《河南程氏外書》卷9，中華書局，2004年版，第1104頁。

〔註103〕〔清〕黃宗羲原著，全祖望補修，陳金生，梁運華點校《宋元學案》卷2，《泰山學案》，中華書局，1986年版，第101頁。

〔註104〕侯外廬，邱漢生，張豈之主編《宋明理學史》（上），人民出版社，1984年版，第37頁。

通考察《春秋》經。「宋初三先生」的《春秋》觀一方面打破了注疏體對經學發展的束縛，倡導以主觀體驗直接探得經文大義；另一方面體現出其學術的致用性，汲汲於現實問題而提供一種解決方案。所以說，「宋初三先生」的《春秋》觀集體呈現濃厚的適用色彩，但在學術視野的開闊性、對《春秋》的分析及對三傳批判的理論化、細緻化方面顯得單薄、不足。

第三節　劉敞體系化的《春秋》學

伴隨著慶曆學風的進一步深入，政治環境的變化，《春秋》研究面臨新的局面。如孫復借解讀《春秋》而激切地表達出的「尊王」大義，的確可以說是為解決當時現實問題而開出的一紙好藥方，但由於緊緊拘束於「尊王」，不免使闡釋的《春秋》經義帶有明顯的主觀臆斷性，甚至「強制」的意圖。現實政治革新的失敗也需要重新審視對《春秋》的理解。劉敞《春秋》類著作的出現似乎恰逢其時。

劉敞（1019～1068）字原父，臨江新餘人，學者稱其為「公是先生」。舉慶曆進士，廷試第一。歷仁宗、英宗兩朝，官至集賢院學士。歐陽修《集賢院學士劉公墓誌銘》中稱：劉敞「上自六經、百氏、古今傳記，下至天文、地理、卜醫、數術、浮圖、老莊之說，無所不通。」〔註105〕這為其理解《春秋》準備了豐富的典籍資源。《宋史》本傳載：「歐陽修每於書有疑，折簡來問，對其使揮筆，答之不停手，修服其博。」〔註106〕以歐陽修的學識、文章而折服於劉敞，可以想像劉敞學問的淵博。當然，劉敞篤志於經術，著有《七經小傳》、《春秋》五書。

《七經小傳》，主要是雜論《尚書》、《毛詩》、《周禮》、《儀禮》、《禮記》、《公羊傳》、《論語》等七部經典經義，體裁類似於讀經札記，大多是就經文一句或一段進行考證、辨析，糾正前人說法。如謂《尚書》「《九共》九篇，『共』當作『丘』。古文『丘』作四，與『共』相近，故誤傳以為共耳。」解《毛詩》「《棠棣》之四章，認為其中的「戎」字不含韻，當作「戍」；解《伐木》篇「丁丁聲相應也」，引申為「自天子以至庶人亦當須友以相成也」，

〔註105〕〔宋〕歐陽修《歐陽文忠公集》卷35，《集賢院學士劉公墓誌銘》，《四部叢刊》本。
〔註106〕〔元〕脫脫等《宋史》卷319，《劉敞傳》，中華書局，1977年版，第10387頁。

「毛鄭說俱非是也。」〔註107〕解《禮記》中「諸侯以《貍首》爲節」當作爲「以《鵲巢》爲節」〔註108〕。諸如此類說解很多。王應麟講:「自漢儒至於慶曆間,談經者守訓詁而不鑿,《七經小傳》出而稍尙新奇矣。」〔註109〕吳曾《能改齋漫錄》也講:「慶曆前後,學者尙文辭,多守章句注疏之學。至劉原甫爲《七經小傳》,始異諸儒之說。王荊公修經義,蓋本於原甫。」〔註110〕以此有兩點說明:第一,兩段材料證明《七經小傳》在改變宋初所襲有的漢唐注疏訓詁之學、倡導疑經惑傳的新學風方面有一定的學術地位。問題是,劉敞以前的范仲淹、歐陽修等前輩,以及「宋初三先生」也都在新學風建設方面做出了理論、實踐的努力,何以稱《七經小傳》「尙新奇」「異諸儒」?有學者就此問題研究認爲:王應麟之說不成立,「胡瑗、孫復皆長於劉敞,其說《易》與《春秋》,何嘗顧及注疏?」只能說《七經小傳》捨注疏而別有新義,盛於王安石〔註111〕。也即胡瑗、孫復開宋人新學風早於劉敞。這一駁論點出了胡瑗、孫復在捨傳求經、義理解經方面所起到的先鋒軍作用。但若以出生年代爲證據,似乎略顯牽強。畢竟范仲淹、歐陽修也長於「宋初三先生」,對宋學新風尙也有開啓之功。對於王應麟的說法或許可以這樣理解:范仲淹、歐陽修因其政治家的身份,在宋初新學風形成方面的貢獻主要是政治實踐,如提攜、培養人才,興學重教等,爲新學風的開展準備條件;「宋初三先生」正是在這樣有利的政治環境中精心研究經術,懷疑傳注,參加教育活動等,推動了新學風的進一步發展;懷疑傳注的下一環節勢必有所主動創新,憑意改經似乎爲邏輯使然,順理成章,劉敞正是這一新學風深入的代表。四庫館臣稱:「蓋好以己意改經,變先儒淳實之風者,實自劉敞。」〔註112〕《七經小傳》恰恰是這一改經——創新行爲的載體,其「尙新奇」「異諸儒」的特點自然不在話下。

〔註107〕〔宋〕劉敞《公是先生七經小傳》卷上,《四部叢刊》本。
〔註108〕〔宋〕劉敞《公是先生七經小傳》卷中,《四部叢刊》本。
〔註109〕〔宋〕王應麟撰,孫海通校點《困學紀聞》卷8,《經說》,遼寧教育出版社,1998年版,第190頁。
〔註110〕〔宋〕吳曾《能改齋漫錄》卷2,《四庫全書〈文淵閣〉本》,上海古籍出版社1987年影印。
〔註111〕牟潤孫《論兩宋〈春秋〉學之主流》,載《注史齋叢稿》,中華書局,1987年版,第158~159頁。
〔註112〕〔清〕永瑢等撰《四庫全書總目》卷33,《經部》33,中華書局,1965年版,第214頁。

　　第二，關於劉敞與王安石的關係，從其文集來看，二人有書信往來，劉敞作有《賀王介甫初就職秘閣》，王安石作有《與劉原甫書》，多是相互慰藉、問候之辭。《公是弟子記》提要稱：「蓋是時三黨交訌，而敞獨蕭然於門戶之外，故其言和平如是。至於稱老子之無為，則為安石之新法發；辨孟子之人皆可以為堯舜，則為安石之自命聖人發。其說稍激，則有為言之者也。」〔註113〕劉敞是否反對王安石變法，是否對變法的理論基礎有所異議，暫且不考、不表，可以肯定的是二人曾就某一學術問題進行探討。至於王安石修經義是否本於劉敞，四庫館臣在《七經小傳》提要中講：劉敞論經穿鑿，與王安石有類似之處；《公是弟子記》中駁斥王安石對經的認識，與新學異趣；「且安石剛愎，亦非肯步驅於敞者。謂敞之說經，開南宋臆斷之弊，敞不得辭。謂安石之學由於敞，則竊鈇之疑矣。」〔註114〕即從二人學術品質來看，王安石新學源於劉敞的說法值得懷疑。現代學人對此也有所考察，認為：從王安石改定的《尚書・武成》中可以看出「王氏改本是在劉敞改本的基礎上的進一步修訂，疑經思路和思想動機亦相似。」〔註115〕即大體認同《能改齋漫錄》的觀點，王安石受到過劉敞經學思想的影響。筆者傾向於後者的考證，因為從學術的發展脈絡講，後人學術思想的進步離不開對前人學術成就的繼承、吸收，而且，學人之間對某一問題的異議並不妨礙他們的交流、汲取。

　　通過考辨別兩斷材料，足以證明劉敞對從懷疑傳注到徑直改經的開拓性學風的大力推進及其對後學的影響。這一特點更具體地表現在其《春秋》學中。

一、王道之下的《春秋》五書

　　《七經小傳》畢竟是「小傳」，並不能反映其學術風格，劉敞最擅長的是《春秋》。《宋史》本傳稱：劉敞「長於《春秋》，為書四十卷，行於時。」〔註116〕四十卷《春秋》即《春秋》五書。清人皮錫瑞也稱：「宋人治《春秋》

〔註113〕〔宋〕劉敞《公是弟子記》提要，《四庫全書〈文淵閣〉本》，上海古籍出版社1987年影印。

〔註114〕〔宋〕劉敞《七經小傳》提要，《四庫全書〈文淵閣〉本》，上海古籍出版社1987年影印。

〔註115〕楊新勳《宋代疑經研究》，中華書局，2007年版，第98頁。

〔註116〕〔元〕脫脫等《宋史》卷319，《劉敞傳》，中華書局，1977年版，第10387頁。

者多⋯⋯以劉敞爲最憂，胡安國爲最顯。」〔註117〕實際上，《七經小傳》中有三條關於《春秋》的內容，一條是校正《公羊傳》的衍字，一條是反駁《左傳》中「都城過百雉，國之害也」，贊同《公羊傳》的說法，一條是解釋《國語》中「報」的含義。四庫館臣講：劉敞本打算作《七經傳》，《春秋》先成，三條札記也編入《春秋》五書中〔註118〕。考察《春秋》五書，似乎在其中尋找不到《七經小傳》中關於《春秋》三條記錄完整的「影子」。《七經小傳》、《七經傳》、《春秋》五書的關係或許可以理解爲：《七經小傳》爲劉敞的讀經筆記，內容單薄；《七經傳》是劉敞欲在《七經小傳》的基礎上作恢宏巨著；《春秋》五書是《七經傳》的一部分〔註119〕。爲何先著《春秋》？可能與劉敞的家學有關。劉敞祖父劉式（948～997）「治《左氏》、《公羊》、《穀梁春秋》，旁出入他經。」〔註120〕留有上千卷書，但因其著作失傳，難以勾勒其《春秋》學對劉敞治經的影響。

　　《春秋》五書指《春秋權衡》、《春秋傳》、《春秋意林》、《春秋說例》、《春秋文權》。《春秋權衡》十七卷，劉敞自序稱：「權，準也；衡，平也。物雖重必準於權，權雖移必平於衡。故權衡者，天下之公器也，所以使輕重無隱也，所以使低昂適中也。察之者易知，執之者易從也。不准則無以知輕重，不平則輕重雖出不信也。故權衡者，天下之至信也。」即權衡本指稱量物體的標準，具有公平性、普遍性，其作用是「至信」。延伸至《春秋》，則三傳之間「其善惡相反，其褒貶相戾」；至漢董仲舒、劉歆等經學家「是非之議不可勝陳，至於今未決」，原因是沒有共同的評判標準，「故利臆說者害公義，便私學者妨大道，此儒者之大禁也。」《春秋權衡》目的是打破傳注對《春秋》大義的誤解、疏離，其所用的「工具」是孔子所修作《春秋》經中含有的「道」，儒家仁義禮樂之道。或許因爲《春秋權衡》批判傳注的堅決性、徹底性，超出同時代學人的學術膽識，所以劉敞自言：「《權衡》之書始出，

〔註117〕〔清〕皮錫瑞著，周子同注釋《經學歷史》，中華書局，2004年版，第179頁。
〔註118〕〔宋〕劉敞《七經小傳》提要，《四庫全書〈文淵閣〉本》，上海古籍出版社1987年影印。
〔註119〕注：趙伯雄《春秋學史》中有一種推測：《七經小傳》可能成書在前先，《春秋傳》等五書可能成書在後；這裡筆者做另一種推測，僅供參考。
〔註120〕〔宋〕劉敞《公是集》卷51，《先祖磨勘府君家狀》，《四庫全書〈文淵閣〉本》，上海古籍出版社1987年影印。

未有能讀者。」「雖然非達學通人，則亦必不能觀之矣。」〔註121〕四庫館臣
稱其「自命甚高」，也是由於劉敞的這種學術勇氣和自信。

　　《春秋傳》或《春秋劉氏傳》十五卷。《四庫》提要總結此書的特點爲：
「其書皆節錄三傳事迹，斷以己意，其褒貶義例，多取諸《公羊》、《穀梁》。」
又稱：「其經文雜用三傳，不主一家，每以經傳連書，不復取畫，頗病混淆。
又好減損三傳字句，往往改竄失眞。」〔註122〕劉氏傳確實有此特徵。如學
人們經常引用的例子宣公二年「晉趙盾弑其君夷皐」，前一部分史實從《公
羊》宣公六年所載，中間一部分董狐的言論則從《穀梁》，最後孔子所贊的
一部分從《左傳》，而其中「惜也，越境乃免」句，後人懷疑可能並非孔子
所言，劉敞則改爲「討賊則免」，仍舊用「孔子曰」。所引用的三傳行文之間
沒有明顯界限，混然一體。至於「斷以己意」，改竄經文，或許可以理解爲
另一種解讀方式。如莊公二十四年「郭公」，《左氏》無傳，《公羊》、《穀梁》
解「郭公」爲上條經文所提到的「赤」。劉敞則根據《管子》中相關議論，
徑直改爲「郭亡」，並解爲：

> 郭亡，亡國之亡也，未嘗不以其取亡亡之也，而獨謂郭亡何哉？
> 郭之所以亡者，與他國異。他國之亡者，所善不善，所惡不惡；而
> 郭之亡，善善而惡惡。善善而惡惡則賢賢而亡，此天下之所疑，故
> 聖人慎之也。善善而不能用，無貴於知善矣，惡惡而不能去，無貴
> 於知惡矣。不能用之蔽至於怨，不能去之蔽至於亂，怨亂之興焉，
> 有不亡者乎？故五穀之種非不美也，其爲不熟，不如荑稗。治國亦
> 有五穀，五穀不成，何處而善哉！〔註123〕

可見，劉敞解「郭公」意在說明一種治國方案，治國所謂「五穀」指儒家政
治倫理規範、禮儀禮智等道德原則。聯繫當時宋初的社會問題，不難發現劉
敞借《春秋》之口表達對政治的看法，流露出經世、用世之意。從形式上講，
劉敞擅改經文，顛覆了傳統儒家經典的權威地位，直接以主觀體驗解讀經文；
從內容上講，劉敞倡導的是儒家仁義禮樂之道。四庫館臣稱：「宋代改經之例，

〔註121〕〔清〕朱彝尊《經義考》卷180，劉敞《春秋傳》，《四庫全書〈文淵閣〉本》，
　　　　　上海古籍出版社 1987 年影印。
〔註122〕〔清〕永瑢等撰《四庫全書總目》卷26，《經部·春秋類一》，中華書局，1965
　　　　　年版，第 215 頁。
〔註123〕〔宋〕劉敞《春秋意林》卷上，《四庫全書〈文淵閣〉本》，上海古籍出版社
　　　　　1987 年影印。

敵導其先，宜其視改傳爲固然矣。然論其大致，則得經意者爲多。」〔註124〕
改經固然是劉敞開先路，衝破權威力量而呈現出的開拓、適用精神，更是劉
敞率先而爲。後程頤雖無改經之迹，但視經爲載道之器，完全以形上之「理」
闡釋《春秋》，或可視爲是在劉敞通過改經，以制度、行爲等形下層面儒家之
道解讀《春秋》基礎上的進一步發展。

《春秋意林》，《宋史·藝文志》作二卷，《玉海》作五卷，今從二卷說。
《經義考》載吳萊爲此書所作後序，「劉子作《春秋權衡》，自言書成，世無
有能讀者。至《意林》猶未脫稿，多遺闕。」〔註125〕四庫館臣考察全書，
認同此觀點。「今觀其書，或僅標經文數字，不置一詞；或草草數言，文不
相屬，而下注云云二字；或一條之下，別標他目一兩字，與本文迥不相關；
或詰屈聱牙，猝難句讀；或僅引其端而詞如未畢。」〔註126〕把此書定爲劉
敞未完成的隨筆札記。北宋學人葉夢得則稱：「不知經者以其難入，或詆以
爲用意太過，出於穿鑿。然熟讀深思，其間正名分、別嫌疑，大義微言，灼
然聖人之意者，亦頗不少。文體之澀，存而不論可矣。」〔註127〕拋開葉夢
得對劉氏《春秋》學體系的個人崇拜，所謂「聖人之意頗不少」符合《春秋
意林》的主旨。如桓公四年「天王使宰渠伯糾來聘」，《左傳》解爲何稱名，
《公羊傳》解爲何稱「宰渠伯糾」，《穀梁傳》無解。劉敞則解云：「宰渠伯
糾，《春秋》於大夫莫書其官，至冢宰獨書之，以此見任之最重也。宰天下
者莫名，至糾獨名之，以此見責之最備也。周公作《周禮》，冢宰之職固賞
善誅惡，進賢而退不肖。」〔註128〕指明冢宰的地位及所發揮的政治作用，
仍不出儒家道德原則的範圍。

上述三書屬劉敞《春秋》學的主幹，《直齋書錄解題》講：「原父始爲《權
衡》，以平三家之得失，然後集眾說，斷以己意而爲之《傳》，《傳》所不盡者，

〔註124〕〔清〕永瑢等撰《四庫全書總目》卷26，《經部·春秋類一》，中華書局，1965
年版，第215頁。
〔註125〕〔清〕朱彝尊《經義考》卷180，劉敞《春秋意林》，《四庫全書〈文淵閣〉
本》，上海古籍出版社1987年影印。
〔註126〕〔清〕永瑢等撰《四庫全書總目》卷26，《經部·春秋類一》，中華書局，1965
年版，第215～216頁。
〔註127〕〔清〕永瑢等撰《四庫全書總目》卷26，《經部·春秋類一》，中華書局，1965
年版，第216頁。
〔註128〕〔宋〕劉敞《春秋意林》卷上，《四庫全書〈文淵閣〉本》，上海古籍出版社
1987年影印。

見之《意林》。」〔註129〕意指《春秋權衡》破《春秋》傳注，《春秋傳》立己說，《春秋意林》則查漏補缺，以此構成劉氏《春秋》學的基本結構與體系。

《春秋說例》，《玉海》作二卷，《中興書目》作一卷，今四庫本從《永樂大典》中輯出一卷。《直齋書錄解題》稱《說例》凡49條，今所見只有25條，且零散不全。《四庫》提要講：「是編比事以發論，乃其傳文褒貶之大旨。」又稱此書除有些地方與其他《春秋》三部著作存在相牴牾的地方外，「大致精核，多得經意。」〔註130〕分析25條例法，可見多是總結性的說法，發揮經義的地方有限。如公即位例，「即位則書正月，未即位則不書正月，繼正則書即位，繼故則不書即位，受命則書王，不受命則不書王。」〔註131〕只是敘述，並無議論。

《春秋文權》，《宋史·藝文志》作五卷，《玉海》作二卷。今已不傳。

以上簡單介紹了劉敞《春秋》五書的基本情況，雖然此五書（主要是四書）各有側重，但劉敞由《春秋》突顯的儒家之道、王道的理念貫穿其中。

二、經、史關係與經、傳關係

在闡述劉敞《春秋》學主旨以前，需要說明的是劉敞對經與史、經與傳的認識。

就經、史關係而言：經與史有區別。劉敞認為史書以直筆為特點，「諱國惡者，非史官之事，《春秋》之意也。」即史書記載不諱國惡，所謂「諱」是由仲尼修改而寓有新意，並非史文所原有。「魯史一官之守，而《春秋》之法，聖人之志，此其所以不同也。」「史之以直為職又可知矣」〔註132〕即《春秋》作為史書是某一史官的責任，史官、史書都以直筆見長；《春秋》經則為聖人的責任，以廣泛的時間空間，萬事萬物為思考對象。所以，「魯人記之則為史，仲尼修之則為經。」〔註133〕

〔註129〕〔宋〕吳興，陳振孫《直齋書錄解題》卷3，《春秋類》，《四庫全書〈文淵閣〉本》，上海古籍出版社1987年影印。

〔註130〕〔清〕永瑢等撰《四庫全書總目》卷26，《經部·春秋類一》，中華書局，1965年版，第216頁。

〔註131〕〔宋〕劉敞《春秋說例》，《四庫全書〈文淵閣〉本》，上海古籍出版社1987年影印。

〔註132〕〔宋〕劉敞《春秋權衡》卷3，《閔公》，《四庫全書〈文淵閣〉本》，上海古籍出版社1987年影印。

〔註133〕〔宋〕劉敞《春秋權衡》卷4，《僖公》，《四庫全書〈文淵閣〉本》，上海古

經與史有關聯。「凡《春秋》所據者，史也，史之所記非聖人也。」〔註134〕即《春秋》經的基礎爲魯史。經與史的關係可以用玉與石、金與沙作喻。「經出於史，而史非經也；史可以爲經，而經非史也。」二者不同又相互依賴，如同「攻石取玉，玉之產於石必也，而石不可謂之玉；披沙取金，金之產於沙必也，而沙不可謂之金。」魯史爲賢人作，似沙與石，《春秋》之法爲孔子筆削，似金與玉。「金玉必待揀擇追琢而後見，《春秋》亦待筆削改易而後成。」〔註135〕所以，《春秋》經文是孔子據魯史而加以修改，魯史爲《春秋》經的資料基礎。

經與傳、注的關係。一方面劉敞反對《春秋》傳注，如《左傳》，「仲尼未嘗授經於丘明，丘明未嘗受經於仲尼也。然丘明所以作傳者，乃若自用其意說經，泛以舊章常例通之於史策，可以見成敗耳，其褒貶之意，非丘明所盡也，以其不受經也。」指出左丘明並非孔門弟子，未得孔子正傳，《左傳》也只是左氏的個人見解，並非聖人大義。杜預《春秋經傳集解》則爲《左傳》不傳《春秋》作解釋，以史解《春秋》，二者都有悖於經義。所以，劉敞明確表示左丘明「書雜取當時諸侯史策，……錯雜文舛，往往而迷。」〔註136〕即《左傳》依據的是有錯誤的簡策史料，因循舊記；杜預又以經誤而偏於左氏。也就是說，「左氏之言未必可信」，杜預「背經信傳，扶成其僞，可謂有功於左氏矣，未可謂知經也。」〔註137〕

另一方面，劉敞對傳與注採取了不同態度。僖公二十八年「天王狩於河陽」，《公羊傳》曰：「不與再致天子也」，何休注曰：「一失禮尚愈」。兩種解詞「傳語有理而不合經，注語無理而不可訓。」〔註138〕「理」指道理、條理等。本來劉敞批評《公羊傳》解文「據百二十國寶書而作」說、「張三世」說、「新周故宋，以《春秋》當新王」說，但也看到《公羊傳》解文有合理處，

籍出版社 1987 年影印。

〔註134〕〔宋〕劉敞《春秋權衡》卷1，《隱公》，《四庫全書〈文淵閣〉本》，上海古籍出版社 1987 年影印。

〔註135〕〔宋〕劉敞《春秋權衡》卷4，《僖公》，《四庫全書〈文淵閣〉本》，上海古籍出版社 1987 年影印。

〔註136〕〔宋〕劉敞《春秋權衡》卷1，《四庫全書〈文淵閣〉本》，上海古籍出版社 1987 年影印。

〔註137〕〔宋〕劉敞《春秋權衡》卷2，《四庫全書〈文淵閣〉本》，上海古籍出版社 1987 年影印。

〔註138〕〔宋〕劉敞《春秋權衡》卷11，《僖公》，《四庫全書〈文淵閣〉本》，上海古籍出版社 1987 年影印。

只是與經義無益；注則既無道理，也不合與經。可以說，劉敞對傳是保留性的否定，對注則全盤否定。

　　劉敞批判傳注的依據是經。「《春秋》之作，正褒貶是非而已。」〔註139〕「《春秋》之興褒善貶惡，所以示後世法，非記難易而已矣。」〔註140〕言明《春秋》普遍的道德判斷屬性。所以，「《春秋》云甲，傳云乙，傳雖可信，勿信也，孰信哉？信《春秋》而已矣。」〔註141〕「學者莫若信經，莫若信義。」即以經典文本為準，闡發經義。「凡說經者，宜以逆順深淺為義，得其義是得聖人之意。得聖人之意者，雖有餘說勿聽可也。不得其意，則牽於眾說。牽於眾說而逆順深淺失義之中，是有功於眾說而非求合於聖人也。故吾求合於聖人而不敢曲隨於眾說。聖人之意可求也，求在義而已矣。」〔註142〕「逆順深淺」指事物的內在之理，即聖人精神；「眾說」可理解為《春秋》經外的傳、注類著作。這裡劉敞明確表示依經而求其大義。

　　對於日月例法、一言褒貶等與經義背離的常規書例，劉敞表示反對。「史有遺闕日月者，仲尼皆不私益，日月無足見義而益之，似不信，故不為也。」〔註143〕因為日月書例與經義不符，「但欲以日月為例而不知理有不可者」。所以「大凡《春秋》所書褒貶，豈不明載？待日月而後見之，此所以泥而不通也。」〔註144〕日月例法並不能貫通全文。同樣，「一字褒貶」之法也不合經義，「夫《春秋》以字為褒，褒者未必皆字也，字之未必皆褒也。以名為貶，貶之未必皆名也，名者亦未必皆貶也。」如果以字名表達褒貶之義，「則必不合，患其不合，則誣人之惡以納之，飾人之善以出之，可謂義乎？」〔註145〕即牽

〔註139〕〔宋〕劉敞《春秋權衡》卷3，《莊公》，《四庫全書〈文淵閣〉本》，上海古籍出版社1987年影印。
〔註140〕〔宋〕劉敞《春秋權衡》卷6，《襄公》，《四庫全書〈文淵閣〉本》，上海古籍出版社1987年影印。
〔註141〕〔宋〕劉敞《春秋權衡》卷1，《隱公》，《四庫全書〈文淵閣〉本》，上海古籍出版社1987年影印。
〔註142〕〔宋〕劉敞《春秋權衡》卷2，《桓公》，《四庫全書〈文淵閣〉本》，上海古籍出版社1987年影印。
〔註143〕〔宋〕劉敞《春秋權衡》卷9，《桓公》，《四庫全書〈文淵閣〉本》，上海古籍出版社1987年影印。
〔註144〕〔宋〕劉敞《春秋權衡》卷17，《昭公》，《四庫全書〈文淵閣〉本》，上海古籍出版社1987年影印。
〔註145〕〔宋〕劉敞《春秋權衡》卷7，《昭公》《四庫全書〈文淵閣〉本》，上海古籍出版社1987年影印。

強框入字名褒貶之列，勢必不得經文大旨。劉敞主張通過《春秋》所書事件尋求大義，「《春秋》據事而書欲見義耳。」

由上可知，劉敞對經與史、經與傳的認識注意到《春秋》經非史而以史為基礎，批判《春秋》傳注而又對二者採取了不同態度，這一切都是以《春秋》經文本為衡量標準，尊經信義，從而有利於慶曆經學變古新學風的進展。

三、「《春秋》之義，王道也」

如上所述，《春秋權衡》、《春秋劉氏傳》、《春秋意林》是劉敞《春秋》學的主體，其中貫穿的宗旨是儒家仁義禮樂之道。

劉敞常言「道」，主要是形下意義上的實踐之「道」。「道固仁義禮智之名，仁義禮智弗在焉，安用道？」〔註146〕「性者受之天也，道者受之人也。受之天者，己雖欲易之不能易也，受之人者，人雖欲易之不能易也。魚不可使去淵，鳥不可使去林，天也；出處語默隱顯之不齊，人也。」「人胥知行之由足，不知行之有目；人胥知視之由目，不知視之由心；人胥之生之由食，不知生之由道。三者異類而同義。」〔註147〕這裡有兩層含義：一是「道」為形式，其內容為仁義禮智等道德規範，「道固仁義禮智之名」源於唐韓愈「仁與義為定名，道與德為虛位」之說。仁義禮智等範疇不存在，則「道」相應地消失；二是「道」與種屬類的人發生關聯，人受仁義禮智等道德規範的制約，仁義禮智之道在人類社會發生作用。可見，劉敞所謂「道」屬於倫理意義、行為模式層面的概念。「道」反映在政治上即王道，王道的載體為《春秋》。「聖人作《春秋》，本欲見褒貶、是非，達王義而已。」〔註148〕「《春秋》之義，王道也；《春秋》之事，史記也。」〔註149〕

考察劉敞《春秋》學主體，可以發現「道」有時表現為「情」、「義」、「禮」、「權」、「信」等價值原則，而且是合在一起共同發揮作用。僖公二十八年「天王狩於河陽」，《左傳》解為：「晉侯召王，且使王狩」是一種事實的描述。

<hr>

〔註146〕〔宋〕劉敞《公是弟子記》提要，《四庫全書〈文淵閣〉本》，上海古籍出版社1987年影印。

〔註147〕〔宋〕劉敞《公是弟子記》卷2，《四庫全書〈文淵閣〉本》，上海古籍出版社1987年影印。

〔註148〕〔宋〕劉敞《春秋權衡》卷8，《四庫全書〈文淵閣〉本》，上海古籍出版社1987年影印。

〔註149〕〔宋〕劉敞《春秋權衡》卷15，《四庫全書〈文淵閣〉本》，上海古籍出版社1987年影印。

《春秋權衡》則講：「晉文召王意在尊周，其禮雖悖，其情甚順。仲尼原心定罪，故寬其法耳。」〔註 150〕這裡「禮」指尊卑等級之禮儀。意指晉文公以諸侯國君召周在禮節儀式上不符合等級規範，但在情意上是合理的、合「道」的。在從禮與情兩方面解釋晉文行為，對後學很有啓發，如蘇轍即遵從劉敞這一看法，詳見後論。又，僖公二十二年「宋公及楚人戰於泓，宋師敗績」，《公羊》以宋公類比於周文王，劉敞極為不滿此種對比，因為文王「德不加焉，則不以力爭；義不過焉，則不以威劫。漸之以道，摩之以仁而四方皆服爾」，以仁德治國平天下；相比之下，「襄公退不務修其業，而進徒守咫尺之信。夫其守信誠是也，則不若緩修吾德，無亟大功以殘百姓也。今論其守信之節而忘其殘民之本，而以比之文王，其不知聖人亦深矣。」〔註 151〕即襄公應當以德愛民，而非固執守小節。再有，隱公八年「鄭伯使宛來歸祊，庚寅，我入祊」，劉敞採用《公羊》、《穀梁》問答體的注解形式，從義與利的矛盾解為：「入祊者，利也，不正其以利為義。夫苟以利為義者亦必以利廢義，君子恥之。」〔註 152〕桓公十七年「蔡季自陳歸於蔡」，劉敞認為蔡季以權行事，「季之去，權也。權者反於經而後有善焉。行權有道，自貶損以行權，不害人以行權。」〔註 153〕「權」指權變、變通，是行為方式的原則，其內涵為「道」。

「道」更為具體的表現是在其政治生活中的落實，通過君臣、父子、夫婦等倫常關係以及華夷民族關係，彰顯其實踐品質。

君臣關係方面，劉敞注重尊王之義的闡發。「王者受命於天，諸侯受命於君」「王者法天也」〔註 154〕這裡的「天」指主宰之天，體現王權的至上性、絕對性。所以，《春秋》書法的原則是詳內略外，尊君而卑臣。「經曰葬桓王，不繫周者，王至尊也。」〔註 155〕尊王是為君者為臣者順服民眾的前提條件，

〔註 150〕〔宋〕劉敞《春秋權衡》卷 4，《四庫全書〈文淵閣〉本》，上海古籍出版社 1987 年影印。

〔註 151〕〔宋〕劉敞《春秋權衡》卷 11，《僖公》，《四庫全書〈文淵閣〉本》，上海古籍出版社 1987 年影印。

〔註 152〕〔宋〕劉敞《春秋劉氏傳》卷 1，《隱公》，《四庫全書〈文淵閣〉本》，上海古籍出版社 1987 年影印。

〔註 153〕〔宋〕劉敞《春秋劉氏傳》卷 2，《桓公》，《四庫全書〈文淵閣〉本》，上海古籍出版社 1987 年影印。

〔註 154〕〔宋〕劉敞《春秋劉氏傳》卷 1，《隱公》，《四庫全書〈文淵閣〉本》，上海古籍出版社 1987 年影印。

〔註 155〕〔宋〕劉敞《春秋權衡》卷 4，《四庫全書〈文淵閣〉本》，上海古籍出版社

「己未能事君，則人孰能事我。不察己之所以失，而疾人之不我服。強國之術，若五伯之事則有之，非王道也，《春秋》不然。」〔註156〕尊王是王道之治的原則之一，「王」並不僅代表個體、現實之君王，而含有理想、超越主觀意願之義，其實質是儒家之道。正因為如此，劉敞對君王個人寓以譏貶或要求。莊公元年「王使榮叔賜桓公命」，《春秋劉氏傳》、《春秋意林》都對此有所議論，《春秋意林》所評較細緻。

> 王者之義必純法天，天道予善奪惡而無私者也。今桓公篡君取國終不受命，而王不能誅反追命之，此無天法甚矣，其失非小過小惡也。

> 王者之位至貴也、至重也、至大也，不尸小事不任小義，未可以小失，貶也。今臣弒君、妾僭嫡而王尊禮之，則王義廢人倫滅矣。

> 桀紂之所以失天下者，固廢王義滅人倫者也，不可以不深貶。〔註157〕

這裡「天道」的性質為價值判斷，以此天道貫通人道，即倫理道德規範。可見，以王道為標準，則現實君王亦在譏貶之列。

王者自身也要注意修德，廣開言路。「君不善自以為善在己矣，故忘其卿大夫，雖有善道不得進也。」君王應當禮賢下士，採納諍言。「上有善也，下亦有善也，博覽並用而無所疑矣。是故法出而天下喜之，令下而四海順之，是何也？由盡得天下之心者也，治道之貴無過於此矣。」〔註158〕

雖然對君王有譏諷有要求，但更多的是對臣子提出義務。「為天下主者，天也；繼天者，君也；君之所司者，命也。為人臣侵其君之命則不臣，為人君假其臣之命則不君。臣不臣，君不君，天下所以亂也。」〔註159〕言由天道到人道，提出對君與臣的共同標準。「臣不貶君，卑不奪尊，緣諸侯之義以正我也。」〔註160〕「君子之所謂大臣者，以道事君，不可則止，是以亂

1987年影印。

〔註156〕〔宋〕劉敞《春秋意林》卷下，《四庫全書〈文淵閣〉本》，上海古籍出版社1987年影印。

〔註157〕〔宋〕劉敞《春秋意林》卷上，《四庫全書〈文淵閣〉本》，上海古籍出版社1987年影印。

〔註158〕〔宋〕劉敞《公是集》卷46，《論治》，《四庫全書〈文淵閣〉本》，上海古籍出版社1987年影印。

〔註159〕〔宋〕劉敞《春秋劉氏傳》卷8，《宣公》，《四庫全書〈文淵閣〉本》，上海古籍出版社1987年影印。

〔註160〕〔宋〕劉敞《春秋劉氏傳》卷7，《文公》，《四庫全書〈文淵閣〉本》，上海

邦不居。」〔註 161〕「臣之事君也，凡在國無專焉；子之事親也，凡在家無專焉，臣子之大節也。」〔註 162〕即要求在下者盡職盡責，恪守上下等級之制，以道事君。但下列情況則屬於對臣下的絕對指責或命令：文公六年「晉殺其大夫陽處父」，《春秋劉氏傳》曰：「處父之爲人臣也，華而不實，好剛而犯上，興事以自爲名，足以殺其身而已矣。」〔註 163〕《春秋意林》也講：「君子愛其身全其生者必由其道，由其道而死，雖若比干焉，仲尼謂之仁矣；愛其身全其生而不由其道，不由其道而死，雖若處父焉，《春秋》謂之罪矣。」〔註 164〕十年「楚殺其大夫宜申」，「宜申之爲人臣也，出則亡其眾，處則亂其命，足以殺其身而已。」〔註 165〕成公八年「晉殺其大夫趙同趙括」，《春秋劉氏傳》認爲：「趙同趙括之爲人臣也，內不正其親，外專戮以干其君，足以殺其身而已矣。」〔註 166〕昭公五年「楚殺其大夫屈申」，劉敞解爲：「屈申之爲人臣也，君弑則不能討，國亂則不能去，北面而事寇讎，足以殺其身而已矣。」〔註 167〕定公十一年「宋公之弟辰及仲佗、石彄、公子地自陳入於蕭以叛」，「事君者可貴可賤可殺而不可使爲亂」〔註 168〕。此五條經文《左傳》或隱去不解，或敘述史實，不做褒貶，《公羊傳》、《穀梁傳》則大都對此無解。劉敞則從爲臣者或違反等級秩序，或背離道德規範，單方面定位其不盡臣下之職，「罪有應得」。

　　父子一倫方面，劉敞一方面突出對子的絕對要求，另一方面把君臣與父

　　　　古籍出版社 1987 年影印。
〔註 161〕〔宋〕劉敞《春秋劉氏傳》卷 8，《宣公》，《四庫全書〈文淵閣〉本》，上海古籍出版社 1987 年影印。
〔註 162〕〔宋〕劉敞《春秋劉氏傳》卷 11，《襄公》，《四庫全書〈文淵閣〉本》，上海古籍出版社 1987 年影印。
〔註 163〕〔宋〕劉敞《春秋劉氏傳》卷 7，《文公》，《四庫全書〈文淵閣〉本》，上海古籍出版社 1987 年影印。
〔註 164〕〔宋〕劉敞《春秋意林》卷上，《四庫全書〈文淵閣〉本》，上海古籍出版社 1987 年影印。
〔註 165〕〔宋〕劉敞《春秋劉氏傳》卷 7，《文公》，《四庫全書〈文淵閣〉本》，上海古籍出版社 1987 年影印。
〔註 166〕〔宋〕劉敞《春秋劉氏傳》卷 9，《成公》，《四庫全書〈文淵閣〉本》，上海古籍出版社 1987 年影印。
〔註 167〕〔宋〕劉敞《春秋劉氏傳》卷 12，《昭公》，《四庫全書〈文淵閣〉本》，上海古籍出版社 1987 年影印。
〔註 168〕〔宋〕劉敞《春秋劉氏傳》卷 14，《定公》，《四庫全書〈文淵閣〉本》，上海古籍出版社 1987 年影印。

子關係連用。文公十八年「莒弒其君庶其」，《穀梁傳》無解，《公羊傳》作「眾弒君之辭」，劉敞發揮為：「父雖無道，子可弒乎？子之弒父可匿其罪乎？」〔註169〕強調為父一方的絕對權力。襄公七年「鄭伯髠頑如會，未見諸侯。丙戌，卒於鄵」，《穀梁傳》解為「不使夷狄之民加於中國之君」，《春秋劉氏傳》則著重於君臣、父子倫理關係中對臣、子的要求，「臣弒君，凡在官者殺無赦；子弒父，凡在宮者殺無赦。故君弒，臣不討賊，命之曰非臣；親弒，子不復仇，命之曰非子。非臣非子大惡莫甚焉。」〔註170〕而且君臣一倫地位高於父子一倫，「私親親之愛而亂尊尊之序，聖人不為也。」〔註171〕

夫婦一倫，劉敞涉及較少，但同樣強調妻子一方的義務，「婦人在家制於父，既嫁制於夫，婦人不專行。」〔註172〕

以上為儒家之道對內在政治生活中的落實。可以發現，劉敞所謂「道」主要是表現為倫理道德秩序，尤其彰顯在下者的絕對義務。

「道」對外表現為華夷關係。首先，劉敞贊同《春秋》所謂「內諸夏外夷狄」的書法原則。「救災恤患乃中國事也，夫中國之大不能無禍，而待荒遠者憂之。吾見禍以益多，憂以益長。」〔註173〕即鄙夷邊遠少數民族，反對他們干預中原的政治。此夷為地域之夷。其次，華與夷判別標準主要是先進的政治文明，「蠻夷所以為蠻夷者，正以狡詐無義爾，中國所以為中國者，亦正以禮義尊尊耳。」〔註174〕「中國者禮義之所出也，其於戎狄驅之爾。」〔註175〕「中國有君有大夫，盛德也；荊楚無君無大夫，楚人云而已矣。」〔註176〕意

〔註169〕〔宋〕劉敞《春秋權衡》卷5，《四庫全書〈文淵閣〉本》，上海古籍出版社1987年影印。

〔註170〕〔宋〕劉敞《春秋劉氏傳》卷10，《襄公》，《四庫全書〈文淵閣〉本》，上海古籍出版社1987年影印。

〔註171〕〔宋〕劉敞《春秋權衡》卷13，《四庫全書〈文淵閣〉本》，上海古籍出版社1987年影印。

〔註172〕〔宋〕劉敞《春秋劉氏傳》卷7，《文公》，《四庫全書〈文淵閣〉本》，上海古籍出版社1987年影印。

〔註173〕〔宋〕劉敞《春秋權衡》卷11，《僖公》，《四庫全書〈文淵閣〉本》，上海古籍出版社1987年影印。

〔註174〕〔宋〕劉敞《春秋權衡》卷13，《昭公》，《四庫全書〈文淵閣〉本》，上海古籍出版社1987年影印。

〔註175〕〔宋〕劉敞《春秋劉氏傳》卷9，《成公》，《四庫全書〈文淵閣〉本》，上海古籍出版社1987年影印。

〔註176〕〔宋〕劉敞《春秋劉氏傳》卷3，《莊公》，《四庫全書〈文淵閣〉本》，上海古籍出版社1987年影印。

指中原華夏族在倫理道德秩序、政治文明方面憂於邊遠少數民族。當然，華與夷之間並非絕對不可跨越。楚子使椒叔來聘，劉敞認爲書「椒」表示「楚進也」，「自是以中國之禮爲之者也」〔註177〕，肯定荊楚在禮制方面的進步。有學者研究指出：劉敞不以夷狄看待吳、楚、徐等，「從而使其整個《春秋》學說中的夷夏之別色彩大爲淡化。」〔註178〕應該說，劉敞確實對吳、楚等爲夷狄表示懷疑，但淡化夷夏之別的說法有待商榷。通觀《春秋劉氏傳》、《春秋權衡》，劉敞褒進夷狄的例子並不多，更都時候是強調他們之間在文化上的區別。

　　除此而外，劉敞又以「道」解釋自然災異。面對自然界的異常情況，劉敞主張「可畏而不可知」，可畏則「恭敬禮事以謝之」，不可知則在上者應當修德以自省，「天所以譴人君使修德也，故異至則內自省而已耳，非所待於外也。」「凡物不當待於外者，己不可不內自竭也。其當待於外者，人亦不可不勉趨之也。此一天下之道也。今居中國棄人道廢仁義則必死矣。」〔註179〕即由人道、仁義之道反觀天道、自然現象，漢儒「眭孟京房指象求類，如與鬼神通信」迷信式的解讀在批判之列。

　　以上簡略論述了劉敞《春秋》學體系的主線儒家仁義禮樂之道。無論是形式上《春秋》經與史、經與傳注關係的衡量標尺，還是內容上《春秋》經中的尊王、攘夷思想、災異觀，儒家仁義之道都在其中主動發揮作用。需要說明的是：第一，劉敞疑經惑傳，甚至改經、創新立異，無不是對新學風的「推波助瀾」。四庫館臣講：「敞之談經雖好與先儒立異，而淹通典籍，具由心得，究非南宋諸家遊談無根者比，故其文湛深，經術具有本源。」〔註180〕道出了劉敞治經既有繼承，又有獨創的風格。「經術具有本源」最有力的例證是《春秋劉氏傳》中對哀公「十四年西狩獲麟」的注解，劉敞援引三傳、《論語》、《孟子》、《禮記》、《中庸》等儒家經典，渾然一體。

〔註177〕〔宋〕劉敞《春秋劉氏傳》卷7，《文公》，《四庫全書〈文淵閣〉本》，上海古籍出版社1987年影印。

〔註178〕葛煥禮《八世紀中葉至十二世紀初的「新春秋學」》，山東大學出版社，2003年版，第95頁。

〔註179〕〔宋〕劉敞《春秋意林》卷上，《四庫全書〈文淵閣〉本》，上海古籍出版社1987年影印。

〔註180〕〔宋〕劉敞《公是集》提要，《四庫全書〈文淵閣〉本》，上海古籍出版社1987年影印。

第二，劉敞所開創的《春秋》學體系一方面修正了孫復《春秋》學的主觀臆度性，另一方面對後學也頗有影響。北宋末學人葉夢得推崇劉敞的學術，「劉原父知經而不廢傳，亦不盡從傳。據義考例以折衷之，經傳更相發明，雖間有未然而淵源已正。」〔註181〕並沿用劉氏《春秋》學有破有立有補的寫作方式，作《春秋讞》、《春秋考》、《春秋傳》系列，有承接有發展，詳見後文。

第三，劉敞借《春秋》學體系闡述儒家之道，其「道」仍屬政治、倫理以意義的範疇，是對先秦儒家之道的迴向。同孫復《春秋》學「尊王」思想相比，劉敞所論倫理規範的具體表現更細緻、更通達，尤其強調對臣、子、婦等在下一方的義務。這種強調可以說是劉敞對宋初面臨的社會問題的一種思考結果，顯示出其《春秋》學的致用性。

本章結語

面對宋初的內憂外患，學人們以學術自覺和憂患意識主動承擔起社會責任，並一致把目光投向政治色彩濃厚的儒家經典《春秋》，希望從傳統文化中找到濟世救民的良藥。從范仲淹到「宋初三先生」再到劉敞，其對《春秋》的研究逐漸深入、細化，雖然解讀《春秋》的方式方法各異，但都屬於一般儒學的闡釋方式，且共同指向回歸儒家之道。這種回歸一方面表現爲外部對漢唐訓詁辨僞式經學的極度懷疑、強烈批判，以至對經本身的懷疑、修改；另一方面表現爲對倫理道德規範的重視與重申。應該說，無論是新學風的改變，還是制度、法規等形下層面對「道」的闡釋，《春秋》都積極參與其中，並有效地發揮作用。這其中蘊含著形上之「理」或「道」的萌芽，爲理學的崛起掃清了障礙。雖然這一時期的《春秋》在宋初學術中佔優勢地位，但由《春秋》所提供的操作層面的儒家之道，在實踐中並沒有改變宋初的社會現狀，畢竟慶曆新政的「花期」太短。以慶曆新學風爲基礎，在更高理論層面上探討儒學復興，即理學思潮的發展、演變，成爲學術上的必然趨勢、學人們的必然使命，《春秋》於其中也勢必發生變化，改變其在宋初所處的優勢地位。同時，必須指出，在更高理論層面上討論《春秋》需要漫長的過程，經歷一個過度階段。

〔註181〕〔清〕朱彝尊《經義考》卷180，《春秋》13，《四庫全書〈文淵閣〉本》，上海古籍出版社 1987 年影印。

第三章　政治重壓下的《春秋》學
——研究路向的轉變

　　儒學復興運動初期的《春秋》學，在學術學風的扭轉、探尋儒家之道方面功不可沒，但《春秋》學所提供的方案並不能解決社會問題。隨著義理之學的逐步開展，宋初高漲的懷疑精神趨向於理性，性、道等形上理論的探索日漸進入學人的關注視野。《春秋》在這方面並不擅長，而王安石以法令形式對《春秋》所做的官方性限制，無疑影響了《春秋》學的發展，但其對「道」的認識又間接開闢了研究《春秋》的另一條道路。蘇轍質疑王安石的改革理論，進而以「道」「勢」解《春秋》，推進了「道」與《春秋》的關係。同時，孫覺沿著宋初學人回歸儒家之道的方式研究《春秋》，直接提出以「王道」解《春秋》，但其中已有形上之「道」的痕迹。本章就《春秋》學發展的兩條路線進行詳述。

第一節　《春秋》學的轉折

　　在《春秋》學發展史上，王安石（1021～1086）因「斷爛朝報」說而通常以反面形象出現。實際上有必要重新考察「斷爛朝報」、「不列《春秋》於學官」兩大公案，進而深入研究王安石與《春秋》的關係，雙方在哪些問題上齟齬而又出入，是否始終處於對立的局面。解決這些問題，有助於重新確立王安石在《春秋》學史上的地位。

一、兩大公案考

「斷爛朝報」、「不列《春秋》於學官」是《春秋》學史上有名的兩大公案。首先，要對兩種說法做一區分。如果暫不考慮兩種說法的來源與是非，「斷爛朝報」說主要是王安石對《春秋》的整體判斷，似乎個人主觀感受多一些；「不列《春秋》於學官」屬於政府行爲，是政府機構的一種措施。或許可以推測：正是因爲《春秋》似「斷爛朝報」，所以才有不列於學官的結果。

以上只是在不辨二者眞僞的情況下所做的簡單區分，現在來看兩種說法的各自出處。「斷爛朝報」的提法，從目前資料看，一是《宋史紀事本末》載：熙寧四年科舉改革，王安石認爲「孔子作《春秋》，實垂世立教之大典，當時游、夏不能贊一詞。自經秦火，煨燼無存。漢求遺書，而一時儒者附會以邀厚賞。自今觀之，一如斷爛朝報，決非仲尼之筆也。《儀禮》亦然。」〔註1〕由此條可知：第一，王安石對孔子所修作的《春秋》無詆毀之意，認爲《春秋》有「垂世立教」的功用；第二，「斷爛朝報」說並非指孔子所做的《春秋》，而是指《春秋》在遭受秦火與作爲漢儒追求功名的工具後的現存狀態，所以才有經筵不講、學校不設、貢舉不舉的「三不」政策，也即「不列於學官」。

另一處見於李紱《書周麟之孫氏春秋傳序後》中考證此種說法的源頭。周麟之爲南宋時人，曾爲孫覺《春秋經解》做跋，其中講到王安石斥廢聖經定爲「斷爛朝報」，詳見後論。李紱作此後序反駁這一觀點，

> 「斷爛朝報」之說，嘗聞於先達，謂見之《臨汝閒書》，蓋病解經者，非詆經也。荊公嘗自爲《春秋左氏解》十卷，言言精覈……其高第弟子陸農師佃、龔深甫原，並治《春秋》，陸著《春秋後傳》，龔著《春秋解》，遇疑難者輒目爲闕文。荊公笑謂：「闕文若如此之多，則《春秋》乃斷爛朝報矣。」〔註2〕

《臨汝閒書》爲南宋史學家李燾之子李壁所著。可見：一是「斷爛朝報」說確實存在，前提是《臨汝閒書》所載史實無誤；二是「斷爛朝報」論所指爲《春秋》注釋之書，殘缺不全，並非指《春秋》經。又，王安石有《春秋》

〔註1〕〔明〕陳邦瞻《宋史紀事本末》卷9，《學校科舉之制》，《四庫全書〈文淵閣〉本》，上海古籍出版社1987年影印。

〔註2〕〔清〕蔡上翔《王荊公年譜考略》卷11，上海人民出版社，1959年版，第174～177頁。

類著作，其弟子受其影響而治《春秋》〔註3〕。

由上可知：「斷爛朝報」說出自王安石本人之口，指的是《春秋》注解之書，並非《春秋》經本身。其後，蘇轍在《春秋集解》自序中講：「近歲王介甫以宰相解經，行之於世。至《春秋》，漫不能讀，則詆以爲斷爛朝報，使天下士不得復學。」〔註4〕意指王安石對《春秋》的這種認識含有政治權力的成分，並非單純的學術觀點。胡安國也講：「初，荊公以字說訓釋經義，自謂千聖一致之妙，而於《春秋》不可以偏旁點畫通也，則詆爲斷爛朝報，廢之不列於學官。」〔註5〕即指明王安石以《字說》爲解經依據，《春秋》與此不符，故有詆毀之語。不難看出，王安石對《春秋》訓注的評語到了蘇轍、胡安國這裡已經發生了某些變化，直取「斷爛朝報」四字，捨去其中的歷史背景和言論語境，認爲「斷爛朝報」直指《春秋》經。

如果說蘇轍、胡安國二人所論尚屬學術爭鳴的範圍，那麼周麟之所論則含有主觀情感的任意表達之義。其《跋先君講春秋序後》言：「先君爲予言：初王荊公欲釋《春秋》，以行於天下，而莘老之書已出，一見而有悆心，自知不復能出其右，遂詆聖經而廢之曰：此斷爛朝報也。不列於學官，不用於貢舉儲積有年矣。」〔註6〕莘老之書指孫覺的《春秋經解》，詳見後論。在周麟之看來，王安石純粹是因爲嫉妒而污毀聖人所作《春秋》經，完全沒有客觀的判斷。

三人所論王安石「斷爛朝報」說各有其出發點，但總歸於一：王安石視聖人《春秋》經爲「斷爛朝報」，與王安石本人所指「斷爛朝報」的含義截然不同。

再來看「不列《春秋》於學官」。此說作爲學術公案見於周淑萍《王安石「不列〈春秋〉於學官」釋疑》〔註7〕一文，正像前文所述，「斷爛朝報」

〔註3〕 注：陸佃《春秋後傳》20卷，龔原《春秋解》，均已佚。參見侯外廬主編《中國思想通史》（第四卷上冊），人民出版社，1959年版，第448頁。

〔註4〕 〔宋〕蘇轍《春秋集解》自序，《四庫全書〈文淵閣〉本》，上海古籍出版社1987年影印。

〔註5〕 〔宋〕胡寅著，容肇祖點校《斐然集》卷25，《先公行狀》，中華書局，1993年版，第552頁。

〔註6〕 〔宋〕周麟之《海陵集》卷22，《跋先君講春秋序後》，《四庫全書〈文淵閣〉本》，上海古籍出版社1987年影印。

〔註7〕 周淑萍《王安石「不列〈春秋〉於學官」釋疑》，《西安電子科技大學學報》，2004年第1期。

說畢竟與「不列《春秋》於學官」有不同之處,所以在此做一簡單考論。《春秋》列於學官,獲得官方尊崇的地位始於漢武帝立五經博士,一直到熙寧變法前夜。「不列《春秋》於學官」基本上伴隨「斷爛朝報」說之後,王安石在改革科舉制度中確有此建議,如上引《宋史紀事本末》載:「請自今經筵毋以進講,學校毋以設官,貢舉毋以取士」已含有「不列《春秋》於學官」之意。最高權力者也最終接受了這一建議,昭示天下,「熙寧四年二月丁巳,定貢舉新制,進士罷詩賦貼經墨義,各占《詩》、《書》、《易》、《周禮》、《禮記》一經,兼以《論語》、《孟子》。」〔註8〕考試科目中不見《春秋》。而且,宋神宗本人也講:「卿(王安石)嘗以《春秋》自魯史亡,其義不可考,故未置學官。」〔註9〕到周麟之、胡安國以及《宋史》本傳則直接提出王安石詆廢《春秋》,「不列於學官」。可見,王安石本人就《春秋》經發展的特點而對《春秋》提出一些消極意見,確有「不列《春秋》於學官」之意。其後學者在王安石詆毀《春秋》為「斷爛朝報」成立的基礎上直接言明王安石「不列《春秋》於學官」。

對於此學術公案,學人們不乏考證、辯解。從現有材料看,這些考辯就規模上分為兩類:一類是單就公案本身作辯,多以王安石《答韓求仁書》為證。南宋晚期學者林竹溪引尹焞語:「和靖曰:『介甫未嘗廢《春秋》,廢《春秋》以為斷爛朝報,皆後來無忌憚者託介甫之言也。』」並以《答韓求仁書》為證,得出結論:「今人皆以斷爛朝報為荊公罪,冤矣。」〔註10〕指明「斷爛朝報」說並非出於王安石。楊時曾為孫覺《春秋經解》作序,「三傳異同,無所考證,於六經尤為難知,故《春秋》不列於學官,非廢而不用也。」〔註11〕即理性地分析了《春秋》不列於考試科目的原因。李明復進一步明確王安石與《春秋》的關係,認為是「其徒乃廢《春秋》,而後人謂安石意,非也。何以解《春秋》止是斷爛朝報,未必然也。安石不解《春秋》以其難知也。」

〔註8〕 〔宋〕李燾《續資治通鑒長編》卷220,熙寧四年二月,上海古籍出版社,1986年版。

〔註9〕 〔宋〕李燾《續資治通鑒長編》卷247,熙寧六年九月,上海古籍出版社,1986年版。

〔註10〕 〔清〕黃宗羲原著,全祖望補修,陳金生,梁運華點校《宋元學案》卷98,《荊公新學略》,中華書局,1986年版,第3251頁。

〔註11〕 〔宋〕楊時《龜山集》卷25,《孫先生春秋傳序》,《四庫全書〈文淵閣〉本》,上海古籍出版社1987年影印。

〔註12〕把廢《春秋》的罪名歸於王安石的弟子。

可以發現，這一類辯解從形式上看範圍較小，篇幅有限，論證單一；內容上趨於類同，否認「斷爛朝報」之語出自王安石。不可忽略的是：他們辯論的前提為王安石詆廢的《春秋》是孔子所作《春秋》。究其實，王安石確有「斷爛朝報」論，《春秋》也確因王安石科舉改制的建議而不列入考試科目；王安石所指「斷爛朝報」之《春秋》是對《春秋》傳注的評語，而非經本身。

另一類辯文是在相對大的歷史背景中，以及前人證明材料的基礎上進行較全面的辯釋。李紱《書周麟之孫氏春秋傳序後》專就周麟之所論王安石對《春秋》的態度進行澄清。全文從「斷爛朝報」說、不列於學官、不用於貢舉，以及王安石的人格品質、學術修養等三方面反駁周麟之的觀點。「斷爛朝報」說主要是運用其家學《臨汝閒書》證明王安石「意實尊經，非詆經也」，如前所述；對不列於學官、不用於貢舉的論辯是從當時熙寧變法的教育改革舉措入手，歷史地分析了《春秋》經、傳的發展，「宋以前治經，未有遺《周禮》者，若古來治《春秋》者，治三傳而已，治經不猶愈於傳乎？三傳互異，莫之適從，故治者少。」指明王安石並非政治行為而廢《春秋》，實為《春秋》經、傳的自然發展而致。又以王安石本人的才學、德量駁斥所謂「惎心」，「二人之交，始終生死未嘗渝。莘老固賢，非荊公有德量，亦安能獨賢？荊公之德量如此，安得見其所著書即惎之？」〔註13〕雖然論證比較充分，但仍有不甚嚴密之處。因為李紱以《直齋書錄解題》中所講：馮正符借《春秋》類著作，經薦得召試賜同進士出身，「王安石亦待之厚」，證明不以《春秋》取士為妄說，此事在熙寧末年。實際上，《宋史紀事本末》中清楚地載有「不用於貢舉」之論，用王安石厚待以《春秋》得賜的馮正符並不能抹殺「不用於貢舉」的法令存在。這種論證的不嚴密一方面或出於學者本人的情感傾向，另一方面主要是疏於對「不列於學官」「不用於貢舉」論的源頭考察，混淆政策性存在與事實過程中變化存在。

清人蔡上翔在尹焞、楊時，尤其是李紱等前人論辯的基礎上，作了進一步整理。全文從兩方面進行證明：一是辯「斷爛朝報」說，承接李紱《書周麟之

〔註12〕〔宋〕李明復《春秋集義綱領》卷上，《四庫全書〈文淵閣〉本》，上海古籍出版社 1987 年影印。

〔註13〕〔清〕蔡上翔《王荊公年譜考略》卷 11，上海人民出版社，1959 年版，第 175～176 頁。

孫氏春秋傳序後》中對此論的看法，認爲王安石尊信《春秋》經也不盡廢傳注。
「且公甚尊信《春秋》，而亦不盡廢傳，其全書尤可考而知也。」〔註14〕這一提
法補充了前人關於王安石對《春秋》態度的理解；一是辯《春秋》不列於學官，
「當是時，公既不能以諸儒之言束於一家之說，因以其難知之經以俟世之知經
者，則雖不以之取士，而士之治《春秋》自在也。」〔註15〕即以《春秋》經難
知而傳紛亂的歷史現狀，肯定不以《春秋》取士的正當性，以及學人研治《春
秋》的自由性，此結論修正了李紱對《春秋》不列於學官的辯解。文中最後說
明「知公甚尊信《春秋》，至求一言之詆《春秋》者不得」，表示作者對此問題
的立場。

　　上述對王安石《春秋》公案原因的探討，兩種類型各又優劣，但總體來
講，存在如下問題：第一，對學術公案本身缺少原始性追溯，對「斷爛朝報」
論具體所指對象認識不足；第二，論辯過程中，雖然注意到了歷史背景的參
與，但疏於對王安石學術思想的整體把握；第三，忽略了在客觀歷史條件下
對《春秋》經內容特點的考察。那麼，如何較全面地理解王安石對《春秋》
的態度，王安石與《春秋》的關係到底怎樣？

二、王安石與《春秋》的關係及其影響

　　「斷爛朝報」、「不列《春秋》於學官」的學術公案與熙寧變法政治事件
共同成爲王安石的個性化標籤。需要考慮的是：王安石在什麼政治條件、知
識背景下認識《春秋》，《春秋》經傳又能爲王安石的學術思想、政治活動在
何種層面上提供什麼。換句話說，王安石與《春秋》的相互關係有待詳細考
證。這種考證有助於揭開公案的眞實面目，從而擺正王安石在《春秋》學史
上的地位。

　　（一）從王安石對經的整體態度來看其對《春秋》的認識。「經」包括經
書、經學，經書通常指爲「由中國封建專制政府『法定』的以孔子爲代表的
儒家所編著書籍的通稱」〔註16〕。經學是以經書爲載體而進行專門性研究的

〔註14〕〔清〕蔡上翔《王荊公年譜考略》卷11，上海人民出版社，1959年版，第171
　　　　頁。
〔註15〕〔清〕蔡上翔《王荊公年譜考略》卷11，上海人民出版社，1959年版，第172
　　　　頁。
〔註16〕周予同《「經」、「經學」、「經學史」》，載朱維錚編《周予同經學史論著選集》，
　　　　上海人民出版社，1983年版，第650頁。

學術。王安石所講「經」，似乎二者都包括在內，或二者區分的意義不明顯。

　　從經的範圍講，王安石所謂「經」具有廣泛性，「某但言讀經，則何以別於中國聖人之經？」「世之不見全經久矣，讀經而已，則不足以知經，故某自百家諸子之書，至於《難經》、《素問》、《本草》諸小說無所不讀，農夫女工無所不問。然後於經爲能知其大體而無疑。」〔註17〕即言所謂「聖人之經」已並非原始經書，且讀經的目標是「知經」，是對經義、聖人精神的大體把握。如果只是把經限於某一空間，則達不到知經的目的。如王安石認爲佛教「乃與經合，蓋理如此，則雖相去遠，其合猶符節也」，更進一步講：「苟合於理，雖鬼神異趣，要無以易。」〔註18〕即儒經與佛理雖然在表達形式上各異，但在實質精神上有相通之處。所以，在王安石看來，「經」代表古人所創造的所有文化文明，並非單指儒家經典，「經」已超越地域、學派等形式化的界限。這種認識源於王安石的學術自覺意識，因爲魏晉以來，儒、佛、道三者之間不斷相互滲透，融合趨勢日益明顯，同時代的歐陽修、李覯等學者對佛、道在理論思維方面的長處已經有所認識，王安石對經的範圍的界定符合學術思想發展的方向。同時，王安石指出博覽群書，並非雜糅混爲一談，而是有所取捨的。取捨的標準是「道」，「惟其不能亂，故能有所去取者，所以明吾道而已。」〔註19〕「吾道」即王安石本人所研讀的經之大體。由上可以看出，王安石所指「經」分兩個層面：一是聖人之經，建立「吾道」；一是諸子百家群書之經，用來證明「吾道」。

　　「經」的內容爲「道」，「若欲以明道，則離聖人之經，皆不足以有明也。」經爲「道」的依託。「惟道之在政事，其貴賤有位，其後先有序，其多寡有數，其遲數有時。制而用之存乎法，推而行之存乎人。」〔註20〕即「道」是治理國家的基本原則，是聖王之道，「政事」是「道」在現實社會的表現，與上述王安石所謂「吾道」有一致性。

　　「經」的功能爲致用於世。王安石明確講：「竊以經術造士實始盛王之時」，即古往今來都是以經術培養人才。古聖王時，經學滲透到社會各個階層，引導社會風尚，「故當是時，婦人之所能言，童子之所可知，有後世老

〔註17〕〔宋〕王安石《臨川先生文集》卷73，《答曾子固書》，《四部叢刊》本。
〔註18〕〔宋〕李燾《續資治通鑒長編》卷233，熙寧五年五月，上海古籍出版社，1986年版。
〔註19〕〔宋〕王安石《臨川先生文集》卷73，《答曾子固書》，《四部叢刊》本。
〔註20〕〔宋〕王安石《臨川先生文集》卷84，《周禮義序》，《四部叢刊》本。

師宿儒之所惑而不悟者也；武夫之所道，鄙人之所守，有後世豪傑名士之所憚而愧之者也。堯舜三代，從容無為，同四海於一堂之上，而流風餘俗詠歎之不息。」〔註21〕而到北宋前期，人才不足是亟須解決的問題，培養人才「教之養之取之任之有其道」，此「道」即為先王之政所運用的「經術造士」。「經術」二字本身就說明經的社會功用，即把經書中所體現的精神、大義進行有效地轉換而應用於現實。

從治經方法來看，王安石主張「心傳意受」，以意逆志。「古之學者，雖問之以口而其傳於心，雖聽以耳而受其意。」〔註22〕口、耳等感官系統是理解經義的中介，最終大義的解讀需要「心」。從屬性上看，「心」可視為理性的分析判斷能力；從邏輯前提來看，「心」可視為「性命之理」，普遍性的真理。以心傳心，以意受意，需要治經者超出文辭的表面現象，把握其中內在的含義，「孟子曰：『說《詩》者不以文害辭，不以辭害意，以意逆志，是為得之。』」〔註23〕王安石贊同孟子以意逆志的解經方法。

可以說，在王安石看來，「經」是最廣泛的文化資源總稱，要用以意逆志的方法領悟其中的「道」，服務於現實社會。《春秋》作為五經之一，理想狀態也應當如「經」所述，但實際上《春秋》的發展並非如此。

經學發展到宋初，古聖王道統已遭破壞，一方面是外界政權的壓制，另一方面「孔氏以羈臣而興未喪之文，孟子以遊士而承既沒之聖，異端雖作，精義尚存。逮更煨燼之災，遂失源流之正，章句之文勝質，傳注之博溺心，此淫辭詖行之所由昌，而妙道至言之所為隱。」〔註24〕即經學自身發展存在流弊，如漢唐章句注疏之學整體而言遮蔽了對聖王之道的探尋。具體到《春秋》，「孔子作《春秋》……自經秦火，煨燼無存。漢求遺書，而一時儒者附會以邀厚賞。」〔註25〕或者是《春秋》文本的遺失，或者是《春秋》被功利化，而且最高權力者也認同治《春秋》「漢儒亦少有見識者」，否定漢《春秋》傳注。如此，宋初《春秋》主要是以傳注的形式存在，《春秋》中所蘊含的大義被繁瑣的箋注義疏所淹沒。相應的，《春秋》在宋初的科舉考試中也只是被記誦的對象，「凡進士，試詩、賦、論各一首，策五道，帖《論語》十

〔註21〕〔宋〕王安石《臨川先生文集》卷82，《虔州學記》，《四部叢刊》本。
〔註22〕〔宋〕王安石《臨川先生文集》卷71，《書洪範傳後》，《四部叢刊》本。
〔註23〕〔宋〕王安石《臨川先生文集》卷68，《莊周二》，《四部叢刊》本。
〔註24〕〔宋〕王安石《臨川先生文集》卷57，《除左僕射謝表》，《四部叢刊》本。
〔註25〕〔明〕陳邦瞻《宋史紀事本末》卷9，《學校科舉之制》，《四庫全書〈文淵閣〉本》，上海古籍出版社1987年影印。

帖,對《春秋》或《禮記》墨義十條。」〔註26〕《春秋》在培養人才方面並無建樹,以至王安石認爲《春秋》「非造士之書也」。對《春秋》的解讀也大都是採用歷史紀實、語言修辭等方法,無益於彰顯聖人精神。加上《春秋》經本身記事簡略,經義奧衍。所以,王安石一再表示「孔子《春秋》天子之事也,蓋夫討論一代之善惡而撰次以法度之文章,非夫通儒達才有識足以知先王不欺,足以信後世」〔註27〕,意指《春秋》經本身難以理解,需要解經者具備充足的認知能力。「至於《春秋》三傳,既不足信,故於諸經尤爲難知。」〔註28〕「若《易》、《春秋》,亦有未盡處,未敢成書爾。」〔註29〕即王安石對《春秋》經採取一種謹嚴態度,不敢輕易解《春秋》,並由懷疑《春秋》三傳進而對《春秋》經本身理解也有一定的難度。而對於他人如大理寺丞楊忱治《春秋》所採用的「不守先儒傳注,資他經以佐其說」〔註30〕即捨傳求經的解釋方法表示肯定。

　　需要注意的是:第一,王安石對《春秋》傳的懷疑有一個變化過程。《亡兄王常甫墓誌銘》載其兄「以《詩》、《書》、《禮》、《易》、《春秋》授弟子」〔註31〕,由此,王安石對《春秋》經傳的認識或許受其兄的影響;《復仇解》講:「《春秋傳》以爲父受誅子復仇不可也,此言不敢以身之私而言天下之公,又以爲父不受誅子復仇可也,此言不以有可絕之義廢不可絕之恩也。」〔註32〕對復仇之義的解釋,採取的是《公羊傳》之義;《讀江南錄》〔註33〕中徐鉉撰寫《江南錄》時吸收了《春秋》傳爲尊親諱的書例,王安石表示贊同;何況,王安石本人既有關於《春秋》考證類的專著《春秋左氏解》,今已佚,「王安石有《春秋解》一卷,證左氏非丘明者十一事,……今未見其書,不知十一事何據?」〔註34〕可見,王安石認爲《春秋》傳有取用之處,

〔註26〕 〔元〕脫脫等《宋史》卷155,《選舉志一》,中華書局,1977年版,第3604頁。

〔註27〕 〔宋〕王安石《臨川先生文集》卷49,《范鎮加修撰制》,《四部叢刊》本。

〔註28〕 〔宋〕王安石《臨川先生文集》卷72,《答韓求仁書》,《四部叢刊》本。

〔註29〕 〔宋〕李明復《春秋集義綱領》卷上,《四庫全書〈文淵閣〉本》,上海古籍出版社1987年影印。

〔註30〕 〔宋〕王安石《臨川先生文集》卷93,《大理寺丞楊君墓誌銘》,《四部叢刊》本。

〔註31〕 〔宋〕王安石《臨川先生文集》卷96,《亡兄王常甫墓誌銘》,《四部叢刊》本。

〔註32〕 〔宋〕王安石《臨川先生文集》卷70,《復仇解》,《四部叢刊》本。

〔註33〕 〔宋〕王安石《臨川先生文集》卷71,《讀江南錄》,《四部叢刊》本。

〔註34〕 〔清〕永瑢等撰《四庫全書總目》卷26,《經部‧春秋類一》,中華書局,1965

而到熙寧變法時，則表示出對《春秋》傳的懷疑。其中原因或可解釋爲：一是王安石博覽群書，諸子百家無所不讀，從而勢必會對《春秋》傳有事實印證、對比判斷等思維活動；二是王安石治學目的是實踐應用，而《春秋》傳注不符合這一方向的要求。

第二，王安石對《春秋》的態度是通過對比其他經書而表現出來的。如前所引，王安石常云：「三經所以造士，《春秋》非造士之書也。」〔註35〕「《詩》、《書》、《禮》蓋已解之。若《易》、《春秋》亦有未盡處，未敢成書爾。」「三經」指王安石所撰寫的《詩義》、《書義》、《周禮義》，並爲「三經」作序。從序文可知，「三經」共同的特點是：記載聖王之政，且訓解經義的空間很大，適用於政治〔註36〕。「先王之道德出於性命之理，而性命之理出於心，《詩》、《書》能循而達之。」即《詩》、《書》在性命之理的建設方面有一定的學術潛力，而《易》、《春秋》則屬難知之列〔註37〕。最常被引用的例證爲《答韓求仁書》，文中就韓求仁對《詩》、《論語》、《孟子》的疑問一一作了詳細解答。關於《易》與《春秋》，尤其是後者，王安石云：「至於《春秋》三傳既不足信，故於諸經尤爲難知。」〔註38〕《易》已屬難知之經，但王安石畢竟著有《易義》；同《易》相比，或許《春秋》更爲難解。所以，王安石對《春秋》持審慎的態度。

第三，從研究方法來看，雖然王安石一再強調《春秋》「難知」、「未盡」，但並非不可知，「可知」是「難知」的前提，「難知」是「可知」的存在狀態。如果採取合理可行的認識方法，《春秋》亦在可通之列。「學得《詩》，然後學《書》；學得《書》，然後學《禮》；三者備，《春秋》其通矣。」〔註39〕由《詩》、《書》、《禮》到《春秋》，是按經的難易程度羅列，由易到難，循序漸進。現在的問題是：王安石完成了《三經新義》，是否已通貫《春秋》，何以稱《春

年版，第210頁。（陳振孫《直齋書錄解題》也錄有《左氏解》一卷，但否認是王安石的著作。）

〔註35〕〔宋〕陸佃《陶山集》卷12，《答崔子方秀才書》，《四庫全書〈文淵閣〉本》，上海古籍出版社1987年影印。

〔註36〕注：參見王安石《臨川先生文集》卷84所錄三序，侯外廬主編《中國思想通史》（第四卷上冊）（人民出版社，1959年版，第448頁）有具體分析。

〔註37〕注：王安石著有《易義》，已佚，且自謙於《易》「未之有得」。二程推崇王安石的《易》學，認爲研究《易》，參考王弼、胡瑗、王安石等三家即可。

〔註38〕〔宋〕王安石《臨川先生文集》卷72，《答韓求仁書》，《四部叢刊》本。

〔註39〕〔宋〕陸佃《陶山集》卷12，《答崔子方秀才書》，《四庫全書〈文淵閣〉本》，上海古籍出版社1987年影印。

秋》「難知」？原因有二：一是從學術上講，上述治《春秋》的路徑是理想狀態，要付諸實踐，並非易事。僅是《三經新義》王安石已盡了畢生努力，「顧惟屈首受書，幾至殘生傷性。逮承聖問，乃知北海之難窮；比釋微言，更悟南箕之無實。」〔註40〕雖然「殘生傷性」之說近於誇張，但「比釋微言，更悟南箕之無實」道出訓釋工作的艱辛。即使到其晚年，王安石還在修改《三經新義》。所以，通貫《春秋》需要時間和知識的積累；二是從政治實踐講，王安石一心致力於改革當時的政治、經濟等現狀，對經術的研究、解讀也多從變法的角度考慮。「《春秋》非造士之書」，是王安石對《春秋》功用的定位，其對《春秋》採取謹嚴態度也在情理之中。

從上述王安石的經學觀來看，王安石區分《春秋》經與傳，通過對比其他經典，視《春秋》經為「難知」，但「可知」，遵循一定的治經方法，仍可理解全經；對《春秋》傳由「取」到「疑」，確立為「不足信」。在改革實踐中，《春秋》不符合變法的要求。

（二）上述是以王安石為理解主體，《春秋》文本出於相對靜止的狀態。現在由《春秋》「說話」，即由《春秋》內容來看其能為王安石的學術或政治活動提供何種資源。

《春秋》內容廣泛，涉及政治、經濟、軍事、天文等多個方面，聯繫到本節內容，這裡僅就《春秋》中的天人關係、倫理政治層面的君臣關係進行分析論證。

1. 天人關係

《春秋》本身記載有日食、隕石、災異等自然現象，《公羊傳》、《穀梁傳》以闡發經義著稱，但於此自然現象或從曆法或從禮儀等層面進行解釋。如漢代董仲舒將公羊學說與陰陽五行學說相結合，構建天人感應論，即自然現象表示天對人的獎懲，君王的行為也影響自然現象的發生。天人感應論在維護君權的同時又限制了君權的濫用，從而發揮了其應有的政治功用，也成為《春秋》學發展的立足點。

天人感應論在趙宋王朝極為普遍，如熙寧三年，翰林學士范鎮上疏：「乃者天雨土、地生毛，天鳴地震，皆民勞之象也。伏惟陛下觀天地之變，罷青苗之舉，歸農田水利於州縣，追還使者，以安民心而解中外之疑。」〔註41〕

〔註40〕〔宋〕王安石《臨川先生文集》卷57，《辭左僕射表》，《四部叢刊》本。
〔註41〕〔明〕楊士奇，黃淮等編《歷代名臣奏議》卷266，《四庫全書〈文淵閣〉本》，

把自然災異歸咎於王安石的新法。甚至最高權力階層也不無擔憂，「熙寧七年夏四月己巳……上以久旱，憂見容色，每輔臣進見，未嘗不歡息懇惻，欲盡罷保甲方田等事。」〔註42〕新法強有力的支持者也認同政事與自然現象有關聯，勢必影響新法的進展。

針對天人關係，王安石有不同的認識，提出「以人法天」的觀點。第一，關於王安石所謂「天」、「道」，前人多有論述〔註43〕。這裡概括爲：「道」作爲最高範疇，是世界的本原，有客觀性、自然性、普遍性的特點，表現爲事物發展變化的動因、本質以及事物發展所遵循的規律，落實到當下則爲禮樂刑政、社會規範，以至變革的最高合理依據。「道」有時又稱爲「天」，「是和萬物同時而生的」。「道者，天也，萬物之所自生，故爲天下母。」「天與道合而爲一」〔註44〕。

第二，王安石的天人關係論由肯定人以修身回應「天」反常現象到主張人道效法天道。《洪範傳》大致作於熙寧三年前後〔註45〕，其中講到：「人君固輔相天地以理萬物者也，天地萬物不得其常，則恐懼修省，固亦其宜也。」〔註46〕所謂「天地萬物不得其常」即指自然界災異，這裡認可針對異常現象在上者採取修身行爲是有效的，但反對兩種偏向：一是「或以爲天有是變必由我有是罪以致之」，也就是將自然現象與人事機械而絕對的一一對應，造成人的畏縮、被動性；一是「或以爲災異自天事耳，何豫於我，我知修人事而已」，意言完全割裂天與人的關係，限於主觀自我的固執。熙寧五年，王安石上疏：

> 陛下正當爲天之所爲，知天之所爲，然後能爲天之所爲。……

上海古籍出版社 1987 年影印。

〔註42〕〔宋〕李燾《續資治通鑒長編》卷 252，熙寧七年四月，上海古籍出版社，1986年版。

〔註43〕注：可參見侯外廬主編《中國思想通史》（第四卷上冊）（人民出版社，1959年版，第 449～462 頁）；張豈之主編《中國思想學說史》（宋元卷下）（廣西師範大學出版社，2007 年版，第 397～406 頁）；鄧廣銘《鄧廣銘治史叢稿》（北京大學出版社，1997 年版，第 177～182 頁）；漆俠《宋學的發展和演變》（河北人民出版社，2002 年版，第 315～340 頁）等相關論著。

〔註44〕注：參見侯外廬主編《中國思想通史》（第四卷上冊），人民出版社，1959 年版，第 456 頁。

〔註45〕注：參見侯外廬主編《中國思想通史》（第四卷上冊），人民出版社，1959 年版，第 431～432 頁。

〔註46〕〔宋〕王安石《臨川先生文集》卷 65，《洪範傳》，《四部叢刊》本。

所謂天之所爲者，如河決是也。天地之大德曰生，然河決以壞民產
而天不恤者，任理而無情故也。……以陛下憂恤百姓之心，宜其寢
食不甘，而堯能待如此之久，此乃能爲天之所爲，任理而無情故也。
〔註47〕

此論可理解爲：第一，這裡所謂「天」是有意志、能行爲的人格化之「天」，
而「天」的邏輯前提是「道」。所以「河決以壞民產而天不恤」，即自然界按
規律運行；第二，最高決策者需要先有理性認識，認知「天」的客觀規律，
然後效法天道，「任理而無情」。「理」指客觀法則，「情」指現實的主觀情感。
可以看出，王安石的天人觀發展至此，已拋開或隱去所謂「恐懼修省固亦其
宜」的提法，拋出「任理而無情」。

　　熙寧七年，神宗因大旱而欲停止推行一部分新法，王安石認爲：「水旱常
數，堯湯所不免……但當益修人事，以應天災。」〔註48〕八年，神宗因出現
彗星，欲躬修過失，改革政事。王安石以晉武帝五年出現彗星爲例，指出：「蓋
天道遠，先王雖有官占，而所信者人事而已。天文之變無窮，人事之變無已，
上下傅會，或遠或近，豈無偶合？此其所以不足信也。」〔註49〕這裡王安石
對自然現象進行了理性分析，推斷其爲偶然性因素，而且明確主張應當在「天
道」的指導下發揮人的主觀能動性，而並非缺乏理性的蠻幹。

　　王安石的天人觀由「恐懼修身」以應對災異到「任理而無情」以「修人
事」，既反映出其學術理論的逐漸成熟，也說明此爲現實變法的迫切需要。對
此，後人有言：「陰陽災異之說，雖儒者不可泥，亦不可全廢。王介甫不用，
若爲政依之，是不畏天者也。」〔註50〕雖然指出了災異論存在的必要性，但
對王安石天人觀的點評有失公允，沒有注意到其前後變化過程。

　　如此「任理而無情」的天人關係論與由《春秋》而引申出的天人感應論，
相差天壤。換句話說，《春秋》經傳不但在學術上不能像《老子》、《尚書》那
樣提供理論營養，而且在實踐中成爲政治革新的阻力。從這一層面講，王安

〔註47〕〔宋〕李燾《續資治通鑒長編》卷236，熙寧五年閏七月，上海古籍出版社，
　　　　1986年版。
〔註48〕〔宋〕李燾《續資治通鑒長編》卷252，熙寧七年夏四月，上海古籍出版社，
　　　　1986年版。
〔註49〕〔宋〕李燾《續資治通鑒長編》卷269，熙寧八年冬十月，上海古籍出版社，
　　　　1986年版。
〔註50〕〔清〕黃宗羲原著，全祖望補修，陳金生，梁運華點校《宋元學案》卷98，《荊
　　　　公新學略》，中華書局，1986年版，第3249頁。

石評定《春秋》難知,「《春秋》非造士之書」,有一定的道理。

2. 君臣關係

《春秋》記述各國大事,包括諸侯僭位、大夫專權等史實,後世治《春秋》者發揮其中的「尊王」大義。漢唐《春秋》學從「尊王」的角度切入到統一王權,到宋初孫復《春秋尊王發微》則明確突出「尊王」這一主題,相應的「王」的內涵由受制於天命到遵循理想的聖王之道。無論「王」的含義如何轉換,君尊臣卑的倫理等級原則及其政治運作都不曾動搖,只是其在論證方式、表達手法等方面有某些差異。

王安石對君臣關係另有看法,主張並實踐「以道進退」而並非以尊卑之禮出入。《虔州學記》云:

> 夫士,牧民者也。牧知地之所在,則彼不知者驅之爾。然士學而不知,知而不行,行而不至,則奈何?先王於是乎有政矣。夫政,非為勸沮而已也,然亦所以為勸沮。故舉其學之成者以為卿大夫,其次雖未成而不害其能至者以為士,此舜所謂庸者也。若夫道隆而德駿者,又不止此,雖天子北面而問焉,而與之迭為賓主,此舜所謂承之者也。〔註51〕

這裡王安石把先王所設立的官職分為三個層次:一是「士」,其特點為政治理論學得不好,但能達到政治目標;一是卿大夫,理論知識掌握得好,且可以達到為政目的,但個人素養或不足;一是「道隆德駿」者,在卿大夫與士之上,才德兼備。「道隆」表現為對「政」知其所以然,理解政治的最高原則。卿大夫、士與君王的關係是君臣關係,恪守等級之禮,而「道隆德駿」者與君王則超出君臣之分,以「道」「德」為界,可以「迭為賓主」。對此,有學者研究認為:先王設官分職的原因在於牧民之士有「至」與「不至」的區別,這種政治組織的建立體現了君臣同治天下目標的一致性〔註52〕,此種說法不無道理。實際上,王安石主張或嚮往的也是這樣一種道、德指引的君臣關係,並以「道隆德駿」自任而聞名於當時朝臣之間。如韓維對神宗講:「安石平日每欲以道進退,若陛下欲用之,而先使人以私書道意,安肯遽就?」〔註53〕「以道進退」成為王安石的人格標誌。

〔註51〕〔宋〕王安石《臨川先生文集》卷82,《虔州學記》,《四部叢刊》本。

〔註52〕余英時《朱熹的歷史世界》,生活·讀書·新知三聯書店,2004年版,第225～226頁。

〔註53〕〔宋〕葉夢得《石林燕語》卷7,《虔州學記》,《四部叢刊》本。

　　現實政治生活中，神宗與王安石相遇，這種「新型」君臣關係在一定範圍、特殊時期內得到相對落實。神宗挽留王安石，「朕頑鄙初未有知，自卿在翰林，始得聞道德之說，心稍開悟。卿，朕師臣也，斷不許卿外出。」〔註54〕以「師臣」稱王安石，可見其地位非同一般。邵伯溫也講：「荊公初相，以師臣自居，神宗待遇之禮甚厚。」〔註55〕神宗與王安石的關係超出君臣之分，已經成為士人的共識。

　　考其理論來源，不難發現，王安石的君臣關係論源於《孟子》。「故將大有為之君，必有所不召之臣，欲有謀焉則就之。其尊德樂道，不如是不足與有為也。」〔註56〕君臣之間關係定位的標準是「尊德樂道」，君從絕對權威走向相對義務，進而挑戰傳統君臣觀。王安石依據《尚書》、《周禮》等典籍，推測職權分工的源頭，提出與天子「叠為賓主」，豐富了孟子的君臣理論。同時也引起時人的論辯，司馬光作有《疑孟》，借反駁孟子君臣觀而批評王安石的「迭為賓主」論〔註57〕。顯然，由《春秋》經傳所發揮的「尊王」論推導不出王安石承孟子而提出的「叠為賓主」觀點，而且這種君臣觀在新法的推行過程中起到了重要作用。《春秋》從理論到實踐都與王安石的要求有一定距離。

　　上述從兩個方面論證了王安石與《春秋》的相互關係，無論是王安石經學觀指導下的《春秋》經傳，還是《春秋》經傳本身的內容要素，雙方似乎都沒有構成「對話」的平臺。一方面，王安石逐漸印證出《春秋》經「可知」但「難知」，對三傳由可取到「不足信」；另一方面，《春秋》所能提供的恰恰是王安石或理論上或實踐中不需要的，甚至是要批駁的，兩者似乎「擦肩而過」。

　　通過上述對兩大公案以及王安石與《春秋》關係的追溯、考察，我們認為：第一，就公案而言，王安石確實有「斷爛朝報」之說，但所指並非孔子

〔註54〕　〔宋〕李燾《續資治通鑒長編》卷233，熙寧五年五月，上海古籍出版社，1986年版。
〔註55〕　〔宋〕邵伯溫《聞見錄》卷12，《四庫全書〈文淵閣〉本》，上海古籍出版社1987年影印。
〔註56〕　〔宋〕朱熹《孟子集注·公孫丑章句下》，載《四書章句集注》，中華書局，1983年版，第243頁。
〔註57〕　注：《宋元學案》卷7《涑水學案》列有「溫公疑孟」（中華書局，1986年版，第282頁）。

修作的《春秋》，而是指在特定條件下的特殊對象〔註 58〕；「不列《春秋》於學官」作爲法定政策而存在。王安石把《春秋》經限於「難知」而可知的範圍，對三傳由引用到否定，這種治經取向符合當時批判漢唐注疏的學術新風。

第二，進一步研究王安石與《春秋》的關係，從王安石經學觀以及《春秋》本身的內容出發，則王安石學術思想及政治實踐所需要的與《春秋》所能提供的之間並沒有契合點。

第三，把王安石與《春秋》的關係放置於宋初的學術背景下來看，王安石倡導道德性命之學，並統治北宋後期近六十年，「自王氏之學興，士大夫非道德性命不談。」〔註 59〕以二程爲代表的理學家所建構的儒學形上理論體系與其有千絲萬縷的聯繫，或批判，或吸收，或改造；王安石的最高範疇「道」由於最終「只具有天地萬物客觀規律含義的自然之道而並不具有價值意義」，因而落實到現實層面時有一定的不足，表現在文化體繫上即爲《春秋》與「道」的隔離。

同時，前期《春秋》學發展主要是爲現實政治提供行爲規範、操作程序等，此時王安石切斷了這種研究路向，以法令的形式把《春秋》懸置起來。其開啓的性命之學，卻又間接爲《春秋》學發展指明了新的致思方向，這或許是王安石所意料不到的。所以說，王安石在北宋《春秋》學進程中斷舊路、開新路，有一定的學術地位。二者看似「擦肩而過」，實則有過「會心一笑」。

第二節　蘇轍與《春秋集解》〔註60〕

王安石對《春秋》經傳的態度，以及取消《春秋》應試經典資格法令的

〔註58〕注：經學大師皮錫瑞見解獨到，認爲「斷爛朝報」論可追尋至杜預、孔穎達，「專信左氏家經承舊史之說，一年之中寥寥數事，信手抄錄，並無義例，則是朝報而已；不信公穀家一字褒貶之義，日月名氏爵號有不具者，皆爲闕文。萬六千餘字而闕文百數十條，則是朝報之斷爛者而已。如杜預、孔穎達之說《春秋》，實是斷爛朝報並不爲証。如不謂然，則當罪杜、孔，不當罪宋人矣。」（皮錫瑞《經學通論》，中華書局，1954 年版，第 70 頁）

〔註59〕〔宋〕趙秉文《滏水集》卷 1，《性道教說》，《四庫全書〈文淵閣〉本》，上海古籍出版社 1987 年影印。

〔註60〕本節蘇轍以「道」「勢」解《春秋》部分，受盧國龍《宋儒微言》（華夏出版社，2001 年版）一書中對蘇氏兄弟政治哲學闡釋的啓發，筆者進一步將其中的「推闡理勢」思想具體運用到蘇轍《春秋》學研究中。

出臺，並沒有阻擋《春秋》學前進的步伐，反而成為學人研讀《春秋》的動力之一，且王安石所謂性命之學對學人們解經新思路的形成不無啓示，蘇轍即為其中的代表性學者。《春秋集解》以「道」「勢」為指導思想，具體表現為「禮」、「實」兩個層面，同時又有諸如「尊王」、「攘夷」、例法等一般儒學的《春秋》研究主題，在北宋《春秋》學發展史上起著承前啓後的作用。

一、《春秋集解》產生的內外緣由

蘇轍（1039～1112）著作《春秋集解》有內外兩方面的原因。

（一）外　因

《春秋集解引》中蘇轍自敘：「予少而治《春秋》，時人多師孫明復，謂孔子作《春秋》略盡一時之事，不復信史，故盡棄三傳，無所復取。」〔註61〕意指時人解《春秋》以孫復《春秋尊王發微》為標尺，其所形成的學術導向為捨棄三傳。的確，孫復《春秋》學在北宋《春秋》學史上地位頗重，開兩宋義理解《春秋》的先河，但也確實存在忽略史實的弊端。蘇轍指出這一點，意在表明將拋開孫復治《春秋》的所謂「權威」，修正「不信史」的缺陷，再度審視三傳，走一條新的解經之路。

如果說孫復解《春秋》存在不足，故而蘇轍有重解《春秋》的動力，且這種「動力」屬於《春秋》形式的問題；那麼，同時代的王安石對《春秋》的認識，則成為蘇轍解《春秋》的直接外部刺激，屬於治經理念的不同。「近歲王介甫以宰相解經，行之於世。至《春秋》漫不能讀，則祇以為斷爛朝報，使天下士不得復學。」所謂王安石解經「行之於世」是指《三經新義》頒於學官，行於場屋〔註62〕，成為北宋後期學術界的主導。又，關於王安石與《春秋》的關係，上節已有詳論。問題是：蘇轍是否僅見是反對王安石的「斷爛朝報」說。

首先，二人確實對一些問題的看法不一致。《宋史》本傳講：「安石出《青苗書》，使轍熟議，曰：『有不便，以告勿疑。』」〔註63〕隨後蘇轍指出了青苗法的不利因素，王安石也表示贊同。但王安石最終執意推行了青苗法。蘇轍

〔註61〕〔宋〕蘇轍《春秋集解》，《四庫全書〈文淵閣〉本》，上海古籍出版社 1987年影印。以下簡稱《集解》。

〔註62〕注：參見晁公武《郡齋讀書志》中對王安石的《毛詩義》、《尚書義》及《易義》的解題都提及「頒於學官」、「用以取士」。

〔註63〕〔元〕脫脫等《宋史》卷339，《蘇轍傳》，中華書局，1977年版，第10822頁。

又書信王安石,「歷陳其不可」,從而激怒了王安石,仕途遭變。對王安石所推行的文化措施也不甚滿意,尤其是其對《春秋》「斷爛朝報」的評價。

其次,雖然二人對新法各執一端,但對變革本身並無異議,有分歧的是二人的理論思路,進而在對《春秋》的認識上各有己見。試比較二人政論,王安石《上仁宗皇帝言事書》〔註64〕,分析了當時的社會現狀,認爲政治危機根源於「不知法度」、「在位之人才不足」,而「法度」的基礎是先王治理天下的最高依據,「法其意」,即不是對先王之政的照搬,而是其中的精神大義。由上節所論可知此「意」即爲自然之道,「任理而無情」,要求完全遵循此道制定綱領,不計現實社會發展趨勢的客觀狀態。如蘇轍所論青苗法,本意是救濟貧苦百姓,但在執行過程中變爲放債取息,損害了百姓利益。而在王安石看來,自然之道爲「天下之至理」,以此推衍人事,必然有效。

蘇轍《君術》中指出社會問題表現在外有夷狄之患,內有官制漏洞、財政緊張,解決問題的關鍵是君王個人理性的政治智慧,「臣聞善治天下者,必明於天下之情而後得御天下之術。術者,所謂道也,得其道而以智加焉,是故謂之術。」〔註65〕「情」指事物的存在狀態,「術」指合理運用「道」的理論方法。「情」爲「術」的物質基礎,「術」是包含「道」、「情」的理論成果。可以看出,蘇轍強調的是「情」與「術」的統一,與王安石「任理而無情」的理論並非同調。

理念不同,則其指導下的文化觀也不盡相同。由於王安石自然之道的「任理而無情」論與《春秋》經傳中所存在的天人相應論相差甚遠,所以王安石把《春秋》歸於難解之經,對其傳注有「斷爛朝報」之語;蘇轍主張最高原則與現實狀態的相互配合,反對王安石「任理而無情」指導下的《春秋》觀,尤其是「斷爛朝報」之說,所以將以新的治經理念發掘《春秋》大義。

除此上述兩個原因外,蘇轍又總結北宋初《春秋》學發展的總體狀況,認爲:「非獨介甫之妄,亦諸儒講解不明之過也。」即宋初學人對《春秋》的解讀整體存在不傳聖人之義的問題,《春秋》需要重新闡釋。

總之,蘇轍作《春秋集解》的外部原因有三:一是修正孫復《春秋》學在解經方式上所存在的不信史的缺點;二是由反對王安石的理論思路延伸至其文化觀,批駁其「斷爛朝報」說;三是北宋初《春秋》學整體發展形勢有

〔註64〕 〔宋〕王安石《臨川先生文集》卷39,《上仁宗皇帝言事書》,《四部叢刊》本。
〔註65〕 〔宋〕蘇轍《欒城應詔集》卷6,《進策・君術第一道》,《四部叢刊》本。

誤區。三者同屬學術思想領域，範圍由不滿個體學人的《春秋》學研究不足到宋初《春秋》學普遍存在缺陷。

（二）內　因

蘇轍解《春秋》不單是外部學術環境的刺激，更有其自身內在理論學說的引導。對蘇轍理論學說及其與《春秋》關係的探討，我們可以從其家學入手進行追溯，因爲蘇氏蜀學作爲整體無論是在理學（廣義上）發展史上，還是在《春秋》學史上都有其獨特的學術個性和重要地位。

蘇轍自言：「予少而力學，先君，予師也；亡兄子瞻，予師友也。父兄之學，皆以古今成敗得失爲議論之要。」也即蘇轍受其父、兄學術思想的影響很大。

蘇洵，二蘇之父，曾作《辯奸論》批評王安石。「事有必至，理有固然。……月暈而風，礎潤而雨，人人知之。人事之推移，理勢之相因，其疏闊而難知，變化而不可測者，孰與天地陰陽之事，而賢者有不知其故，何也？好惡亂其中而利害奪其外也。」〔註66〕這裡蘇洵提出「理勢相因」的觀點，「理」指條理、規則，由事及理；「勢」可理解爲事物的存在狀態。二者相互依賴。「人事之推移，理勢之相因」作爲一種理論成立，於實踐則有變化性、不可預知性，原因在於「好惡」「利害」等主觀判斷和選擇的干擾。進而以歷史上王衍、盧杞事迹爲例，類比王安石，指出其言行不一，「陰賊險狠」，以「面垢不忘洗，衣垢不忘浣」反襯王安石在日常生活起居方面的不近人情。此外，蘇洵又以「理勢相因」解讀經書，「夫人之情，安於其所常爲，無故而變其俗，則其勢必不從。聖人之始作《禮》也，不因其勢之可以危亡困辱之者以厭服其心，而徒欲使之輕去其舊而樂就吾法，不能也。」〔註67〕即禮的產生需要「心」與「勢」的統一，「心」是對「情」與「勢」的普遍認同。以此爲基點，蘇洵預設聖人心理，論述形勢的歷史變化，以及禮的產生。所以說蘇洵「理勢相因」中的「理」並不具有最高依據的形式含義，「勢」來源於對歷史的總結、現實的分析；而且，理勢雖然相因，但蘇洵更強調「勢」，因客觀條件的變化而事物隨之起變化。

〔註66〕〔宋〕蘇洵《嘉祐集》卷1，《辯奸論》，《四庫全書〈文淵閣〉本》，上海古籍出版社1987年影印。

〔註67〕〔清〕黃宗羲原著，全祖望補修，陳金生，梁運華點校《宋元學案》卷99，《蘇氏蜀學略》，中華書局，1986年版，第3278頁。

蘇軾，蘇轍之兄，博通經史。熙寧四年，針對王安石所推行的改革方案，蘇軾借《上神宗皇帝書》〔註68〕表達自己的政見，即「結人心，厚風俗，存紀綱」。其中「結人心」是政權運作的前提，說明政治決策要以民心向背為依據，「人主之所恃者人心而已，如木之有根，燈之有膏，魚之有水，農夫之有田，商賈之有財。失之則亡，此理之必然也。」並以三司條例司、水利法、青苗法等新法實踐過程中所存在的問題為例，證實「結人心」的重要性；「厚風俗」論及社會危機，指出國家施政方針中道德重於經濟，「國家之所以存亡者，在道德之深淺，不在乎強與弱；曆數之所以長短者，在風俗之薄厚，不在乎富與貧。人主知此，則知所輕重矣。」「存紀綱」關係到政治危機，主要是指宋初以來的權力監督機制，以保障國家的正常運轉，「臺鑒固未必皆賢，所言亦未必皆是，然須養其銳氣而借之重權者，豈徒然哉？將以折姦臣之盟也。」這裡蘇軾對政治的看法，意在指明王安石依理推法，忽視現實社會的需要，在解決問題的同時，又醞釀著更大的社會危機。雖然「結人心」、「厚風俗」、「存紀綱」三者地位不同，但可歸入一類：勢，即現實的趨勢所在。

關於蘇軾形上理論的建構，前人多有論證〔註69〕，其內容主要圍繞蘇軾將「道」作為最高範疇，「道」的根源性，產生萬物，以及「道」本體的建立有對佛老思想的吸收。這裡著重討論蘇軾形上之「道」與形下之「勢」的關係。

首先，蘇軾肯定抽象之「道」存在但不可描述，而由現象可近似地推知。「聖人知道之難言也，故借陰陽以言之，曰『一陰一陽之謂道』。一陰一陽者，陰陽未交而物未生之謂也，喻道之似莫密於此者。」〔註70〕其次，「道」需要由「器」、「勢」即現象來說明，「道」單獨不具有最終法則性，「道」與「器」相對而存在。「道者，器之上達者也；器者，道之下見者也，其本一也。」〔註71〕「道」為「器」的內在邏輯，「器」為「道」的外在表現，二者統於一。也就是說，「道」與「器」相互推移而並存，「是同一東西的兩面」

〔註68〕〔元〕脫脫等《宋史》卷338，《蘇軾傳》，中華書局，1977年版，第10804頁。
〔註69〕註：參見侯外廬主編《中國思想通史》（第四卷上冊）（人民出版社，1959年版，第584～594頁）；張豈之主編《中國思想學說史》（宋元卷上）（廣西師範大學出版社，2007年版，第424～426頁）；漆俠《宋學的發展和演變》（河北人民出版社，2002年版，第435～448頁）等相關著作。
〔註70〕〔宋〕蘇軾《東坡易傳》卷7，《繫辭傳上》，《四庫全書〈文淵閣〉本》，上海古籍出版社1987年影印。
〔註71〕同上。

〔註 72〕。「器」的存在狀態已發生變化，「道」同樣已發生變化；再有，「道」與「器」的關係運用到政治生活，則理與勢相推，必然之「道」或「理」並不能成爲現實政治的最高原則，現實社會客觀條件的變化蘊含必然之理。「善爲天下者，不求其必然。求其必然，乃至於盡喪。」〔註 73〕正如蘇軾上書中所言：政策的推行需要民眾的支持，民心的向背是大勢所趨，「結人心」含必然之理；王安石新法以「理」爲現實政治的必然依據，「任理而無情」，不計客觀條件變化，這種單向的改革思路存有隱患。

　　《四庫全書總目》評價《東坡易傳》：「推闡理勢，言簡意明，往往足以達難顯之情，而深得曲譬之旨。」〔註 74〕又評《東坡書傳》：「軾究心經世之學，明於事勢，又長於議論，於治亂興亡批抉明暢，較他經獨爲擅長。」〔註 75〕可見，理與勢相推是蘇軾治經的根本宗旨。同蘇洵所論理、勢相比，蘇軾自覺地突出理與勢的互動，其「理」爲形上之理，但理與勢的關係不甚明晰。

　　蘇轍，字子由，十九歲與兄蘇軾同登進士科，其對時政也有自己的認識。與蘇軾一樣，蘇轍也強調人心向背在治理國家中的重要地位，「聖人之爲天下，不務逆人之心，人心之所嚮因而順之，人心之所去因而廢之，故天下樂從其所爲。」民意的表達是國家正常運轉的基礎，是客觀形勢的走向。「今之說者則不然，以爲天下之私欲必有害於國之公事，而國之公事亦必有所拂於天下之私欲。分而異之，使天下公私之際譬如吳越之不可相通，不恤人情之所不安，而獨求見其所爲至公而無私者，蓋事之不通，莫不由此。」〔註 76〕「私欲」即爲民眾的基本生存狀態，在蘇轍看來，國家的公共意志與民眾的正當要求是一致的，政令的推行必須以民眾的基本要求爲依據。「至公而無私」即完全以國家意志爲主導，略去民意、民情的表達，「任理而無情」，則「事之不通」。

〔註 72〕侯外廬主編《中國思想通史》（第四卷上冊），人民出版社，1959 年版，第 588 頁。

〔註 73〕〔宋〕蘇軾《東坡易傳》卷 3，《無妄》，《四庫全書〈文淵閣〉本》，上海古籍出版社 1987 年影印。

〔註 74〕〔清〕永瑢等撰《四庫全書總目》卷 2，《經部・易類二》，中華書局，1965 年版，第 74 頁。

〔註 75〕〔清〕永瑢等撰《四庫全書總目》卷 11，《經部・書類一》，中華書局，1965 年版，第 264 頁。

〔註 76〕〔宋〕蘇轍《欒城應詔集》卷 8，《進策・臣事下第四道》，《四部叢刊》本。

　　由此，蘇轍提出自己的理勢觀。第一，同其兄蘇軾從《易》中解「道」相比，蘇轍以《老子解》論「道」，肯定「道」作爲最高範疇而存在。「一，道也，物之所以爲物者，皆道也。」〔註77〕「道」爲萬物存在的最高依據，但反對蘇軾所謂以「陰陽未交而物未生」解釋「一陰一陽之謂道」，認爲「陰陽未交，元氣也，非道也。」又，「道」與萬物之間爲本末關係，「道，萬物之宗；萬物，道之末也。」〔註78〕「道」雖然存在，但不可見，不可知，「道之在物，譬如其奧，物皆有之，而人莫之見耳。」〔註79〕所以需要由萬物而體「道」，「道之所寓，無所不見。凡此十二者，皆道之見於事者也。」〔註80〕

　　第二，就道與勢而言，「道」爲「勢」的內在根據，「勢」爲「道」現實表現或落實。「形雖由物，成雖由事，而非道不生，非德不畜，是以尊道而貴德。」〔註81〕「陰陽相蕩，高下相傾，大小相使，或行於前，或隨於後……皆物之自然，而勢之不免者也。」〔註82〕理與勢又相統於一，「陰陽不爭，風雨時至，不疾不徐，儘其勢之所至而後止。」〔註83〕即「勢」中有度，因爲「勢可以利人，則可以害人矣。」〔註84〕又，「知天下萬物之理而制其所當處，是謂一矣。」〔註85〕「一」爲理與勢相推而達到的一種適度狀態。

　　第三，以道勢思想反觀政治問題，則表現爲既要有「道「（或理）的指導又要考慮現實之「勢」。人心所嚮所去是「勢」的一種表達，而其中已含有「道」或「理」；以道勢解讀經書，體現在蘇轍所作《春秋集解》中，「循理而言，

〔註77〕〔宋〕蘇轍《老子解》卷下，第39，《四庫全書〈文淵閣〉本》，上海古籍出版社1987年影印。
〔註78〕〔宋〕蘇轍《老子解》卷上，第32，《四庫全書〈文淵閣〉本》，上海古籍出版社1987年影印。
〔註79〕〔宋〕蘇轍《老子解》卷下，第62，《四庫全書〈文淵閣〉本》，上海古籍出版社1987年影印。
〔註80〕〔宋〕蘇轍《老子解》卷下，第41，《四庫全書〈文淵閣〉本》，上海古籍出版社1987年影印。
〔註81〕〔宋〕蘇轍《老子解》卷下，第51，《四庫全書〈文淵閣〉本》，上海古籍出版社1987年影印。
〔註82〕〔宋〕蘇轍《老子解》卷上，第29，《四庫全書〈文淵閣〉本》，上海古籍出版社1987年影印。
〔註83〕〔宋〕蘇轍《老子解》卷上，第23，《四庫全書〈文淵閣〉本》，上海古籍出版社1987年影印。
〔註84〕〔宋〕蘇轍《老子解》卷下，第81，《四庫全書〈文淵閣〉本》，上海古籍出版社1987年影印。
〔註85〕〔宋〕蘇轍《欒城應詔集》卷6，《進策・君術第三道》，《四部叢刊》本。

言無所繫」「勢不可常」。

　　以上分析了蘇氏父子的學特點，不難發現：道勢思想與歷史意識是蘇氏家學的學術個性，「道」與「勢」二者以歷史事件或史實爲基礎，面向現實社會。蘇氏父子對「道」「勢」及其關係的認識各有側重，蘇洵博通百家，重於「勢」；蘇軾強調「道」與「勢」的圓融；蘇轍則對「道」與「勢」作了更細緻的說明，其道勢觀是上述所論「術」與「情」的進一步鋪展，《春秋集解》正是蘇轍道勢觀在文化上的自然發揮，以《春秋》言說「道」「勢」，以「道」「勢」解讀《春秋》。

　　前人論述蘇轍作《春秋集解》的原因，忠於蘇轍自序中的內容，並加以適當解說，如四庫館臣講：「孫復作《春秋尊王發微》更捨傳以求經，古說於是漸廢。後王安石詆《春秋》爲斷爛朝報，廢之不列於學官。轍以其時經傳並荒，乃作此書以矯之。」〔註 86〕基本上是對蘇轍自言解《春秋》原因的復述。實際上，蘇轍解《春秋》既有外在《春秋》研究導向的缺憾，或解經方法上，如孫復《春秋尊王發微》，或治經理念上，如王安石「任理而無情」，又有其自身學術理路的發展需要，此爲蘇轍作《春秋集解》根本原因所在。

二、「道」「勢」下的《春秋》

　　蘇轍對《春秋》的研究始於早歲，《古史後序》中蘇轍自言：「予少好讀《詩》、《春秋》，皆爲之集傳。」〔註 87〕又，《欒城遺言》記：「公少年與坡公治《春秋》，公嘗作論，明聖人喜怒好惡，譏《公》《穀》，以明土地爲訓，其說固自得之。」〔註 88〕蘇轍年少時期對《春秋》的關注，很大程度上得益於其家學重經重史，通貫百家的學風，而且這一時期其對《春秋》的研究主要是訓詁、書例等基礎工作，似乎還沒有重點尋求其中的聖人大意。

　　從目前資料看，蘇轍正式撰《春秋集解》的具體時間不是很明確，或可推斷爲某一時間段。蘇轍自序：「故予始自熙寧又謫居高安，覽諸家之說裁之以義，爲《集解》十二卷，乃今數十年矣。」據《宋史》本傳載，蘇轍於

〔註 86〕〔清〕永瑢等撰《四庫全書總目》卷 26，《經部・春秋類一》，中華書局，1965
　　　　年版，第 216 頁。
〔註 87〕〔宋〕蘇轍《古史》自序，《四庫全書〈文淵閣〉本》，上海古籍出版社 1987
　　　　年影印。
〔註 88〕〔宋〕蘇籀《欒城遺言》，《四庫全書〈文淵閣〉本》，上海古籍出版社 1987
　　　　年影印。

熙寧二年，召對延和殿，後因與王安石政見不一，「三年，授齊州掌書記。
又三年，改著作佐郎……居二年，坐兄軾以詩得罪，謫監筠州鹽酒稅，五年
不得調。」〔註89〕這樣算來，蘇轍被貶居高安，大約在熙寧八年（1075）
左右。又，《穎濱遺老傳》中蘇轍講：「予年四十有二，始居高安。」〔註90〕
則其居高安時爲元豐四年（1081）。所以，我們可以粗略判斷蘇轍於熙寧末
年至元豐初年之間開始作《集解》，而且主要是以義理解《春秋》。在隨後的
三十年，蘇轍對《集解》不斷加以修改，「每有暇，輒取觀焉。得前說之非，
遂亦改之。」一方面說明蘇轍個人爲學的嚴謹，其思想體系逐步完善；另一
方面也可以看出《春秋》「微言大義」的開放性。紹聖四年（1097），蘇轍與
其兄蘇軾討論爲學，「子瞻謂予：『子所作《詩傳》、《春秋傳》、《古史》三書，
皆古人所未至，惟解《老子》差若不及。』予至海康，閒居無事，凡所爲書
多所更定。」〔註91〕顯然，蘇軾對蘇轍所解《春秋》評價很高，但蘇轍人
仍對其所著有所修整。

　　至元符（1098～1100）年間，蘇轍又改易其稿，並拿給蘇軾審閱。「紹
聖初再謫南方，至元符三易地，最後卜居龍川白雲橋，集傳乃成，歎曰：此
千載聖學也。既而俾坡公觀之，以爲古人所未至。」〔註92〕及至暮年，蘇轍
依然筆耕不輟，反覆修改。「凡居筠、雷、循七年，居許六年，杜門復理舊
學。於是《詩》、《春秋傳》、《老子解》、《古史》四書皆成，嘗撫卷而歎，自
謂得聖賢之遺意。」〔註93〕「居許」時已是崇寧（1102～1106）年間，這時
蘇轍才對自著《春秋傳》有所滿意。大觀二年（1108），蘇轍《題老子道德
經後》言：「予自居穎川，十年之間，於此四書復多刪改。以爲聖人之言，
非一讀所能了，故每有所得，不敢以前說爲定。」〔註94〕所謂「四書」即是
前文所言《詩傳》、《春秋傳》、《老子解》《古史》。時蘇轍以古稀之年刪改《春

〔註89〕〔元〕脫脫等《宋史》卷339，《蘇轍傳》，中華書局，1977年版，第10823頁。
〔註90〕〔宋〕蘇轍《欒城後集》卷13，《四庫全書〈文淵閣〉本》，上海古籍出版社
　　　　1987年影印。
〔註91〕〔宋〕蘇轍《老子解》後跋，《四庫全書〈文淵閣〉本》，上海古籍出版社1987
　　　　年影印。
〔註92〕〔宋〕蘇籀《欒城遺言》，《四庫全書〈文淵閣〉本》，上海古籍出版社 1987
　　　　年影印。
〔註93〕〔宋〕蘇轍《欒城後集》卷13，《四庫全書〈文淵閣〉本》，上海古籍出版社
　　　　1987年影印。
〔註94〕〔宋〕蘇轍《老子解》，《題老子道德經後》《四庫全書〈文淵閣〉本》，上海
　　　　古籍出版社1987年影印。

秋集解》，因爲「聖人之言」義奧深遠，言不盡意，「非一讀所能了」。難怪蘇轍自言：「吾爲《春秋集解》，乃平生事業。」〔註95〕蘇轍歷三十餘年筆修《春秋》，其解經主線如下：

（一）以道（或理）勢觀解《春秋》

關於蘇轍的道勢觀，上節已有詳述，《集解》是其道勢觀的文化表現。《集解引》中講：「循理而言，言無所繫。理之所至，如水之流，東西曲直，勢不可常，要之於通而已。」此爲蘇轍解《春秋》的理論宗旨。第一，以「理」爲標準，不拘於語言文字的限制。蘇轍講：孔子設六經，「不爲明著其說，使天下各以所長而求之。」求的是經之大者「理」，而後世爲學者，「舉聖人之微言而折之以一人之私意，而傳疏之學橫放於天下」，執於文字訓詁，造成「學者愈怠而聖人之說益以不明」〔註96〕；第二，理表現爲「勢」，「勢」無固定模式，「勢」中有理。蘇轍借水而喻，「理之所至，如水之流」「勢不可常」即水有流淌之理，又有客觀之勢，「理」與「勢」二者是統一的，這種理勢關係是解讀《春秋》的一種方法；第三，以理勢解《春秋》，最終的目的是「通」。就文字而言，是要語言解釋合理；就大義而言，則要與聖人精神相通，從而達到所解《春秋》整體通達平實，「理」與「勢」通。

道勢觀具體表現爲以下兩個方面：禮與實。二者是客觀條件的存在狀態，其中含有必然之「理」。

首先來看禮。《集解》中的禮有兩層面含義，一是一般的以制度形式規定的、突顯等級關係之「禮」。如「多十有二月，祭伯來」（隱公元年），《集解》認爲：祭伯作爲天子之卿大夫，不應該私交於諸侯，「天子之卿而外交於諸侯，非禮也。」此爲君臣之禮；「公及齊侯遇於谷，蕭叔朝公」（莊公二十三年），蘇轍解爲：「蕭叔，附庸之君，未王命者。不言來，公在外地。禮，朝聘於廟，於外，非禮也。」即蕭公朝魯公於外，不合朝聘之禮。這一層面的禮與前人解《春秋》之禮無大差異，通過一般的禮與非禮的對比，突顯儒家的倫常之道。此「禮」實質爲「道」與「勢」的相融狀態，禮節與禮中之「道」的統一。

〔註95〕　〔宋〕蘇籀《欒城遺言》，《四庫全書〈文淵閣〉本》，上海古籍出版社 1987 年影印。

〔註96〕　〔宋〕蘇轍《欒城集》卷22，《上兩制諸公書》，《四庫全書〈文淵閣〉本》，上海古籍出版社 1987 年影印。

　　另一含義是隨客觀條件的變化而有所改變的「禮」。「九月，紀裂繻來逆女」（隱公二年），《公羊傳》對此種婚禮形式表示不滿，有所譏貶；孫復《春秋尊王發微》以「惡」、「斥」等言辭表明對這一行爲的態度。他們完全是以規定性之「禮」作爲評判標準。蘇轍則解爲：「禮，惟天子不親迎，使上卿逆之，上公臨之，諸侯親迎。有故，則使大夫可也。」「有故」可視爲實際情況有變，婚禮中諸侯親迎變爲「使大夫」親迎也行得通。既肯定常規下的「禮」，又指出變化之「禮」的存在。「曹伯使其世子射姑來朝」（桓公九年），《穀梁傳》言：「諸侯相見爲朝」；孫復講：「諸侯相朝非禮也」（隱公十一年），曹伯使世子朝魯，更屬不合禮之舉。《集解》一方面認爲「諸侯相朝正也」，從《穀梁》意；另一方面講：「有故而使世子攝政，畏大國也，蓋禮之變也。」指出當時曹作爲小國，使世子代政朝大國，不失爲變通之禮。文公五年「三月辛亥葬我小君成風，王使召伯來會葬」，《左傳》注曰：「召昭公來會葬禮也」，《穀梁傳》也認爲「會葬之禮於鄙上」，劉敞對此持否定意見，「左氏曰：『禮也』，非也。禮，庶子爲君爲其母無服，不敢威尊者也，妾母稱夫人，王不能正而又使公卿會葬，何禮之有？」〔註97〕蘇轍拋開對「禮」與「非禮」效果的界定，從實際形勢出發，認爲：仲子並非惠公正妾，「不書其葬，蓋禮之正也。自成風以來妾母皆葬，蓋袄也，魯禮之變，自此始矣。」實指禮之「勢」已發生變化，內在禮之「道」也已有變，禮的這種變動性無所謂褒貶之分。且含有尊王之義，「諸侯必有使來會葬者矣，以微故不錄。王人雖微必書，石尙歸脤是也，而況召伯乎？」

　　春秋時期，王權由周王下移至大夫、夷狄，《左傳》描述史實，不加判斷，《公》《穀》則有譏貶之義，至孫復《春秋尊王發微》倡導「尊王」，更以義憤之辭表明立場，「政在大夫……孔子之言非獨魯也，滔滔者天下皆是也。」（襄公三年「雞澤之會」）蘇轍另有看法，襄公三年中原諸侯同盟於雞澤，「戊寅，叔孫豹及諸侯之大夫及陳袁僑盟。」《集解》先據《左傳》敘事實，又反駁《穀梁》所謂「諸侯始失政」說，認爲：「夫諸侯不專敵袁僑，而使大夫盟之，禮也。且悼公晉之明主，而以爲失正，則過矣。」可見，《穀梁》解從王之權的衰落、遞變入手，對大夫專政有所譏貶；《集解》則依據當時實力對比，認可大夫之間的會盟，以及晉悼公當時的地位。但是大夫專

<hr>

〔註97〕〔宋〕劉敞《春秋權衡》卷 5，《四庫全書〈文淵閣〉本》，上海古籍出版社1987 年影印。

政並非只依「勢」而行，其中有「理」的規定。此十六年「戊寅大夫盟」，《集解》解釋何以書「大夫盟」。晉大夫荀偃「欲以強服諸侯，則政在大夫也。政在大夫，以義服人猶可，強則亂矣。」即政在大夫局面的形成需要內在條件「義」，而並非外在武力。這一層面的禮可理解為從當時現實條件出發，對一些看似不合常禮的行為作出合禮合理的肯定判斷。「禮」一方面指禮節儀式，另一方面也含有「禮」之所以然之義，即禮儀的改變緣於其中之「道」已經有變。

可見，以道勢觀解《春秋》，表現形式之一為禮。禮是「道」與「勢」相融合的現存狀態，這種狀態或是常態下的倫理之禮，以「禮」或「非禮」的形式表達；或是非常態、相對動態中的變禮，在客觀條件發生變化的過程中認知禮之所以然之「道」。需要指出的是道勢觀之所以表現為禮，是因為蘇轍認為「道」不可言，「道」的內涵通過仁義禮樂之教等現象加以闡發，如「由禮以達道，則自得而不眩。」由勢體道，「勢」具有流動性、多變性；就禮而言，蘇轍突出變禮，「夫禮沿人情，人情所安，天意兆順。」「禮之不同，蓋亦其勢然也。」〔註98〕禮根源於人情，人情中存在必然之理；情勢有變，禮則隨之而變。正是「勢」與禮在變的層面相符相合，所以才可以「由禮達道」。《春秋》是「禮義之大宗」，以道勢解《春秋》，自然落實到禮。

又，從主觀的學術氣象上來看，蘇轍解《春秋》重視禮有其家學緣由。其父蘇洵「通六經、百家之說」，曾與項城令姚闢同修《太常因革禮》；論及六經，其中《禮論》講：「夫人之情，安於其所常為，無故而變其俗，則其勢必不從。聖人之始作《禮》也，不因其勢之可以危亡困辱之者以厭服其心，而徒欲使之輕去其舊而樂就吾法，不能也。」〔註99〕言《禮》產生於人情世俗，隨勢而變。其兄蘇軾著有《禮以養人為本論》，「夫禮之初，始諸人情，因其所安者而為之節文，凡人情之所安而有節者，舉皆禮也。」〔註100〕同樣講禮始於人情所安。

可以看出，蘇氏父子善於從現實生活出發，於日用中推導其理論主旨，

〔註98〕〔宋〕蘇轍《欒城後集》卷12，《潁濱遺老傳上》，《四庫全書〈文淵閣〉本》，上海古籍出版社1987年影印。

〔註99〕〔清〕黃宗羲原著，全祖望補修，陳金生，梁運華點校《宋元學案》卷99，《蘇氏蜀學略》，中華書局，1986年版，第3278頁。

〔註100〕〔宋〕蘇軾《蘇軾文集》卷2，《禮以養人為本論》，《四庫全書〈文淵閣〉本》，上海古籍出版社1987年影印。

如禮與情的關係。如此也就不難理解僖公十七年「夫人姜氏會齊侯於卞」，《集解》認爲「聲姜以公故，會齊侯於卞，其情可也，而禮則不可。」即在說明其不合禮節的前提下肯定親情的合理。僖公二十八年「天王狩於河陽」，蘇轍對孔子所言「以臣召君，不可以訓」並無異議，表示尊重王權，但認爲「其情不可不察」。「晉文公將帥諸侯以尊事天子，而不敢合諸侯於京師，故召王於河陽，而以諸侯見。」即晉文有尊王之情，「其情則順」，但召王的行爲不合禮，「禮則逆也」。蘇轍以情禮解釋晉文的行爲，與前人劉敞的解釋不謀而合，但比劉敞多解更細緻。

其次來看「實」。如果說禮著重於變，屬動態範圍，那麼「實」突出的是事實、眞實，屬靜態範圍。「實」包含以下幾層含義：

第一，從整體上講，「實」是歷史的屬性之一，而《春秋》本身具有經與史的兩種因素。《集解引》言：「左丘明魯史也，孔子本所據依作《春秋》，故事必以丘明爲本。」指出《左傳》以敍述史實見長，《春秋》根基於史。史實的功用在於「將令學者原始要終，尋其枝葉，究其所窮」，旨在事件發生發展的前提下展開對經義的探究。蘇轍在強調《春秋》史的屬性的同時，又指出：「至於孔子之所予奪，則丘明容不明盡，故當參以公、穀、啖、趙諸人。」即《春秋》作爲經的屬性不是「史」所能代替的。《春秋》經文字句含價值判斷，在義理這方面，《公》《穀》長於《左傳》，啖、趙《春秋》學派也認同「左氏解經淺於《公》《穀》」。不難發現，蘇轍把史實作爲解經的根基，在史實的基礎上參考《公》、《穀》、啖、趙等義理，最終自得、自解《春秋》大義。

蘇轍解《春秋》所運用的經史互彰的方法受其父蘇洵經史觀的影響。蘇洵著有《史論》〔註101〕三篇，其中上篇提出「義一」、「體二」、「用相資」，從理論上闡明經與史的關係。「義一」指經與史在根本動因上的一致性。「史何爲而作乎？其有憂也。何憂乎？憂小人也。」「史之所懲勸者獨小人耳」「仲尼……因史修經，卒之論其效者，必曰『亂臣賊子懼』。由是知史與經皆憂小人而作，其義一也。」「義一」之「一」指經與史在創作目的上存在共同的價值認知，憂患意識，而且經的懲勸功用前提是史，「因史修經」。「體二」指經與史在表達方式上有所不同。「大凡文之用四：事以實之，詞以章之，道以通之，法以檢之，此經史所兼而有之者也。雖然，經以道、法勝，史以事、詞

〔註101〕〔宋〕蘇洵《嘉祐集》卷9，《史論》，《四庫全書〈文淵閣〉本》，上海古籍出版社1987年影印。

勝。」「事」指存在的事件,「詞」指語法修辭,「道」指大義,「法」指規則。經與史在表達形式上有共性,但又各有側重。經「旌善而懲惡」,「本周禮以為凡」,以道德判斷突顯經義,故長於「道」「法」;史主要是記錄史實,錘鍊語言,以辭、事勝。

儘管經與史自有特點,但蘇洵更強調二者的相互依存。「經不得史無以證其褒貶,史不得經無以酌其輕重。」也就是說,以《春秋》為例,經離開史,則《春秋》所作的價值判斷空而不實,「所褒莫見其善狀,所貶莫聞其惡實」;離開經看史,則《春秋》所述史實缺少必然法則,「稱謂不知所法,懲勸不知所祖。」蘇洵把經與史的關係概括為「用相資」,並用「規矩準繩」與「器」作比喻,「夫規矩準繩所以製器,器所待而正者也。」「規矩準繩」是「器」的正與不正的標尺,類比經與史,則「史待經而正,不得史則經晦。」史的價值意義要由經來規範,經的彰明需要史的基墊,二者相輔相成。

蘇洵以《春秋》為例的經史觀既彌補了兩漢《春秋》學研究方法上忽略史的缺憾,如董仲舒《春秋繁露》,又填充了唐《春秋》研究中對《春秋》經、史關係認識的不足。蘇洵雖然沒有《春秋》學方面的專著,但對《春秋》研究思路上的啓發已初露端倪。蘇轍《集解》所遵循的「事必以丘明為本」「參以公、穀、啖、趙諸人」等結合前人的解經原則正是蘇洵經與史「用相資」的具體發用。

《集解》多次申明解讀《春秋》需要依據史實而闡明經義,反對空鑿臆斷。隱公元年「秋七月,天王使宰咺來歸惠公仲子之賵」,蘇轍在解經方式上依從《公》《穀》問答體,在內容上則引用《左傳》對事件的描述及對制度的規定,反對《穀》解所作的猜測成分,得出結論「故凡《春秋》之事當從史,《左氏》史也,《公羊》《穀梁》皆意之也。蓋孔子之作《春秋》事亦略矣,非以為史也,有待乎史而後足也。以意傳春秋而不信史,失孔子之意矣。」這裡肯定三傳的各自特點,說明孔子《春秋》性質為經,經義的挖掘需要以史料為基礎,而不是憑空議論。同樣,襄公七年「鄭伯髡頑如會,未見諸侯。丙戌卒於鄵」,蘇轍援引《左傳》,再次證明「《春秋》者,有待乎史而後足,非自以為史也。世之為《春秋》而不信史,則過矣。」應該說,蘇轍如此反覆強調解讀《春秋》中史實的重要性,是在《春秋》學發展過程中普遍存在的任意發揮經義的情況下所作出的理智思考。

《春秋》的起止歷來是《春秋》學研究的重點,孫復《春秋尊王發微》

圍繞尊王大義，歷數從魯隱公到哀公獲麟這一時段，權力逐級更疊下移，從諸侯到大夫到夷狄，並由衷感歎「尊天子，黜諸侯始於隱公是也，貴中國，賤夷狄終於獲麟是也。嗚呼，其旨微哉，其旨微哉！」〔註102〕劉敞《春秋傳》則雜合三傳、《論語》、《孟子》、《禮記》等經傳，說明「何以始乎隱？亂之所自來也……何以終乎哀十四年？備矣。」〔註103〕其中有事實的描述，也與經義的發揮，但似乎很龐雜，主題不甚明確。蘇轍於歷史發展變化中解讀經義，「自周之衰，天下三變，而《春秋》舉其中焉。」如下所示：

表2

	時 間	王方面的表現	諸侯大夫等方面的表現	夷狄方面的表現	備 註
始	平王東遷以前	幽、厲失道，王室昏亂，禮樂征伐猶出於天子	諸侯畏周之威，不敢肆		
中	平王東遷後	周室不競，周道陵遲，夷於列國。然文武成康之德猶在，齊桓晉文秉大義尊周室，會盟征伐以王命為首，世雖無王而其法猶在。	諸侯自為政，但諸侯順義則存，逆義則亡，雖齊晉秦楚之強，義之所在，天下予之，義之所去，天下叛之。		孔子作《春秋》推王法以繩不義，知其猶可以此治矣。
終	王霸衰落至戰國初	王法不能繩之	齊晉既衰，政出於大夫，諸侯習於凶亂	繼之以吳越，夷狄之眾橫行於中國，禮義無所復施，刑政無所復加。	

由上表可知：一是從劃分的標準來看，《集解》劃分衰周三世依據是歷史的變遷，「勢」的發展，孫復《春秋尊王發微》以王權的變遷分期魯隱公到哀公；從劃分的內容來看，《集解》在說明王道衰落的同時，注意到「王命」、「義」、「法」等王道內容仍部分存在，並未完全消亡；從劃分的結果看，孔子作《春秋》正是在第二階段，既挽狂瀾，救以時弊。二是蘇轍對春秋至戰國初的階段劃分，實際上是在歷史變化趨勢中突顯「道」，尋求《春秋》大義，進一步證實其治《春秋》所運用的道勢相融、經史相資的指導思想與

〔註102〕〔宋〕孫復《春秋尊王發微》卷12，《哀公》，《四庫全書〈文淵閣〉本》，上海古籍出版社1987年影印。

〔註103〕〔宋〕劉敞《春秋劉氏傳》卷15，《哀公》，《四庫全書〈文淵閣〉本》，上海古籍出版社1987年影印。

解經方法。三是關於對這一歷史階段的劃分，蘇轍早年作《春秋說》已見其雛形，「幽、厲失道，天下版蕩，然天下之權未嘗倒持」「東遷之後……名分逾而禮義喪」「五霸既沒之後」「先王紀綱遺意與夫人才遺風，掃地蕩盡。」〔註104〕蘇轍之孫蘇籀曾講：「穎昌吾祖書閣有廚三隻，《春秋說》一軸，解注以《公》《穀》《左氏》……今黃門《春秋集傳》悉皆有指定之說。」即指蘇轍早歲所作《春秋說》已爲日後專注《春秋集解》打下基礎。

第二，在對具體經文的解釋中，「實」既有對事件的科學描述分析，也含有對史實合理的推測。桓公十二年「公會鄭伯，盟於武父」，涉及鄭國國君的廢立。《左傳》於桓公十一年記述了鄭莊公死後，繼承人的廢與立，《公羊傳》則就鄭臣子祭仲的隨機應變討論「知權」。孫復和劉敞不贊同《公羊傳》所言祭仲「知權」，認爲祭仲所爲「惡之大者」「貪生好勢」。可以說，前人解釋多就鄭國臣子有所評，似乎忽視了鄭國國君的實際情況。蘇轍轉換解經角度，認爲：鄭突以篡而書稱「鄭伯」是因爲「實」，即政權存在的眞實性。「諸侯雖以篡得，苟能和其民而親諸侯，內外君之，則以君書之，不沒其實也。雖君而實篡，雖篡而實君，皆因其實而已。」政權實際存在的條件爲於國內親民，於國外交際諸侯，權力統一。「篡」指政權的來源不合道德標準，「君」指政治權威的現實存在。依傳統的政權價值判斷來看，「篡」與「君」不可同日而語，但蘇轍只就事實而言，不做價值評判，認爲二者在「實」這一點上有共性。這種史觀，南宋朱熹也表示贊同，「蘇子由解《春秋》……既書『鄭伯突』，又書『鄭世子忽』，據史文而書耳。」〔註105〕即以史書記載爲準。所以，蘇轍突出《春秋》史的性質，在史的基礎上論經。

那麼，如何評價一國二君呢？蘇轍對二君只是事實性的描述政權存在，不與褒貶定位。「《春秋》有一國而二君者，鄭突與儀，衛衎與剽是也。然則孰與？曰：皆不與也。」不與的原因是「突之入也以篡，衎之出也以惡，儀、剽雖國人之所立，而突、衎在焉，非所以爲安也。」即四人均有不當之處，但「皆不沒其實而已」，肯定四人的執政行爲。蘇轍又進一步講：「君子不幸而處於此，如子臧、季札可也，不如是則亂不止。」子臧，曹宣公之子；季札，吳王壽楚之子，二人以讓國而有賢名。這裡指的是鄭、衛二國所併存的

〔註104〕舒大剛，李冬梅《蘇轍佚文兩篇：〈詩說〉、〈春秋說〉輯考》，《文學遺產》，2004 年第 1 期。

〔註105〕〔宋〕黎靖德編，王星賢點校《朱子語類》卷83，中華書局，1994 年版，第2147 頁。

二君如果有子臧、季札之賢德，則不至亂國。蘇轍所作的這一補充，表明其既以史看待《春秋》，「不沒其實」，又顯示《春秋》經的性質，到底還是對事件做出了道德判斷，展現其中的倫理規範。個中原因，不妨理解爲：蘇轍甚至蘇氏蜀學，雖以會通百家而著稱，但歸根結蒂離不開儒家的道德倫理、價值評判。

　　究其實，蘇轍「君而實篡，篡而實君」「不沒其實」的觀點不能不說有其兄蘇軾《正統論》的影子。蘇軾曾作《正統論三首》〔註106〕，在歐陽修論正統的基礎上，從「名」與「實」的角度議論「正統」，主張「名輕而實重」。所謂「實」，指政權的眞實有效性，「正統之爲言，猶曰有天下云爾。」所以，在天下混亂的情勢下，「篡君出而制天下，湯武既沒，吾安所取正哉？故篡君者，亦當時之正而已。」「正」指統治的有序性，無關政權來源的道德之理，篡君是一定條件下的天下之「正」。蘇軾也認同「至公大義」，道義爲「正」，政權的合法性與道德之理的合一是理想而必然的正統狀態；但蘇軾注意到在具體歷史發展過程中，二者相分是常態。「吾豈不知居得其正之爲正，不如至公大義之爲正也哉！蓋亦有不得已焉耳。」這樣看來，蘇軾講「王者沒而霸者有功於天下，吾以爲在漢唐爲宜」，再退一步講「秦、隋、後唐、晉、漢、周之得之，吾猶有憾焉。」最不得以的是「奈何其舉加之弑君之人乎？」即從情感上反對道德之理的失控，從理性上則肯定弑君政權的存在。可以看出，蘇軾正統論是在歷史的變動中探尋所以然之「理」，「道」與「勢」相推闡，而蘇轍將此理論運用於《春秋集解》中，開出另一番解經意境。

　　除此以外，「實」還表示對事件存在的推測。桓公二年「公會齊侯、陳侯、鄭伯於稷，以成宋亂」，《左傳》簡單描述事件，《穀梁傳》解「以」表示「惡」，孫復以「弑君之賊，諸侯皆得討之」爲標準，認爲此次諸侯之會「惡不討賊」。蘇轍講：「春秋之會，未有書其故者也。會而書其故，言非其實也。」由經之字詞行文推出所記載的不眞實。莊公十三年「公會齊侯盟於柯」，《公羊傳》詳述曹沫要盟的整個事件過程，《集解》對此表示懷疑，「予以爲此《春秋》之後好事者之浮說而非其實也」，並提出三點理由：一是「齊魯之怨不在桓公，曹沫無以發其怒」；二是從書例看，「《春秋》要盟不書」；三是魯仲連所言與所記載「長勺之戰」前後有矛盾。蘇轍由此斷定「《公羊》

〔註106〕〔宋〕蘇軾《東坡全集》卷44，《正統論三首》，《四庫全書〈文淵閣〉本》，上海古籍出版社1987年影印。

不足信也」。

以上對「實」兩個方面的分析並非絕對，二者有相通之處。我們或許可以理解爲「實」是「道」與「勢」的相融狀態，是在歷史事件的真實存在、變化中解求經義，糾正前人研究《春秋》穿鑿的弊端。

綜上所述，可以得出以下結論：第一，《集解》以道勢關係作爲解經宗旨，「道」爲「勢」的合理性依據，「勢」爲「道」的表現狀態，具有變動性、自然性；第二，具體到《集解》內容，道勢關係落實爲「禮」與「實」，二者相對比，「禮」主要講變禮，屬動態；「實」主要與現實存在相關聯，屬靜態。而無論是「禮」還是「實」，蘇轍都受其兄蘇軾禮論、經史觀、正統論的影響。同時，由於蘇轍所謂「道」不可見，而「道之見於物」，所以呈現在我們面前的多是變禮、史實的存在，似乎無「道」可言，但「道」恰恰是在其中得到闡發。第三，蘇轍以道勢觀解讀《春秋》，一方面是修正孫復《春秋尊王發微》「不覆信史」的缺點，另一方面是通過以不滿於王安石《春秋》「斷爛朝報」說的形式反對其「任理無情」論，指明「道」（或理）並非是政策法令或道德教化的最高、必然而唯一的依據，而是要與「勢」相互推移。

（二）一般儒學的解讀

所謂一般儒學的解讀，是與前面道勢觀下的解經相對而言的。以「道」、「勢」解經涉及形上之論，就這一點而言，可歸入理學的解經方法；一般儒學的解經是傳統儒學的延伸，探討的是《春秋》具體的倫理道德、民族關係、自然現象等問題。

1.「尊王」

北宋初期孫復《春秋尊王發微》以「尊王」爲主題，主張維護王權、國家的統一，對其中的人或事多持貶斥態度。蘇轍雖然批評孫復解《春秋》忽略史實，但在維護王權方面持贊同意見。不同的是，蘇轍傾向於在歷史發展的自然趨勢中發表議論。隱公元年「秋七月，天王使宰咺來歸惠公仲子之賵」，《左傳》敘述事件過程，《公》、《穀》以至孫復側重討論此舉是否合禮。《集解》講：「魯之喪，諸侯有來賵者矣，皆以常事不書。書宰咺，尊王命也。」從書寫原則上作解，強調「尊王命」。桓公五年「蔡人、衛人、陳人從王伐鄭」，《公》《穀》略去事件緣起，孫復認爲「鄭伯惡」「天子無敵」，至於「鄭伯叛王」是否屬實，爲何叛王，則不作解釋。蘇轍先述事件的發生

發展，「鄭世為周卿士，王貳於虢，故周鄭交惡……不言王以蔡人、衛人、陳人伐鄭，諸侯之師王之所得用也。於是鄭人及王戰於繻葛，大敗王師，射王中肩。」實際是周王與鄭伯雙方都有過錯，並非孫復所言「鄭伯惡」。最後判為：「不言戰，王者無敵，莫敢與之戰也。不言敗，諱之也。」很明顯，解詞中透露出蘇轍維護王權的意圖。

正因為蘇轍是在事件客觀發展始末中尊崇王權，即「尊王」視情勢而定，所以成公元年「王師敗績於茅戎」，《集解》引用《左傳》所述事實，認為「書曰『王師敗績於茅戎』，言自敗也。」並對比周王伐鄭事件的書寫體例，說明此次不為周王諱，是因為「背盟而欺大國，皆自敗之道，而非人敗之也。」可見，蘇轍所尊之「王」並不是現實在位之王，而是道勢相推下的王。

2. 夷夏觀

關於少數民族與華夏族的關係，蘇轍承接前人的夷夏觀，如孫復在貶斥夷狄創艾中原的同時，也承認其在文明禮儀方面的進步，同時又提出自己的看法。《集解》中對楚、吳關注最多，從其解詞中可以瞭解蘇轍對夷、夏的態度。

《集解》對荊楚的認識有一個漸進的過程。先是莊公十年「荊敗蔡師於莘，以蔡侯獻舞歸」，《集解》講：「不稱荊人，夷也……凡獲諸侯，不言獲而言以歸，尊之也。」即書「荊」表示尊諸夏賤夷狄。既而此二十二年「荊人來聘」，《集解》認為荊楚與中原諸侯交往，書稱「荊人」，但「不曰荊子使某來聘，未列於中國也。」再進一步，由書「荊人」到「楚人」，僖公元年「楚人伐鄭」，「荊自此改號曰楚，交通中國，《春秋》始以人稱之。」即使如此，對荊楚的書寫體例與華夏的不同，「楚人」屬「君臣同辭」。更進一步，由稱「楚人」到稱「楚子」，僖公二十一年「宋公、楚子、陳侯、蔡侯、鄭伯、許男、曹伯會於盂，執宋公於以伐宋」，《集解》一方面認可《公羊傳》、孫復《春秋尊王發微》所解，即雖然實為楚子執宋公，但在書寫體例上，「序諸侯以執，且不予楚子專執中國也。」楚地位仍在中原諸侯之下；另一方面也指出，荊楚參與中原諸侯的活動，且執宋公有功，「至是而諸侯服之，故遂先諸侯。」以書例的形式肯定荊楚的貢獻與進步。以至到文公九年「楚子使椒來聘」，《集解》總結荊楚地位的變化，「楚自僖公以來雖交通諸侯，而朝聘不常，盟會不繼，夷風猶在，故書其君臣皆曰人而已。」即前述僖公元年「楚人伐鄭」的解詞。「至是齊晉日衰，楚人接跡於中國，於是書其君臣，

與諸侯比。然椒猶不氏，蓋漸進之也。」蘇轍明確指出荊楚變化的漸進性，因楚人積極主動接受華夏文明，所以與諸侯同列。而蘇轍進荊楚的標準是其與中國「交通」的程度，「交通」的內容是禮制文明。以此來看，書「楚子」不一定代表進步，而是要視實情而定，如昭公十一年「楚子虔誘蔡侯般，殺之於申」，雖書「楚子」，但因蔡侯般有弒君之罪，諸侯不能討；楚子「以好召蔡侯，殺之，因以滅蔡，非討其罪。」楚子無功於禮樂文明，書此是「深罪楚子也」。

相較而言，蘇轍對吳的認識與楚不同。襄公二十九年「吳子使箚來聘」，《集解》指明「吳自成七年伐郯而書之曰吳，終於《春秋》無加焉。」至於經文所書「吳人」、「吳子」皆是行文所致，並非對吳的禮進。此處書「吳子」，「以箚之賢而修禮與中國，不可不進也。然終《春秋》曰吳，蓋猶以夷終也。」即由尊賢而認為吳有所進步，但終究以夷狄看待吳。吳與楚在蘇轍這裡的不同「待遇」或可理解為二者對華夏文明的接受程度和廣度不同所致。

蘇轍對夷狄與華夏的劃分併非以地域為界，而是以禮樂教化為準，所以昭公十二年「晉伐鮮虞」，蘇轍認為是以書夷狄的例法書晉。孫復《春秋尊王發微》也以夷狄稱晉，但二人對原因的分析不同。《春秋尊王發微》講晉既不救陳、蔡於患難，又與楚合作伐中原小國，不合禮義文明之道，屬於夷狄之道。此解就事而論，沒有對晉的行為具體分析。蘇轍對比類似情況下經文對晉的不同書法，或書「晉師」，或書「晉人」。此處以夷狄之法而書「晉」，蘇轍考慮到晉的可能性情況，本來「楚滅陳、蔡而晉不救，力誠不能，君子不罪也。」但實際上是晉「能伐鮮虞而不救陳、蔡，力非不足也，棄諸侯也。」此舉不合禮樂文明，所以以夷狄之例書之。可以看出，對以夷狄書例而用於晉的原因分析頗為冷靜，並不是單純地批評。

從以上分析來看，蘇轍對夷狄的看法立足於史實，從事件的實際情況出發，作出較為客觀的判斷，而並非一味的批判。聯繫北宋時期現狀，少數民族政權不僅與趙宋政府並存，並在戰爭中處於優勢地位，威脅王權與統一。對於這種政治危機，蘇轍主張「善治天下者，必明乎天下之情而後得御天下之術」，對少數民族應當先瞭解其風俗習慣、生活、心理狀況，再制定相應的對策。如「北狄之人，其性譬如禽獸，便於射獵而習於馳騁，生於斥鹵之地，長於霜雪之野」，其一系列日常習俗與中原生活習慣不同，「輕死而樂戰，故常以勇勝中國。」但夷狄與諸夏也有相同點，「其所以擁護親戚，修養生息，

畜牛馬長子孫，安居佚樂而欲保其首領，蓋無以異於華人也。」即少數民族也需要社會穩定、政權統一。可見，蘇轍夷夏觀也滲透有其「道」「勢」思想。

3. 對災異、自然現象的看法

《春秋》經文中錄有災異、陰陽五行等現象，《左傳》在經文的基礎上又有所發揮。《集解》對於這一部分引史書作客觀的理解。

莊公七年「星隕如雨」，《左傳》云：「星隕如雨，與雨偕也。」《公羊傳》認為《春秋》在孔子未修作以前記錄為「雨星不及地尺而復」，孔子作《春秋》後修為「星隕如雨」，記載自然界的怪異現象。《穀梁傳》對「隕」及「雨」有基本的感官認識，認為二者不能並存，對經文本身有所懷疑。蘇轍捨此三傳說，以歷代《天文志》所載為據，「歷代《天文志》記眾星同隕者，以為星隕如雨，蓋無足怪也。」既不表示記災異，也不表懷疑，而是以史為證，持一種客觀的態度。此二十八年「冬築郿，大無麥禾」，《公羊傳》突出凶年造邑，孫復《春秋尊王發微》以為「大無麥禾」是「秋無麥，冬無禾」的簡寫，並引《書》說明「大無麥禾，土失其性」，這種解釋更多是一種猜測。蘇轍仍舊從史料中尋找依據，「劉向《春秋說》曰：『土氣不養，稼穡不成也。』沈約《宋志》言：『吳孫皓時嘗有之，苗稼豐美而實不成，百姓以饑，闔境皆然，連歲不已。』此所謂『大無麥禾』也。」這樣以史書記載來看，則「大無麥禾」屬於正常現象。最有爭議的是對僖公十六年「隕石於宋五。是月，六鷁退飛過宋都」的解釋，《左傳》以此現象為陰陽之事，《公》《穀》詳解兩條經文各自語句順序的不同，並解釋其與日月例、王道有關。劉敞揉合《左傳》、《公羊傳》之說，評為「君子之於其言無所苟而已矣」。這類解詞可視為任意發揮。蘇轍對此作簡單處理，「隕星也，……見其為石而不見星之隕也。」「鷁，大鳥也。退飛，逆飛也，書失常也。……何以不日？失之也。」即認為是記錄異常現象，現有史料對此有缺漏。

以上可知，蘇轍對災異的解說遵循以史為基礎的原則，作客觀的描述分析，避免主觀臆測。

4. 對例的看法

「例」，是《春秋》在語言文詞上所遵循的方法或規則。蘇轍對三傳之例有所承繼，也有所反駁，進而自己總結例法。由於蘇轍注重於事件的發生發展中解讀經義，所以在例法上也多以變例解經。

隱公三年「春，王二月己巳，日有食之」，《公羊》注為：「日食，則曷

爲或日或不日？或言朔或不言朔？曰某日某月朔，日有食之者，食正朔也。其或日或不日，或失之前，或失之後。失之前者，朔在前也；失之後者，朔在後也。」《集解》解此條多從《公羊》例，但有自己的看法，「不言日，夜食也。不言朔，朔在前也。不言朔與日，朔在後也。」關於日月例，蘇轍否認《公》《穀》所言日月例法中有深刻大義。隱公元年「三月，公及邾儀父盟於蔑」，《穀梁傳》認爲盟會不書日，「其盟渝也」，實爲一種猜測。蘇轍解爲：「盟必有日月，而不日，失之也。」把不書日月歸結爲經書本身流傳中的失誤。進而總結《春秋》日月例法，「《春秋》以事繫日，以日繫月，以月繫時，以時繫年。事成於日者日，成於月者月，成於時者時，不然皆失之也。」即經文所書事件的日、月，僅是事件的發生時間，其中有經文本身的漏缺。蘇轍以「實」解日月例法，表現出其對《春秋》史書性質的默認。其後把「崩」、「卒」、「弒」、「盟」、「火災」等事項歸入「以日成者」，把「狩」、「作」、「毀」等歸入「以時成者」，而諸如「會」、「來」、「至」、「旱」、「雨」等列入「或以月成」「或以時成」。同時，存在「惟公即位不書日，有常日也。外殺大夫，不書月與日，卑，不以告也」兩種變例情況。《集解》中變例占多數，試舉如下：莊公八年「齊無知弒其君諸兒」，依《左傳》所記，公孫無知有寵於僖公，衣服禮制如同世子，襄公絀之，無知作亂，則曲在公孫無知。「齊諸兒雖無道，而無知以其私弒之，故稱無知。」此與一般情況下「弒君稱君，君無道也」不相符。蘇轍概括出「無道而稱臣」的六種具體情況，並講：「言各有所當已，不必同也。」即例法隨情況而定。

　　以上分析了蘇轍的「尊王」思想、夷夏觀、災異說以及對書例的認識，雖然其中有對前人研究成果的承接，如對孫復「尊王」大義、夷夏觀的吸收，對三傳例法的引用，但也明顯突出了蘇轍自身的解經特點，即緊扣史實、史料，在事件的實際發展之勢中展開討論，做出較客觀、理性的評判，使解讀平實通達。需要說明的是，前述道勢觀下對「禮」的分析中也有諸如「尊王」等一般儒學的解經內容，所以說，一般儒學的解經與道勢觀指導下的解經方法並非絕然相隔，二者有互通之處。

　　綜上可知：一是蘇轍解《春秋》在寫作原因上既有外在的當時《春秋》學研究現狀的刺激，又有內在自身理論學說的推動。在具體的解經過程中，既有「道」「勢」思想的體現，又有一般儒學的《春秋》研究，二者共同的

解經基礎是「事必以丘明爲本」即以《左傳》史實爲據。《集解》這一獨特的標誌似乎並不被後人所完全理解，葉夢得講：「蘇氏但以傳之事釋經文而已，傳事之誤者不敢復議，則遷經以成其說，亦不盡凡例，於經義者以爲求之過。」蘇轍《集解》確實存在遷經就《左傳》的解詞，如解宣公元年「晉趙盾帥師救陳」爲「《左傳》曰『救陳宋』，獨稱救陳，闕文也。」明顯以《左傳》所記爲準。實際上，《集解》全文中「遷經就傳」的情況占一少部分，並且似乎對經義的發揮影響很小。或許「遷經就傳」在扭轉當時普遍存在的捨傳求經、空鑿臆斷的學風方面更有意義。陳弘緒不滿蘇轍對三傳的定位，認爲：「《左氏》記事，粲然具備，而亦間有悖於道者。」「《公》《穀》雖以臆度解經，然亦得失互見。」蘇轍對《公》《穀》「一概以深文詆之，可謂因噎廢食。」〔註107〕從《集解》行文看，引用《左傳》，反對《公》《穀》所解的情況居多，似乎是「深詆」《公》《穀》。但在經文的具體分析中，蘇轍並未完全依賴《左傳》，對《公》《穀》可取之義也一併吸收，《集解引》中明確表示「參以公、穀、啖、趙諸人」，而且對《左傳》的運用也多是引其事件的發生發展，在事件的運動中發揮聖人精神，以免穿鑿。南宋朱熹就對蘇轍的這一解經方法表示贊同，「蘇子由教人只讀《左傳》，只是他《春秋》亦自分曉。」〔註108〕「不過只是看他事之本末，而以義理折衷去取之耳。」〔註109〕一針見血地指出了蘇轍運用《左傳》的本意，評價蘇轍《集解》「卻看得平」。

二是《春秋》在很大程度上稱得上是蘇氏家學，蘇轍父蘇洵、兄蘇軾雖沒有關於《春秋》方面的專著，但蘇洵對經史關係的議論，蘇軾對「道」、「勢」、「禮」的理解，以及對《春秋》的某些專論，如《論魯隱公》、《春秋論》等無不有益於蘇轍《集解》的完成。蘇氏《春秋》家學對其家族、後學者都有一定的影響。蘇轍改定《集解》，曾對蘇遜言：「汝能傳予說，使後生有聞焉者，千載之後，學倘在於是也。」〔註110〕意寄希望於其子傳承其《春秋》學；

〔註107〕〔清〕朱彝尊《經義考》卷182，《四庫全書〈文淵閣〉本》，上海古籍出版社1987年影印。

〔註108〕〔宋〕黎靖德編，王星賢點校《朱子語類》卷83，中華書局，1994年版，第2152頁。

〔註109〕〔宋〕黎靖德編，王星賢點校《朱子語類》卷55，中華書局，1994年版，第1319頁。

〔註110〕〔宋〕蘇轍《春秋集解》引言，《四庫全書〈文淵閣〉本》，上海古籍出版社

其孫蘇籀著《欒城遺言》，錄有蘇氏兄弟關於《春秋》的言論，蘇籀本人自幼好《春秋左氏》學；其族孫蘇元老「幼孤力學，長於《春秋》。」〔註111〕二蘇講友家勤國著有《春秋新義》，其從兄家安國著有《春秋通義》〔註112〕。受蘇氏《春秋》學影響最具代表性的學者是張大亨，著《春秋五禮例宗》、《春秋通訓》，其中《春秋五禮例宗》依類分禮爲吉、凶、賓、軍、嘉，分條立例，但陳振孫認爲：「《例宗》考究，未爲詳洽。」〔註113〕以禮解《春秋》，不難推斷其中有蘇氏家學「禮」的因素。《春秋通訓後序》載錄蘇軾對《左傳》的看法，「惟丘明識其用，然不肯盡談，微見端兆，使學者自得之。」〔註114〕推崇左丘明所著《春秋》。「微見端兆，使學者自得之」指治《春秋》者應在《左傳》所提供的歷史事件中自得經義。張大亨自稱「予從事斯語十有餘年，始得其彷彿。」可見其學說以蘇氏《春秋》學爲本。

　　三是將蘇轍《春秋》研究置於北宋《春秋》學發展歷程來看，《集解》接續了前人對諸如「尊王」、夷夏關係等《春秋》中普遍問題的探討，於其中又彰顯了獨有的解經思路，如改變了孫復「不覆信史」的解經方式，重視《左傳》史實；同時，在王安石所間接提供的「道」與《春秋》相隔離的致思方向下，正面直接推進「道」與《春秋》的關係〔註115〕，使《春秋》成爲其道勢思想的體驗者。或者從另一視角——理學發生發展的時代思潮來看，蘇轍（甚至於蘇氏蜀學）自覺參與了在更高理論層面上的儒學復興運動，並提交了自得的理論成果：「道」並非必然、根本之理，「道」與「勢」相推蕩。雖然朱熹認爲這一理論是形上與形下的分離，「他只是守那一，說萬事都在一，然而又不把一去貫，說一又別是一個物事模樣。」〔註116〕但蘇轍

　　　　1987 年影印。

〔註111〕〔元〕脫脫等《宋史》卷 339，《蘇轍傳》，中華書局，1977 年版，第 10835 頁。

〔註112〕〔清〕黃宗羲原著，全祖望補修，陳金生，梁運華點校《宋元學案》卷 99，《蘇氏蜀學略》，中華書局，1986 年版，第 3301 頁。

〔註113〕〔宋〕吳興，陳振孫《直齋書錄解題》卷 3，《春秋類》，《四庫全書〈文淵閣〉本》，上海古籍出版社 1987 年影印。

〔註114〕〔宋〕張大亨《春秋通訓》，《四庫全書〈文淵閣〉本》，上海古籍出版社 1987 年影印。

〔註115〕注：二人對「道」的理解不同，王安石強調「道」最高範疇的獨立性、權威性，蘇轍認同「道」形上之體的存在，但認爲在認識「道」的過程中有「勢」的參與，「道」並非必然決定之理。

〔註116〕〔宋〕黎靖德編，王星賢點校《朱子語類》卷 130，中華書局，1994 年版，第 3118 頁。

畢竟將對「道」「勢」的認識貫穿至儒家經典的解讀，《春秋集解》才得以出現，而且其對「道」與《春秋》的定位勢必引起後學者對「道」或「理」與《春秋》關係的再思考，推進理學、《春秋》學的進一步發展。

第三節　「王道」《春秋》：孫覺《春秋經解》

王安石的《春秋》「斷爛朝報」說被公認成為《春秋》學發展的外部動因之一，蘇轍《春秋集解》在對「道」的認識中解讀《春秋》，拉近了《春秋》與「道」的關係。孫覺《春秋經解》則代表另一種解經思路，即一般儒學的《春秋》研究，是在前人研究成果的基礎上，明確提煉出「王道」思想。這一「王道」論不僅表現在《春秋》經文所涉及的方方面面，諸如「尊王」、夷夏關係、例法等《春秋》研究的常規問題，而且由於處在理學思潮的大背景下，其「王道」論或自覺或不自覺的帶有「理」的味道。

一、《春秋經解》〔註117〕的緣起

王安石的《春秋》「斷爛朝報」說是學術史上有名的一樁公案，前文已有詳述。學人們經常引用的一段材料是周麟之為孫覺《春秋經解》所作的跋，如前所述，其中講孫覺注解《春秋》高於王安石，後者遂詆毀《春秋》，不列於學官，「孫先生之書其遂湮沒已乎」。一是證明王安石因孫覺《經解》而有「斷爛朝報」說；一是表明孫覺《經解》早出，且因王安石的政策法令而遭到埋沒。從二人生平看，王安石（1021～1086）與孫覺（1028～1090）相差近八歲。元祐元年（1086），王安石卒，而孫覺此時遷右諫議大夫，進吏部侍郎，又擢御史中丞。邵輯為《經解》作序稱：「（孫覺）晚患諸儒之鑿……蠹飾我聖經，乃據其所自得為之傳。」（《經解·原序》）即孫覺到晚年才重解《春秋》。稱王安石見《經解》有「惎心」，既而詆《春秋》，《經解》不顯於世，恐與事實不符。《四庫全書總目》稱：「謂安石因此廢《春秋》，似未必盡然，然亦可見當時甚重其書。」〔註118〕此論頗公允，指出了《經解》學術影響。

那麼，王安石對《春秋》的認識以及相應的法令是否直接構成孫覺作《經

〔註117〕〔宋〕孫覺《春秋經解》，《四庫全書〈文淵閣〉本》，上海古籍出版社1987年影印。以下簡稱《經解》。

〔註118〕〔清〕永瑢等撰《四庫全書總目》卷26，《經部·春秋類一》，中華書局，1965年版，第216頁。

解》的動因？二程弟子楊時曾爲《經解》作序，認爲秦漢時，《春秋》「微言中絕」，到宋熙寧初，「崇儒尊經，訓迪多士，以謂三傳異同無所考正，於六經尤爲難知，故春秋不列於學官，非廢而不用也。」較爲客觀地分析了《春秋》不列於考試科目的原因。但正是因爲這一官方法令，「士方急於科舉之習，遂闕而不講」，導致研究《春秋》學術隊伍的縮減。在這種情況下，「高郵中丞孫公先生以其餍餘，盡伐聖人之蘊，著爲成書，以傳後學。」以此來看，孫覺解《春秋》似乎並不受當時政策法令的左右，獨立地進行學術研究。考慮到熙寧變法的廣泛影響力，或許可以說外部的政治因素是孫覺作《經解》的間接緣由。

要瞭解孫覺解《春秋》的直接動因，必須回歸到孫覺本人自序：

> 《春秋》者，魯國之史，孔子老而後成之書也……孔子於未老之前不作《春秋》，必其老而後作者。蓋孔子尚壯，猶冀當時之君有能感悟而用之者矣，奈何周旋天下至於窮老，而一丘之地不可得，一旅之民不可有，孔子之年益老而天下之亂不止。至於臣弒其君，子弒其父，而天子不加誅，方伯不致討，三綱五常掃地俱盡，孔子於是因魯之史以載天子之事，二帝三王之法，於是乎在《春秋》之所善，王法之所襃也，《春秋》之所惡，王法之所棄也。至於修身正家理國治天下之道，君臣父子兄弟夫婦之法，莫不大備。……蓋以天下無王而孔子以王法正之，誅罰襃賞者天子之事也，故孔子曰：知我者其惟《春秋》乎，罪我者其惟《春秋》乎。

> 作傳者既不解孔子所以作《春秋》之意，而杜預、何休之徒又妄爲之說。如杜預之說則曰：周德既衰，官失其守，……若如其說，則孔子乃一史官爾。《春秋》既曰作之，又徒因其記注即用舊史，則聖人何用苟爲書也？何休之說曰：《春秋》將以黜周王。……《春秋》尊王如此，安得謂之黜周乎？作傳者既不解孔子所以作《春秋》之意，而注釋者又妄爲之說，至今好怪之徒更增引血書端門諸讖緯之說，以解《春秋》，此啖氏所謂宏綱既失，萬目從而大去者也。

> 故自孔子之沒，能深知《春秋》之所以作與《春秋》之所存者唯孟子爾。孟子曰：王者之迹息而《詩》亡，《詩》亡然後《春秋》作。孟子之意以謂王者號令尚行於天下，而於號令之中有過差失謬，則詩人得以規刺而正之。至其大亂而王道板蕩，號令不行，天子名

存而已,則孔子作《春秋》以代其賞罰也。……其後遂有《春秋》
五傳,鄒氏、夾氏久已不傳,而《左傳》、《公》、《穀》代興於漢。
然其祖習傳受,傳記不明,如習《左傳》者即託為丘明言,與孔子
同其好惡,又身為國史所載,皆得其真。然左氏之書然亦失謬,此
亦黨左氏之言也;習《公》、《穀》者又言孔子經成,獨傳子夏,公
羊高、穀梁亦皆子夏門人。若二子同出子夏之門,不應傳有同異,
此亦黨《公》、《穀》之言也。三傳之出既已訛謬諸儒之說,不可據
依,但當取其是而捨其非爾……。

　　上述《自序》有兩方面的內容:其一是孫覺解釋孔子作《春秋》之意,
為《經解》樹立解經方向。在孔子所整理的「六經」中,《春秋》最為晚成。
當時社會處於無道、無序的狀態,「三綱五常掃地俱盡」,所以孔子在魯國史
書的基礎上修作《春秋》。內容涵蓋社會生活、政治綱領等各個方面,目的是
以王法正「無王」,為現實的政治提供理論指導。所謂「無王」,一方面指現
實、個體之王失去形式上的權威性;另一方面指王的內在法則性,即王道、
王法等精神層面的缺失,孔子作《春秋》的宗旨是立王法。

　　《春秋》「無王」而作,並非孫覺首創。宋初孫復《春秋尊王發微》開篇
即言:「孔子作《春秋》也,以天下無王而作也。」「無王」而「尊王」,「無
王」既指現實王權的崩壞,又指王法的空缺;孫復所尊之「王」也並非指單
純的權力之王,而含有以儒家仁義禮樂為指導的理想之「王」的內容。蘇轍
《春秋集解》也承認周道陵遲,但認為天下義法猶在,所以孔子作《春秋》
是「推王法以繩不義,知其猶可以此治也。」〔註119〕這裡「無王」突出的是
個體政治權威的衰退,而「王法猶存」。同是講《春秋》「無王」而作,但內
涵並不同,前者講無王也無王法,後者講無王但有王法。孫覺取「無王」之
形式,吸收孫復現實王權與王法都遭到破壞的主張,又超越孫復「無王」而
尊王說,明確提出以王法正「無王」;同時捨棄蘇轍「無王」而王法猶存的看
法,汲取其重「勢」的解經方式,以「勢」分析孔子個體,圍繞孔子所處環
境的變化闡述其作《春秋》的原因。

　　其二是孔子作《春秋》是以王法正無王,孫覺以此為標尺,衡量三傳及
注解者對孔子《春秋》的認識,進一步解釋自己解《春秋》的緣由。在孫覺

　　　　　　　　　　　　　　　　　　　　　　　　　　　　　　

〔註119〕〔宋〕蘇轍《春秋集解》卷12,《四庫全書〈文淵閣〉本》,上海古籍出版社
　　　　1987年影印。

看來，《春秋》傳注者不僅不能理解孔子作《春秋》之意，而且私臆妄說，遠離聖人精神。如杜預視孔子以史官身份作《春秋》，著眼於《春秋》史的屬性；何休以「黜周王魯」解《春秋》，與《春秋》所表達的「尊王」之義相矛盾；其後注釋者又以讖緯研究《春秋》。相較而言，孫覺認為孟子深得孔子作《春秋》之意，即在天下失序的狀態下，「孔子作《春秋》以代其賞罰也」，即以王法正無王。實際講來，孫覺對《春秋》傳注的評價立足於自己對孔子所作《春秋》的理解，如果從《春秋》學大發展史來看，杜預、何休對《春秋》都有一定程度的階段性貢獻。如杜預以《左傳》解《春秋》，開始把經與傳合在一起，劃分正例、變例、非例的等諸多創新，對後人研究《春秋》不無裨益；何休則對《公羊春秋》中的「三科九旨」、「五始」等義法的歸納，使得義例更加條理化。所以，孫覺在具體經文的解釋中，對前人的研究成果採取了較為客觀的運用態度，「但當取其是而捨其非爾」。

　　總之，孫覺《經解》的產生雖然有內外兩種動力，但最根本的原因是孫覺本人對孔子作《春秋》之意的認識，即孔子以王法正「無王」，構建有效的治國理念，而《春秋》傳注對此理解有所偏差，不得《春秋》大義。

　　那麼，孫覺《經解》是如何探討「以王法正無王」的？

二、「《春秋》，假魯史以載王道」

　　在討論《經解》「王道」思想以前，首先要解決兩個基本性問題。

　　第一，關於《經解》的版本問題。《四庫全書總目》稱《經解》十三卷，王應麟《玉海》載孫覺《春秋學纂》十三卷，由其注可知此《春秋學纂》即《春秋經解》，而朱彝尊《經義考》從《宋史・藝文志》所錄而記《經解》十五卷，陳振孫《直齋書錄解題》也稱《經解》十五卷〔註120〕。《經解》卷數的不一致在於隱公、桓公是否分為上下卷，而是否分卷又源於《經解》的兩個不同版本，一是呈送於四庫全書處的紀昀家藏本，也即《四庫全書》版的《經解》，書中隱、桓二公的內容與孫復《春秋尊王發微》前兩卷如出一轍；一是聚珍本，分隱、桓二公為上下兩卷。就兩個版本的誤傳及其原因，有學者已做出考證〔註121〕，暫不詳述。

〔註120〕注：可參考《春秋經解》四庫本所書提要。
〔註121〕注：可參考葛煥禮《孫覺〈春秋經解〉四庫本訛誤考析》(《史學月刊》，2005
　　　　　年第7期)，劉德明《孫覺〈春秋經解〉解經方法探究》，文後所列《經解》

　　第二，孫覺對經與史、經與傳關係的看法。從橫向經史關係來看，孫覺強調《春秋》經以史爲根基。一種表達方式是直言《春秋》經「據魯史成之」，如莊公十八年「日有食之」，《經解》認爲此自然現象書日或書朔，取決於魯史本身是否記錄，或「舊史之詳備，孔子因之以傳信」，「或孔子以曆者之失而略之，以正後世之曆也」，或「舊史所無，孔子闕之以傳疑也。」另一途徑是通過「實」、「情」等間接表達《春秋》經據史而書，《經解》多次言明：「《春秋》據實而書」，即《春秋》經以史爲本。如莊公八年「師次於郎，以俟陳人、蔡人」，《經解》以「《春秋》事皆據實」反駁《公羊》所謂「記不得以」；莊公二十七年「公子友如陳葬原仲」，同樣講：「《春秋》未有無其事而虛加其文者……經當據實而書。」《經解》又講：「《春秋》原情定罪」，如莊公二十三年「祭叔來聘」，文公十八年「齊人弑其君商人」，《經解》都是以「原情定罪」爲評判標準進行分析。這裡的「情」含有「情實」、「實」之意。

　　同前文蘇洵的經史觀相比，從範圍上講，蘇洵重整體論述經史，由經史的寫作方式到用途都有對比，孫覺則單就《春秋》的經與史關係進行論說；從某一特定內容講，蘇洵重經與史的互補，孫覺則突出《春秋》經以史實、史事爲本的特性；從效果講，蘇洵經史觀並沒有運用到某一專著，但對其子蘇轍《春秋集解》不無影響，孫覺的經史觀本身是就《春秋》而論，所以在《經解》中有精彩呈現。二人經史觀相異的原因，或許可以歸結爲蘇洵（甚至蜀學）的學術風格爲廣博，其對經與史關係的議論開闊有度；孫覺二十歲時從學於胡瑗，著《春秋經社》，其對《春秋》素有研究，所以其論經史關係也主要圍繞《春秋》。

　　從縱向經傳關係看，孫覺主張以經爲定。莊公二十四年「郭公」，《經解》依《管子》所載事迹，認爲：「公與亡字相近，疑經書郭公爲郭亡也。」但隨即表示：「疑誤之事，聖人闕之，善善惡惡之說，足以訓後世，且當存之矣，未可決言經誤也。」意指雖然可以懷疑，但最終要以經文爲本。莊公三十二年「公子牙卒」，《經解》以經文書例推經義，反對《左傳》、《公羊傳》的解詞，「當據經爲正，二傳說未足憑。」即尊經捨傳。由捨傳再到捨諸儒之說，閔公二年「吉禘於莊公」，《經解》引《詩》、《中庸》、《論語》、《禮記》等儒家經典，證明「社稷嘗禘皆諸侯所得祭爾」，進而認爲「但當以孔子所刪爲之

據，諸儒之說不可憑也。」也就是說《經解》不僅不從三傳所解，而且拋開諸儒注釋，僅以孔子所作《春秋》經文爲定論。當然，這裡的「尊經捨傳」，是就某一經文內容而言，以經爲主，不容懷疑經本身；涉及到經文大義，則仍對傳注有所取用。

對於經史與經傳之間，孫覺著重以經、史反對傳的任意解說。莊公十一年「宋大水」，針對三傳的解義，孫覺認爲「三傳之意大抵推尋孔子未修《春秋》之前，外事得書之迹爾。」屬主觀判斷，實際上「《春秋》者，孔子因魯史成之，其詳略皆同舊史。」「舊史所載，孔子因之以爲懲勸爾，其若未修之前，不可復加也，故強知之亦或疑而不通。」強調《春秋》經是在魯史基礎上發揮大義，以客觀精神反對主觀私臆。

孫覺的尊經捨傳，很容易讓人想到宋初學人們捨傳求經，以創新精神批判漢唐注疏，疑傳疑經進而改經，爲後期理學的崛起開闢了道路。此時孫覺的尊經正是對前人捨傳求經精神的繼承和發展，說繼承，是指孫覺對漢唐《春秋》傳注的理性否定；說發展，是指宋初經學變古中對經傳的認識與學術研究難免帶有一定程度的狂躁、急進的色彩，如同司馬光所說「新進後生，未知臧否，口傳耳剽，翕然成風」，而孫覺通過分析、歸納等方法尊信《春秋》經本身。即便從北宋《春秋》學發展來看，孫覺尊經思想也頗有特色。如孫復對某些經文的內容只是簡單的以「闕之」、「脫漏」等詞語解釋，具有疑經意識；孫覺則理智而堅定地崇信經本身；蘇轍因爲立足於《左傳》史實解經，所以於個別經文的解詞有「遷經就傳」之嫌，而在孫覺的尊經意識中不會有「就傳」之念。

澄清了《經解》版本問題，是爲以下論述《經解》「王道」思想鋪路。筆者參考的是《經解》四庫本，隱、桓二公兩章與孫復《春秋尊王發微》前兩章無大出路，所以本文主要論及莊公至哀公內容中體現的「王道」思想。「《春秋》，假魯史以載王道。」即以魯史爲《春秋》經的基礎，發揮「王道」大義。「王道」是儒家仁義之道表現在政治上的治國理念和理想，內容包括政治倫理、軍事、外交、文化等國家正常運轉的各個層面，其實質是儒家仁義之道。歷代學人從《春秋》中尋找治國之道，孫覺《經解》創造性地明確提出「《春秋》以載王道」的思想，可從以下幾個方面進行論證。

（一）倫　理

「王道」在倫理層面的表現一方面是對內君臣、父子等社會關係，另一

方面是對外華夏與夷狄的民族關係。內、外之分主要是地域含義。

1. 等級倫理

首先來看君臣關係，也即是對君與臣兩方的要求。就臣而言，《經解》多次強調「君雖不君，臣不可以不臣。」莊公二十一年「姜氏薨」，「《春秋》之義所以訓爲臣者之忠……姜氏雖大惡者，然魯之臣子不可以不以母禮待之。」莊公十三年「會於北杏」，《經解》講：「聖人欲正君臣之分，辨上下之常，以大夫不得敵君。」似乎旨在說明臣子對現實君王有絕對的義務，君王完全爲個體威權的至上代表。實際上，《經解》同時指出了臣子「以道事君」，「道」的內容爲「義」、「信」等價值規範。莊公元年「築王姬之館於外」，《經解》以荀子「從道不從君，從義不從父，人之大行也」立論，認爲「事有不中於道，理有不合於義者，則雖君父有命，有不必從，惟道義之所在爾。」意指無形的道、義等道德規則高於並指導現實的物質世界。以此衡量魯莊的築館行爲，則一是齊與魯公有弒父之仇，周王卻命魯公主齊王姬的婚禮，周王之命有失禮處，不合於義；二是魯莊公對周王的無禮要求應該請辭，而不應遵從王命，以變禮應對，「聖人以爲莊公爲事君不盡其誠，居喪不致其哀。」所以，臣子對君王從道從義，不是單純的遵從現實王權。

就諸侯國內言，理想的大夫是以「聖人之道」對國君負責。莊公十二年「宋萬弒其君捷及其大夫仇牧」，《經解》從兩個方面進行評議，一是以「道」爲準，則仇牧、荀息、孔父不在褒揚之列。「孔子曰：以道事君，不可則止。又曰：既明且哲，以保其身。」此爲臣事君的原則，具體講是君臣之間達成相互信任的合作，「事君之日久，則君必信我，而言必用也。」而仇牧僅是以祿位奉行對君的義務，以至殺身，並非孔子之道下的善，「《春秋》之所善也，以道事君，不可則止，則三人者不能也。」所以，「以聖人之道，則三人猶未備也。」可以說，以理想的下對上的義務評判三人，則無褒可言。二是道落實到現存狀態，則三人可謂「善」。「三人者之謂善，乃孔子爲不能死者設爾。」即考慮到春秋時期綱常崩壞的社會現實，同當時普遍存在的「逐君以求利，賣君以全身」相比，三人行事值得肯定，「以春秋之時，則三人在可褒之域。」

就君而言，《經解》重點講周王個人的行爲規範，並不是針對臣子的應盡義務，體現《經解》的尊王思想。「王」的內涵是道德仁義等價值範疇，「天王者，天下在至尊，而道德之所以出。」（莊公六年「王人子突救衛」條）「尊」指權位，「道德」爲王的內在標準。「聖人之意以爲天下之大，元元之眾，而

天王一人者治之，則其道德仁義有以先天下而帥元元也。一言之非，一動之失則不足以為天下王矣。」（僖公二十四年「天王出居鄭」條）意指「王」不僅是物質世界的統治者，也是精神世界的表率。因為王是外在形式如權位的象徵，所以享有多種權力，如「執人之君臣不可以專也，必受命於天王，天王命之執則執之矣。」（莊公十七年「齊人執鄭詹」條）王在政治上有專執權；「天王之尊，天下莫之有敵。」（成公元年「王師敗績於茅戎」條）王在軍事上無敵；「王人，王之微者，《春秋》尊之。故雖微者，銜天子之命亦敍諸侯之上。」（僖公八年「盟於洮」條）《春秋》在書寫體例上也表現為尊王。又因為王有內在價值規範，所以《經解》對現實個體之王的行為作出否定判斷，如周王使魯莊公主持齊王姬的婚禮，使叔服會僖公之葬，使毛伯賜文公命，《經解》都認為天王有失禮之處。天王甚至釋放弒君之人，有失刑賞。失禮、失刑賞都是不合道義的表現。

　　現在的問題是：孫覺《經解》中的君臣關係是否完全貫徹了臣子「以道事君」，對君而言的「尊王」思想是否有所創新。的確，孫覺並沒有明確指出「君不君，臣不可以不臣」與「以道事君」二者的地位如何，尤其是當「君不君」屬於不道、不義的情況下，「以道事君」如何實踐。或許不是孫覺的無意忽略，更可能是作者的有意模糊迴避。從《經解》全文看，孫覺突出的是君可以不君，但臣子一定要臣服的君尊臣卑的等級意識，「《春秋》之法，尊尊卑卑。」（僖公五年「會王世子於首止」條）通過書例，「聖人欲以杜篡弒之漸而廣忠孝之路」（宣公十一年「楚人殺陳夏徵舒」條）。即使是在上者自身行為不合道義，在下者仍要有尊君意識。如「天王自絕於位」，不能有天下，「天王雖不有天下，而鄭不可無天王」（僖公二十四年「天王出居鄭」條），即臣子仍要維護君王的權威。正是因為《經解》要加強尊卑意識，所以其「從道從義」引自《荀子》，而不是從《孟子》的君臣觀。孟子所講「將大有為之君，必有所不召之臣……其尊德樂道，不如是不足與為也。」「聞誅一夫紂矣，未聞弒君也。」（《孟子‧公孫丑下》）這種突破傳統等級關係的君臣觀在孫覺《經解》中是毫無痕迹的。

　　雖然《經解》主張的仍是傳統的現實性的君臣關係，但畢竟指出了高於權位之王而具有內在約束的道、義，認識到個體君王權威存在弊端，試圖尋找皇權之上的普遍原則。應該說，孫覺對限制王權的思考並非偶然，也並非個別。從宋初到慶曆新政再到熙寧變法，學人們圍繞宋初社會面臨的種種問

題，展開討論與實踐。如何在加強專制王權與避免強權獨裁之間達成一種和諧的張力，成為宋代學人必須應對的政治難題，而從儒家經典中如《春秋》探求治國之道，似乎成為他們的共識與努力方向。孫復《春秋尊王發微》提倡尊王，對王的內在標準有所認識；到王安石、蘇轍那裡，對高於王權的「道」產生分歧，前者拋開一切，視「道」為必然、絕對；後者要求在「道」最高範疇的前提下，觀照現存「勢」的運動。表現在君臣關係上，王安石雖沒有直接否定（也不可能否定）君王權威，但主張君臣相處以義為標準，對於「道隆而德駿」的臣子，君王要「北面而問」，「與之疊為賓主」。蘇轍《春秋集解》贊同尊王之義，但認為應當以理性的態度、在「勢」的變動中尊崇君權，至於在下者的權力沒有說明。

　　孫覺正是在前人理論成果的基礎上有所改進，但從學術格調看，孫覺的理論更接近於孫復，「大旨以抑霸尊王為主」，屬於一般儒學範圍。同是表示「尊王」，孫復《春秋尊王發微》全文強烈貫徹這一思想，其王的內涵「夫子之道」呈現有限，對臣子行為多持貶斥之意；孫覺則明確理想之王的標準，以及臣事君的理想之道，突出「王道」主題。表達形式上，同是褒貶，孫復以「過於深求」、「有貶無褒」而名於《春秋》學界，雖然這種評價有過激之處，但《發微》確實是貶責多於褒揚；孫覺《經解》以「王道」為標尺進行褒貶，並提出「《春秋》之法，有褒則有貶，有善則有惡，褒一善所以使善者勸，貶一惡者所以使惡者畏，無空言也。」（莊公六年「王人子突救衛」條）有褒有貶的解經方式同孫復「有貶無褒」的特點相比，更具客觀性。

　　其次來看父子關係。《經解》講父子關係有兩個特點：一是主張以禮、義等準則約束父子雙方的義務，但突出子孝於父。哀公二年「晉趙鞅帥師納衛士子蒯聵於戚」，《經解》認為諸儒之說不得其經義，解為：「使靈公得為父之道，則聵不至於逐；使聵得事父之禮，則逐而必反其位；使輒得子孫之義，則能感動王父以復聵之位，屏位權立以須聵之入。」這裡「道」、「禮」、「義」處於同一價值層面，同為王道的一種表現方式。以此判斷衛國世子爭立，則「靈公、蒯聵父子之道缺也」，「蒯聵不父而衛輒不子」。所以，理想的父子關係立足於「王道」。現實生活中，《經解》更強調子孝於父。「父雖不父，子不可以不子」，這一點尤其體現在莊公的一系列言行中，如莊公不辭王命為齊王姬主持婚禮，齊王姬卒又為其行服禮，「莊公盡禮於仇讎而無恩於先君」；進而《經解》指明一國之君、天下之王為「至順至孝之稱」，「不

孝之人，大之則不可以爲天王，小之則不可以爲國君也。此見聖人之篤於孝也。」（莊公九年「及齊師戰於乾」條）「孝」成爲評判王權是否成立的標準。二是《經解》中「忠」與「孝」並提，忠是孝的延伸。「《春秋》之義，所以訓爲臣者之忠，爲子者之孝，故於臣子之法最爲詳備。」對臣子的要求是「君雖不君，臣不可以不臣；父雖不父，子不可以不子……爲人臣子者不以君父之惡而無禮焉。」（莊公二十一年「夫人姜氏薨」條）之所以忠孝並立，因爲「臣之事君猶子之事父」。忠與孝是對臣、子單方面的義務要求。

2. 民族倫理

華夏族少數民族的關係一直是《春秋》學研究的重點，宋以前儒家學者多從文化、禮制等方面辨別華夷，宋初學人在前人夷夏觀的基礎上作了更細緻的劃分，如蘇轍《春秋集解》具體論述了荆楚的變化過程，肯定其對先進文明的接受。孫覺《經解》的夷夏觀有些變化。

我們從《經解》中荆楚的變化來看孫覺對夷狄的態度。莊公十四年「荆入蔡」，「荆者，楚未改號之稱也，不稱人不稱爵而曰荆者，夷狄也。……今又入蔡，其勢將盛，欲令中國備之於始盛之時，制之猶易；至其漸盛，將不可制矣。聖人於此見禦戎之道焉。」由稱荆而得出防禦戎狄之道。莊公二十三年「荆人來聘」，「南蠻之國至於強盛而來聘，諸侯中國不早備之，將乘中國之衰而侵淩無忌矣。略之曰荆人猶言其微，尚可禦也。」書「荆人」，表明楚國逐漸強盛，但中原諸侯國仍可抵禦。僖公元年「楚人伐鄭」，稱人「所以見中國之衰而荆楚之強暴也」，而且「荆楚之俗至無禮義，至無知識者也。中國王道明，則遁逃遠去，莫敢內向而窺覦矣，至其衰陵爲中國無人也，則伐其小國執其諸侯，無所不至矣。《春秋》深罪中國之衰而荆楚之盛也。」文公九年「楚子使椒來聘」，書國君爵位與臣子之名「見中國之微而夷狄之盛」，是「孔子傷中國之意」。《經解》旗幟鮮明地指出「尊內而殺外」「內中國而外夷狄」爲《春秋》大義，因爲「不內中國不足以責治道之詳，不外夷狄不足以杜侵淩之漸也。」（文公十二年「晉荀林父帥師及楚子戰於邲」）

以上材料說明：第一，孫覺自覺接續《春秋》「攘夷」思想，貶斥夷狄，認爲夷狄「至無禮義，至無知識」，在禮制道德、文化發展方面屬於落後民族；第二，孫覺不認可少數民族在學習、接受中原文明方面的進步，簡單的把夷狄視爲抵禦、對抗的對象。即便少數民族有進展，也只是在軍事方面的強盛，由此深責「中國」的衰陵，其實質不出「尊中國攘夷狄」的範圍；第三，孫

覺劃分夷夏的標準是王道，「中國」存在王道明與衰的情況，少數民族則不行王道，向屬未開化民族，也不會漸進至文明民族之列。實際上，從先秦孔子到宋儒家學者，大多對少數民族主張禮樂教化，也贊同其在文化方面取得的成績。即使是孫復言辭激昂地倡導「尊王」，排斥夷狄，但在特殊情況下，仍舊肯定夷狄「漸同中國」。孫覺如此情感化的譏貶夷狄，在民族關係理論發展上不能不說是一種倒退。尋其原因，可以發現，趙宋創建之初就並非真正意義上的統一，周邊遼、西夏、金等少數民族相繼競起，並經常挑起戰亂，對趙宋王朝構成很大的威脅，民族關係成為君臣政治生活的一部分。孫覺對夷狄情感上略顯憤慨，雖然同蘇轍對夷狄的客觀分析相比，有失冷靜與理性，但反映出其時代的烙印。當然，這其中也有學人自身的學術修養與風格。

儘管孫覺譏貶夷狄，但並不主張華夏族以武力征討少數民族，而是推行仁義教化。莊公二十年「齊人伐戎」，《經解》一方面證明齊桓「有意於中國」，另一方面認為齊桓「德義未著而專事兵革」，即應對少數民族行以王道。閔公元年「齊人救邢」，從齊桓以武力救邢的行為看，齊桓有可襃揚之處；但齊桓所採取的軍事方式欠妥，「齊威不能明王道以兼夷狄，使之不來，而區區救其侵伐則干戈之後，奔命不暇，未及救其亂也。」指明對待夷狄，德化才是根本。這是對孔子「遠人不服，則修文德以來之」政治原則的具體運用。

同樣，因為孫覺以「王道」判別華夷，所以夷狄不單指向地域層面的落後少數民族。文公十二年「秦伯使術來聘」，「秦本非夷狄，因其入鄭敗於殽，令狐河曲之戰醜而狄之爾。」「狄之」，即秦伯行為與王道相背，則以夷狄稱之。定公四年「蔡侯以吳子及楚人戰於柏舉」，《經解》聯繫蔡與楚前後事件的發展，斷定蔡「反覆無信，輕用干戈」，以中原諸侯國的身份而背信棄義，「蔡之所為殆與吳夷狄等爾」。可見，夷狄並非固定實體，根據「王道」而指稱不同對象。孫覺《經解》徹底斷絕少數民族進升禮樂之國的可能，而以「狄秦」、「狄蔡」警示華夏族要踐行「王道」，表現《經解》「尊中國攘夷狄」之義。

以上無論是等級倫理，還是民族關係，都以「王道」為理論前提，彰顯尊卑關係。

（二）政　治

這裡的「政治」主要是指一國之內王道思想指導下的具體施政原則，包括內修德、愛民，外友好於他國，其實質是儒家傳統的仁政。「治國有道而交

鄰有義」（定公十年「公會齊侯於夾谷」），「道」、「義」屬價值範疇，指內政、外交都應當遵循一定的道德規範。《經解》屢次申明諸侯國要內修德教，如魯莊公討伐附庸之邑，足見其「內之德有所不修，內之政有所不明」（莊公二年「公子慶父帥師伐於餘丘」）。「君有道，則其政教必修，聞望必著，他國之君且將從我。」即以德政而使其他諸侯國臣服。內修政教表現爲國君愛民、重民，莊公二十八年「築郿」、二十九年「新延廄」、三十一年三次築臺，《經解》批評莊公不顧農時，不知養民而勞民傷財，「《春秋》之法興作皆書，所以重民力，謹天時也」。與他國交往，要以「義」爲準則。莊公元年「齊師遷紀邢、鄑、郚」，《經解》判齊國無道義，「遷人之國爲己附庸，貪利忘義，行如匹夫。」襄公十五年「齊侯伐我北鄙圍成，公救成至遇」，依《經解》講，魯襄公當內修德政，他國自然不會來侵犯；外當結好友鄰，救助友邦於患難。

（三）自然現象

　　對於災異、自然現象，孫覺同樣主張以王道作解。僖公十四年「沙鹿崩」，《經解》釋爲：「王道大壞，彝倫一斁，而天下之人皆反皇極，則天見其變而日食星孛，地見其妖而川竭山崩。」這裡的「天」爲德性之天，由人間王道的變化感應到自然現象的變化，即由人道到天道，天與人相應。而且主動權在人，在王道，「天」只是「應」而後動，目的是警戒君王，「所以戒人君之深，使之反身以思其變。」（襄公九年「宋災」條）

　　最能說明王道與災異關係的是哀公十四年「西狩獲麟」，歷來學者對此經文大加發揮，《公羊傳》最爲突出，由經文解出「三世異辭」說。漢董仲舒又在此基礎上把魯十二公以「三世異辭」分爲三等，提煉出「張三世」的變易觀；杜預則以此經文解釋孔子作《春秋》的原因。至北宋學人解此經文多與現實政治相聯，如孫復認爲哀公時政權疊變至夷狄，書「獲麟」暗含「尊中國賤夷狄」之義，表現出孫復的尊王思想；劉敞雜引儒家經典，論證《春秋》終始含義，止於獲麟意指孔子之道的延續性、永恒性；蘇轍則以此經文把魯國二百四十二年的歷史劃分爲三個階段，書「獲麟」標誌著王法的失敗。這種強烈的現實關懷是由當時社會環境所決定的。孫覺則藉此經文表達其「王道」思想：

> 孔子曰：鳳鳥不至，河不出圖，吾已矣。夫孔子何取於河圖、鳳鳥哉？取其天下有道，則鳳鳥來儀，河出圖也。……故麟鳳之爲物，非以瑞於人君。人道修而物理得，則或巢於林，或遊於郊，人

之見之，有以知人道之至而和氣之交也。人道乖而物理失，則或求之而不來，或致之而不至，人之見之有以知治道之謬而戾氣之積也。春秋之時可謂大亂矣……於斯時也非鳳鳥來儀之世，麟趾信厚之時也，然而西狩獲麟。麟者，有知之獸而出於有道之世者也，奈何哀公之十四年而獲焉？為麟則不當出於哀公之時，有靈則不當見獲，為麟有靈而不免於獲，此孔子所以為異而絕筆於《春秋》也。人道之亂如彼，而物理反常如此，孔子區區《春秋》又何為哉？於是而止爾。蓋《春秋》十二公二百四十二年，王道備人事浹，世益久而亂不止。孔子老矣，書之無窮，昭定之間孔子之意亦以已矣……。

這段話有兩層意思：第一，正面闡述「人道」與「物理」的關係。「人道修而物理得，則或巢於林，或遊於郊，人之見之，有以知人道之至，而和氣之交也。」「人道」即「王道」，孫覺認為鳳鳥、麟獸等吉祥之物的出現「非應於時而主於一人也」，而是代表「王道」完全在現實社會的落實。「物理」指事物的客觀規律。人間王道的實踐是事物按規律發展的前提條件，「物理得」是「人道修」的有力證據，二者達到和諧狀態；第二，反面解釋「獲麟」。由「人道修而物理得」可推出麟的出現代表「王道」社會的實現，而實際情況是「春秋之時，可謂大亂矣」，綱常毀壞；由「人道乖而物理失」可推出春秋時周道衰微，則祥瑞之物消失，而實際情況是「獲麟」。如此天與人互不配合，《經解》最終歸為「此孔子所以為異而絕筆於《春秋》也」。孫覺承漢代《春秋》學的天人感應說，視麟為「有知」之獸；又有現實的政治指向，即其推導的前提是「王道」論，目的也是倡導王道之治。

除此而外，《經解》在其他方面也體現出「王道」思想。如在軍事上，《經解》明確指出：「凡兵者，量力而後動，中節而後舉。不量力雖中節，不可舉也；不中節雖量力，不可動也。故兵者量力為上，中節次之。」（莊公三年「公次於滑」條）此可視為用兵的一般原則，「量力」指現實的各方面情況，「中節」指行為的準則。二者之間「量力」為「中節」的基礎，「中節」為「量力」的保證，而「王道」是二者的內在規定。以莊公三年「公次於滑」為例，當是時齊侯遷紀國三邑，紀國存亡危在旦夕。魯國與紀國為婚姻之國，莊公應當根據魯國的現有條件，選擇是否出兵。實際上，莊公不計國內空虛人出兵駐於滑，所以「聖人罪其勞眾而無功也」，出兵不量力，勞民無功而不中節。可見，莊公的軍事行動既不量力，又不中節，不合「王道」。

　　在書例方面，宣公元年「春王正月公即位」，《經解》依「王道」的運行情況，認爲東周有兩個轉折期，如下所示：

表3

時　段	「王道」表現	書　法
周平王至魯桓公	王道之不行未久，桓公在可誅之域，王猶可望，但終桓公死，天王不能誅，周道衰	書「王」而欲見其討，終不能，則是月而不王
魯宣公	王道之不行百餘年，亂臣賊子接迹而起，王者未嘗誅，天下無王	書「王」以爲無望於天王也，明王道之行而不容滅熄

　　由上簡表可知：第一，孫覺劃分衰周兩個轉折點的標準是「王道」，表現爲王的可期待值大小。這裡的「王」是「王道」指導下的理想之王，表達「王道」的途徑是書例，即書「王」與不書「王」；第二，同孫復以政治權力遞變分周爲三段，蘇轍由客觀形勢的發展提出「衰周三世」說相比，孫覺對東周的分段，既有政權的疊變，又有對客觀趨勢的把握，凸顯其「王道」思想。

　　上述從倫理、政治、災異、例法等各個層面論證了《經解》的王道思想，可以發現：孫覺所論王道具有普遍性，不僅在客觀性的社會生活如倫理、政治等各方面有所體現，而且在微觀性的細緻層面如書例也有顯現。其中尤以倫理方面較爲突出，表現出孫覺關注社會民生而積極用世之意。

三、《春秋經解》解經方法

　　孫覺解《春秋》在方法上有其自身特點：第一，對三傳及前人研究成果的取捨。《自序》講：

> 三傳之說，既未可質其後先，但《左氏》多說事迹，而《公羊》亦存梗概，陸淳以謂斷義即皆不如《穀梁》之精。今以三家之說校其當否，而《穀梁》最爲精深，且以《穀梁》爲本者，其說是非褒貶，則雜取三傳及歷代諸儒唐啖、趙、陸氏之說，長者從之。其所未聞，即以所聞安定先生之說解之云。

即孫覺對比三傳的優劣，確定《經解》以《穀梁》爲基礎，然後雜取三傳及漢唐諸儒成果，最後不明了處遵從其師胡瑗的《春秋》說。實際上，從《經解》全文看，孫覺對《穀梁》的說解批評多於吸收，即使是「吸收」的部分，似乎與「王道」主題關係不大。有學者已做過這方面的統計，並指出所謂「《穀

梁》最爲精深」，「不過是他對三傳加以比較的結果。」〔註122〕也有學者認
爲「是繼胡瑗而尊崇《穀梁》的」〔註123〕，但胡瑗對《春秋》的解讀已不
可詳考，此論有待商榷。

　　依筆者來看，《自序》中論後儒不解孔子所以作《春秋》之意，並以《左
氏》的代表杜預、《公羊》的代表何休爲批評對象，至於《穀梁》傳者是否有
誤解孔子作《春秋》之意，孫覺並沒有說明。這種現象是否已經暗示出孫覺
個人學術取向偏於《穀梁》，在具體解經過程中又適當取捨，或許值得思考。
其次，從學術精神講，發端於唐人的經學變古之風發展至宋初，已成爲懷疑
傳、注，甚至懷疑經本身的狂熱思潮，「捨傳求經」成爲一把批判的利器，這
其中不免有浮躁、主觀的學術情緒；在孫覺這裡，三傳及注疏自有合理之處，
並大方地認爲「《穀梁》最爲精深」，「以《穀梁》爲本」。雖然孫覺並沒有指
出《穀梁》的具體精微處，但這種較客觀、理智的學術精神與宋初學風相比
是一種進步。

　　至於雜取三傳及諸儒成果，可以說是《經解》的鮮明特點。同前人取捨
三傳相比，孫覺取捨的方式「特」在：一是對同一經文的解詞既引用三傳的
某一方面，又反駁三傳的另一方面。如莊公元年「單伯逆王姬」，《經解》立
《左傳》所解爲駁斥對象，通過例法、字義證明應從《公》、《穀》二傳，肯
定《公》《穀》對單伯的定位，「吾大夫之命於天子也」，單伯爲魯內臣而非王
臣。隨後認爲周王、魯公、單伯三者皆有不當之處，而《公》《穀》不解此義，
所以《經解》又反駁此二傳的解義。可見，孫覺解《春秋》取捨三傳更具推
理、更嚴格；二是《經解》對前人研究成果涉獵廣泛，其中尤以對《論語》、
《孟子》、啖趙《春秋》學派觀點引用居多，但並非全部搬用。如莊公三年「葬
威王」，關於周王葬禮，《經解》反對啖趙所謂「諸侯不得越境而奔喪」之說，
直言「天王崩葬當從孫復之說」。

　　最後所講「所未聞」則從其師胡瑗之說。《宋史・藝文志》、《直齋書錄
解題》均載有胡瑗所著《春秋口義》五卷，今不傳。《宋元學案》錄有胡瑗
《春秋說》六條，考此六條經義與《經解》，可知《經解》確有從胡瑗之說
處。如襄公三十年「宋伯姬卒」，《經解》依從胡瑗所解「伯姬，乃婦人中之
伯夷也。」並進一步解釋爲什麼稱伯姬爲「婦人之伯夷」。但也有不從胡瑗

〔註122〕趙伯雄《春秋學史》，山東教育出版社，2004年版，第257頁。
〔註123〕沈玉成，劉寧《春秋左傳學史稿》，江蘇古籍出版社，1992年版，第207頁。

《春秋說》之處，如成公元年「王師敗績於茅戎」，《春秋說》解爲「非王親兵，致討取敗而書之」，曲從「尊王」之說，頗牽強；《經解》則從孫復、劉敞所謂「王師自敗」之義，較爲客觀。所以有學者指出：「以《宋元學案》所引胡氏《春秋說》考之，莘老亦不盡用安定之說。」〔註124〕是否盡用取決於孫覺所聞與否。或許「王師自敗」尚屬孫覺「所聞」之列，故不從其師胡瑗之說。

第二，孫覺解《春秋》擅於從例法入手，並取類似經文作橫向歸納、對比，從中拾取經義。如莊公十年「宋人遷宿」，《經解》首先解釋「遷」，認爲「遷」有二義，且書寫方式不同：一爲「某遷於某」，表示自遷或被大國所逼而遷；一爲「某人遷某」，表示主遷者視被遷者爲附庸，此條經文屬後者。其次又對比「滅」、「取」之義，認爲「凡遷者皆兩罪之也」，即雙方都有過錯。因爲被遷一方不能「以道守位」，「以德懷民」而屈從於同等權位者，罪不可免；主遷一方「遷人之國」，自有不義之處。可以看出，孫覺以例爲突破口，通過對比，尋求經義，條理清晰，主次分明，頗具說服力，也益於創新。

孫覺雖然以書例作爲解經的一種方法，但明確反對日月例。如莊公十年「公敗齊師於長勺」，《經解》言：「按《春秋》不以日月爲例，詳略因舊史爾。」即經文本身是否書日月，取決於舊史記載，體現孫覺從史尊經的精神。如此看來，四庫館臣講孫復、劉敞等北宋學人解《春秋》，「名爲棄傳從經，所棄者恃《左氏》事迹，《公》《穀》日月例耳。」〔註125〕以此評價孫覺《經解》對例法的態度也比較貼切。

由上可知，孫覺解《春秋》的方法，無論是對三傳、諸儒之說的合理利用，還是對義例對比的充分發揮，都離不開《經解》的「王道」宗旨。所謂對三傳「取其是而捨其非」，並非任意取捨，其取捨的標準正是「王道」論；所謂「以《穀梁》爲本」，只是相對其他二傳而言，最根本的是以孫覺所自得的「王道」爲本。

綜上，孫覺不滿於前人對孔子所作《春秋》之意的誤讀，立足於諸儒傳注，闡發孔子「以王法正無王」而作《春秋》的含義，其實質是「王道」。「王

〔註124〕牟潤孫《論兩宋〈春秋〉學之主流》，載《注史齋叢稿》，中華書局，1987年版，第150頁。

〔註125〕〔清〕永瑢等撰《四庫全書總目》卷26，《經部·春秋類一》，中華書局，1965年版，第210頁。

道」思想貫穿《經解》全文，從內容如倫理、政治到形式如書例、寫作方法，每一方面的論證洋洋數百字，從中透露出孫覺強烈的致用情懷。孫覺對《春秋》的解讀屬一般儒學的《春秋》研究，關注《春秋》學中的倫理、民族關係等問題，吸收並發展了宋初學人孫復等的《春秋》觀，更加突出「王道」主題。由於處在理學思潮的初步發展階段，孫覺不可避免地受到影響，所以《經解》中存在理學的影子。如莊公十二年「宋萬弒其君捷及其大夫仇牧」，《經解》主張在下者以道事君，仇牧之行不在聖人褒揚之列。解釋其中的原因則引《易》「咸者，感也」，認為感之道在於「感物必以心，不以心者，物必不感」，「無心於感又感之盛也」，所以「未至於感者，責之以心；已至於感者，責之以盛」。這裡區分「感」為「有心之感」與「無心之感」，後者在境界層次上高於前者。前者「心」指情感、意志之心，強調心與外物的主動接觸；後者「心」則超出主體意識，達到一種物與心相融合的狀態。仇牧並非以道事君，作為死難之臣，對《春秋》讀者有感，此「感」屬「有心之感」，所以同聖人之道相比，不在褒揚範圍內。可見，孫覺解《春秋》注意到「心」的作用，但《經解》主要論述「王道」思想，其對「心」的認識也主要是服務於「王道」，並沒有由此進入理學的討論命題。

本章結語

在《春秋》學史上，王安石以《春秋》「斷爛朝報」說而成為議論的焦點，使然其「斷爛朝報」說有被時人或後人誤解之嫌，但不得不說，王安石以法令的形式除去《春秋》科考資格，一方面對《春秋》學的發展有一定的阻礙作用，另一方面又中斷了前期《春秋》學學者對《春秋》道德規範等形下層面的研究路徑，其對「道」的認識間接開啓了《春秋》學發展的新方向。在正負效應的雙重影響下，《春秋》學沿著兩條路線向前運動，一條是以蘇轍為代表，認為王安石所謂「道」絕對性、必然性存在漏洞，主張「道」與「勢」相推闡。反映在文化上表現為以「道」「勢」解讀《春秋》，直接推進了「道」與《春秋》的關係；另一條是以孫覺為代表，在受到王安石對《春秋》法令的衝擊下，力圖證明孔子所以作《春秋》的本意，以「王道」解讀《春秋》，並使這一思想通貫全文。《春秋經解》主要突出的是「王道」指導下的君臣倫理關係，有一定的現實意義。

　　兩種動向分屬不同的研究方式，前者屬於理學的《春秋》研究，王安石間接爲《春秋》學發展提供了新思路，蘇轍則進一步促使《春秋》與「道」發生關係，「道」與《春秋》相互證明。此時理學與《春秋》處於平衡的狀態，形上之「理」並不能完全駕馭《春秋》，《春秋》也沒有徹底降至形下現實的層面，但在理學思潮逐步高漲的大背景下，「理」與《春秋》形上、形下的特定關係勢在必行。後者屬一般儒學的研究，孫覺承宋初學人胡瑗、孫復等人的「尊王」思想，明確《春秋》的「王道」主題，其中對《春秋》學某一命題的分析、論證較爲客觀，表現出其積極的用世之意。

　　實際上，這一時期的《春秋》學研究的兩種方式並不具有嚴格意義上的界限，蘇轍《春秋集解》中有對《春秋》一般問題的涉獵，孫覺《春秋經解》中也有「理」的味道。關鍵是在理學發展的思潮中，二者不可能並行而立，一般儒學的《春秋》研究必將以某種方式融入到理學的《春秋》研究中。當然，必須指出，兩種方式的《春秋》研究是對共同現實問題所進行的不同角度的思考，並各自提出解決思路。

　　種種迹象表明，這一時期的《春秋》學既有對初期《春秋》學理論成果的繼承，又有對理學與《春秋》關係進一步發展的啓發，屬過渡階段，有承上啓下之功。

第四章　理學發展中的《春秋》學

　　從周敦頤到二程，理學逐步形成並得到初步發展。這一時期的《春秋》學由部分義理化到整體義理化，最終成爲「理」的表現工具。周敦頤、邵雍、張載對《春秋》稍有涉及，《春秋》在他們「理」的構建中起輔助性作用，並沒有完全展開；隨著理學的逐步深化，二程，尤其是程頤對《春秋》經有較全面的分析，《春秋》完全被置於理學系統中，用以證明「理」，「理」也通過《春秋》得到現實的落實，但從著作形式上講，《春秋傳》並沒有通解全經，且《春秋》所包含的政治功能發揮有限。胡安國汲取程頤《春秋》學的有益因素，以「理」貫穿全經，又突出《春秋》的致用性。與義理化《春秋》並行存在的是一般儒學的解經，雖然解經主題仍圍於「尊王攘夷」、王道之治，但最重要的變化是《春秋》研究方法、模式上的創新，崔子方以日月例解《春秋》，蕭楚則以專題的形式重解《春秋》，葉夢得又開出新的解釋體裁，提出新的闡釋思想。

第一節　理學奠基者之輔助性的《春秋》觀

　　理學奠基者的《春秋》觀主要是指周敦頤、邵雍、張載三人理學思想中《春秋》的地位。從理學發展史上看，三人在宇宙論、認識論、歷史觀等理學體系的建構方面各有獨自的學術特色及貢獻，歷來是研究宋元時期思想文化、學術思潮等必須提及的關鍵人物。從北宋《春秋》學的發展過程來看，三人形上理論體系中對《春秋》的側重點也不盡相同。但可以肯定的是，《春秋》在理學思潮的湧動下，逐漸失去其主動權，日益滲透於「理」之中。

　　整體而言，三位理學家關注的是「太極」、「性」、「氣」等理學範疇，其理論資源爲《周易》、《中庸》、《論語》、《孟子》、《大學》等相關典籍文本及道家的某些觀點，而《春秋》經本身不具備闡發心性義理、道德性命等精妙範疇或命題的條件，相應地也淡出理學家的視線，但《春秋》經仍有其自身價值。正是因爲《春秋》仍有一定的價值，所以三位理學家在其理論體系中對《春秋》都有所涉及。

　　周敦頤（1017～1073），理學的開創者，後世稱其爲「道學宗主」。《宋元學案》講：「孔孟而後，漢儒止有傳經之學，性道微言之絕矣。元公崛起，二程嗣之，又復橫渠諸大儒輩出，聖學大昌。故安定徂徠卓乎有儒者之矩範，然僅可謂有開之必先，若論闡發心性義理之精微，端數元公之破暗也。」〔註1〕意指周敦頤繼承孔孟道統，在心性義理方面有「破暗」之功，是理學的開山。

　　關於周敦頤的宇宙論體系，許多相關理學史、儒學史等專著或論文都有詳細論述，在此不贅述，僅就其《通書》中的《春秋》材料進行分析。

　　《通書》原名《易通》，是周氏學術著作之一。《宋元學案》百家謹案：「朱文公曰：周子《通書》本號《易通》，與《太極圖說》並出，程氏以傳於世，而其爲說實相表裏。」〔註2〕指周氏《通書》與《太極圖說》相互關聯。從內容上講，《通書》主要論及道德修身、禮樂刑政，「入德之方，經世之具。」有學者研究認爲：「《太極圖說》重視『天道』的演進，而《通書》則偏重於『人道』的闡發。」〔註3〕簡明扼要地指出了兩書不同的主題。《春秋》經主要講人人之際，「辨是非，長於治人。」（《史記·太史公自序》）屬「人道」範圍，所以《通書》勢必對《春秋》有所關涉。「《春秋》正王道，明大法也，孔子爲後世王者而修也。亂臣賊子，誅死者於前，所以懼生者於後也，宜乎萬世無窮，王祀夫子，報德報功之無盡焉。」〔註4〕指出孔子修《春秋》的目的及效果。「王道」即《通書》中所言「聖人之道」，「聖人之道，入乎耳，存乎心，蘊之爲德行，行之爲事業。彼以文辭而已者，陋矣。」〔註5〕周敦頤認

〔註1〕　〔清〕黃宗羲原著，全祖望補修，陳金生，梁運華點校《宋元學案》卷11，《濂溪學案》，中華書局，1986年版，第482頁。

〔註2〕　同上，第494頁。

〔註3〕　張豈之主編《中國思想學說史》（宋元卷上），廣西師範大學出版社，2007年版，第151頁。

〔註4〕　〔清〕黃宗羲原著，全祖望補修，陳金生，梁運華點校《宋元學案》卷11，《濂溪學案》，中華書局，1986年版，第494頁。

〔註5〕　同上，第493頁。

爲「聖人之道」不僅具有理論形式，而且見之於實踐，如道德行爲、建功立業，反對文字的訓詁考證。孔子修《春秋》正是孔子踐行「道」的有力表現，「道德高厚教化無窮，實於天地參而四時同，其惟孔子乎。」意指孔子之「人道」與「天道」相通。可見，周敦頤以《春秋》來說明「聖人之道」在孔子身上的落實，表明周敦頤對孔子的推崇。

邵雍（1011～1077），作爲重要的理學家之一，其學術特點是以象數學建構形上理論體系，代表作爲《皇極經世書》。其子邵伯溫認爲：「窮日、月、星、辰、飛、走、動、植之數以盡天地萬物之理，述皇、帝、王、霸之事以明大中至正之道。陰陽之消長，古今之治亂，較然可見矣。」〔註6〕即《皇極經世書》內容窮盡一切事物，其中存在一普遍法則。有學者指出：「(《皇極經世書》) 力求製造一個囊括宇宙、自然、社會、人生的整個體系，還企圖找到貫穿於整個體系的最高法則，並聲言只要人們掌握了這個體系及其法則，就可以上知宇宙，下應人事而不疲。」〔註7〕可見，邵雍的理論體系通貫天道、人事，在人事中探討天道。

首先，「道」爲萬物存在的依據，並由物而得以呈現。《皇極經世書》提出：

> 春夏秋冬者，昊天之時也，《易》、《書》、《詩》、《春秋》者，聖人之經也。天時不差，則歲功成矣；聖經不忒，則君德成矣。天有常時，聖有常經，行之正則正矣，行之邪則邪矣。邪正之間有道在焉，行之正則謂之正道，行之邪則謂之邪道，邪正之由人乎？由天乎？

> 天由道而生，地由道而成，物由道而行，天地人物則異也，其於由道一也。夫道也者，道也，道無形，行之則見於事矣，如道路之道，坦然使千億萬年行之，人知其歸者也。〔註8〕

這裡有兩層含義：第一，「昊天」爲自然之天，天所體現的自然規律與人所創造的道德文明雖然表現各異，但有共同的內在依據，即「道」；第二，「道」

〔註6〕 〔清〕王植《皇極經世書解・總論》，引邵伯溫語《四庫全書〈文淵閣〉本》，上海古籍出版社 1987 年影印。

〔註7〕 侯外廬，邱漢生，張豈之主編《宋明理學史》（上），人民出版社，1984 年版，第 182 頁。

〔註8〕 〔宋〕邵雍《皇極經世書》卷 12，《觀物篇》59，《四庫全書〈文淵閣〉本》，上海古籍出版社 1987 年影印。

是產生萬物的根源，但不可見，由事物來體現道，天道見之於人事。

其次，孔子所修作的《春秋》是表現「道」的一種方式。「秦穆公有功於周，能遷善改過，爲霸者之最；晉文侯世世勤王，遷平王於洛，次之；齊桓公九合諸侯不以兵車，又次之；楚莊強大，又次之；宋襄公雖霸而力微，會諸侯而爲楚所執，不足論也。治《春秋》者不先定四國之功過，則事無統理，不得聖人之心矣。」可以發現，邵子排列五霸的標準是「理」、「聖人之心」，由「遷善」到「力微」，「理」、「聖人之心」是「道」的另一種表達方式。且邵子並不否定「霸道」，「春秋禮法廢，君臣亂，其間有能爲小善者，安得不進之也？況五霸實有功於天下，且五霸固不及於王，不猶愈於左衽乎，安得不與之也？」即肯定五霸之功而鄙斥夷狄。有功過則有褒貶，邵子不贊成「有貶無褒」說，因爲「功過不相掩，聖人先褒其功，後貶其罪，故罪人有功者亦必錄之，不可不恕也。」〔註9〕功與過是依實而錄，「《春秋》錄實事而善惡形於其中矣」，事件本身已有價值評判在其中，所以邵子認爲「聖人之經渾然無迹，如天道焉。」即經書的書寫形式與天道的無形有異曲同工之妙。

《春秋》「長於治人」、「治王道」已爲學人所公認，邵子則提出「《春秋》盡性之書」。

> 至於書郊牛之口傷改卜牛，牛死猶三望，此因魯事而貶之也，聖人何容心哉？無我故也，豈非由性命而發言也？又云《春秋》皆因事而褒貶，豈聖人特立私意哉？人知《春秋》聖人之筆削，爲天下之至公，不知聖人之所以爲公也。如因牛傷則知魯之僭郊，因初獻六羽則知舊僭八佾，因新作雉門則知舊無雉門，皆非聖人有意於其間。故曰《春秋》盡性之書也。〔註10〕

此段話可理解爲：第一，《春秋》中所謂「郊牛」、「六羽」、「雉門」，皆屬禮的範圍，一般儒學的《春秋》研究或由此「非禮」而推出「尊王」，或引申至愛民、重民，邵雍則由魯公僭禮證明周道衰敗；第二，邵子引此非禮行爲表現「道」，「無我」、「至公」，言明聖人無私心，其評判的準則是「公」，是普遍法則，並非「私意」、「有意」等主觀情感。所謂「性」、「命」，「天使我有

〔註9〕 〔宋〕邵雍《皇極經世書》卷13，《觀物外篇》上，《四庫全書〈文淵閣〉本》，上海古籍出版社1987年影印。

〔註10〕 〔宋〕邵雍《皇極經世書》卷13，《觀物外篇》上，《四庫全書〈文淵閣〉本》，上海古籍出版社1987年影印。

之謂命，命之在我之謂性，性之在物之謂理。」〔註11〕此是對《中庸》「天命
之謂性」的發揮。「性」、「命」是「道」在人身上的體現，「心」、「性」、「命」
是「道」的不同展現形式。由此可知，《春秋》經文本身並不像《易》、《中庸》
等直接提供關於「性」、「命」、「天」等易於闡發、建立形上理論的範疇，而
是經由聖人書寫修作表現「道」。邵子所謂「《春秋》盡性之書」，確切講是聖
人修作《春秋》而「盡性」，盡聖人自然之性，聖人與「性」、「道」合一。

　　張載（1020～1077），理學的主要奠基者之一，其理論特點是以氣爲宇
宙本原，並反求人性以探討人道。有學者總結以張載爲中心的關學學派特色
爲「學貴致用」、「株守儒學，躬行禮教」〔註12〕，《宋元學案》錄有張載提
倡古禮的事例，可爲「躬行禮教」的明證。漢代司馬遷認爲：《春秋》爲禮
義之大宗，而張載倡言禮，所以對《春秋》也有所關注，且《郡齋讀書志》
載《橫渠春秋說》一卷，「爲門人雜說《春秋》，其書未成。」〔註13〕

　　《正蒙·玉禘篇》列舉周王與諸侯的祭祀之禮，「《春秋》大要天子之事
也，故曰：知我者，其惟《春秋》乎；罪我者，其惟《春秋》乎。」〔註14〕
最後兩句出自《孟子·滕文公下》。依《春秋》本是魯國史書，記載魯二百四
十二年間大事，屬「天子之事」；孔子修《春秋》治王法，但不在權位，故有
此說。張載於《玉禘篇》引用，含有君臣尊卑之意，但這不是張載研究《春
秋》的重點。「欲觀《易》，先當玩其辭，蓋所以說《易》象也。不先盡《繫
辭》，則其觀於《易》也，或遠或近，或太艱難。不知《繫辭》而求《易》，
猶不知禮而考《春秋》也。」〔註15〕這裡由禮與《春秋》的關係證明《繫辭》
在解《易》中的地位，《春秋》只是起到論據的作用。而《繫辭》之所以重要，
是因爲「《繫辭》所以論《易》之道」「《繫辭》反覆惟在明《易》所以爲《易》」。
也就是說，《繫辭》含有《易》之大義，爲《易》的根本宗旨。以此反觀《春

〔註11〕〔宋〕邵雍《皇極經世書》卷14，《觀物外篇》下，《四庫全書〈文淵閣〉本》，
　　　　上海古籍出版社1987年影印。
〔註12〕侯外廬，邱漢生，張豈之主編《宋明理學史》（上），人民出版社，1984年版，
　　　　第93頁。
〔註13〕〔宋〕晁公武《郡齋讀書志》卷1（下），《春秋類》，《四庫全書〈文淵閣〉本》，
　　　　上海古籍出版社1987年影印。
〔註14〕〔宋〕張載著，章錫琛點校《張載集》，《正蒙·玉禘篇第十七》，中華書局，
　　　　1978年版，第62頁。
〔註15〕〔宋〕張載著，章錫琛點校《張載集》，《橫渠易說·繫辭上》，中華書局，1978
　　　　年版，第176頁。

秋》，則「禮」為《春秋》的大義所在。

張載對禮有所劃分，「禮非止著見於外，亦有無體之禮，蓋禮之原在心。禮者，聖人之成法也。除了禮，天下更無道矣。」「天之生物，便有尊卑大小之象，人順之而已，此所以為禮也。學者有專以禮出於人，而不知禮本天之自然。」「禮所以持性，蓋本出於性。持性，反本也。」〔註16〕這裡將「禮」分為有形之禮儀條文與無體之禮，「無體之禮」即天地自然之禮，為「道」，為「聖人成法」，為人的天性，是有形之禮儀條文的最終依據、法則。《玉禘篇》中祭祀之禮為禮儀行為，是天地自然秩序在現實社會的落實與作用。以此來看所謂「不知禮而考《春秋》」，「禮」指的是無體之「禮」，表現為禮儀形式。《春秋》大義在無體之「禮」。

「無體之禮」屬於義理的範圍。「聖人文章無定體，《詩》、《書》、《易》、《禮》、《春秋》，只隨義理如此而言。」〔註17〕即言要尋求五經義理。所謂「義理」，張載講：「義理之學，亦須深沉方有造，非淺易輕浮之可得也。蓋惟深則能通天下之志，只欲說得便似聖人，若此則是釋氏之所謂祖師之類也。」此處講義理之學的方法，須要深刻沉潛，最高境界是「通天下之志」，即「天理」。禮儀於縱深處發展便是永恒性的道德性命之理，「道德性命是長在不死之物也，己身則死，此則常在。」〔註18〕即指性命之理不屬物質個體，而屬精神層面，超越時空。具體到義理之學的文化載體，張載認為六經「使晝夜不息」，但「若義理則盡無窮，待自家長得一格則又見得別。」即使沒有文字載體，「雖文字不能傳，然義理不滅。」〔註19〕義理超出文字的表達方式而具有恒久性。就《春秋》而言，張載認為：「《春秋》之書，在古無有，乃仲尼所自作。惟孟子能知之，非理明義精，殆未可學。先儒未及此而治之，故其說多鑿。」〔註20〕這裡講「仲尼所自作」，是就經義發揮與創新方面而言。因

〔註16〕〔宋〕張載著，章錫琛點校《張載集》，《經學禮窟·禮樂》，中華書局，1978年版，第264頁。
〔註17〕〔宋〕張載著，章錫琛點校《張載集》，《經學禮窟·詩書》，中華書局，1978年版，第255頁。
〔註18〕〔宋〕張載著，章錫琛點校《張載集》，《經學禮窟·義理》，中華書局，1978年版，第273頁。
〔註19〕〔宋〕張載著，章錫琛點校《張載集》，《經學禮窟·義理》，中華書局，1978年版，第278頁。
〔註20〕〔宋〕張載著，章錫琛點校《張載集》，《近思錄拾遺》，中華書局，1978年版，第377頁。

爲從歷史的角度看，《春秋》是孔子據魯史而作，而這一點不屬張載所要表達的「義理」範圍。「孟子能知之」，指孟子所言「其事則齊桓晉文，其文則史，孔子曰：其義則丘竊取之矣。」（《孟子·離婁下》）實際上，從「非理明義精，殆未可學」來看，孟子「能知」的部分確切講是「其義丘竊取之」的部分，即孔子以義理解《春秋》。由以義理解《春秋》而反對先儒解經的穿鑿。

可見，《春秋》在張載的理論體系中並不起主導作用。從禮方面講，張載借《春秋》表達尊卑等級之意，更重要的是輔助《易》。而由《易》對照《春秋》，則要求從「無體之禮」理解《春秋》。再延伸講，張載通過《春秋》這一儒家經典解說「義理」，「禮」統一於義理。

以上簡單概述了二程前的理學家對《春秋》的看法。不難發現，三人作爲理學的奠基者，在爲儒學確立形上依據的理論建設方面，有開拓性的成就。《春秋》在他們的理論體系中屬材料、論據、例證說明等助導性範圍，於窮究天理、探討性命方面作用有限。他們的理學思想中對《春秋》的具體內容涉及較少，也沒有成書的《春秋》類專著。究其原因，有學者個人選擇的主觀因素，更重要的是學術自身發展規律所致。

第二節　程頤以「理」解《春秋》

程顥（1032～1085）、程頤（1033～1107）是理學發展史上的關鍵性人物，其天理論奠定了理學的基本形態。天理是二程理學說的核心概念，是具有終極意義的最高範疇，並最終落實到萬事萬物。就《春秋》而言，「理」既是解釋《春秋》的內在依據，又是其方法、目的，「理」以不同的方式貫穿於《春秋》的方方面面，如倫理綱常、自然現象、書例等；同時，「理」在《春秋》這裡也得到落實。正如上文所說講，《春秋》在二程，主要是程頤這裡實現了全部義理化。

一、「經所以載道也」

經學爲儒學學術的基本形態，每一次學術的進步、理論的創新都離不開對傳統經典文本的合適合宜的重新解釋，理學作爲有宋一代新儒學的思想體系也經歷了這一過程。關於經學與理學的關係，學人們從不同的角度提出自己的看法，如有學者認爲：「理學產生伊始，就與經學緊密結合爲一體。」

並分析了理學以經學爲理論工具的原因：「科舉制度的變化」、「經學本身的變化」、民族意識的增強等〔註21〕。有學者從經學思想發展過程看理學，指出：「理學是經學演變的合邏輯產物」「沒有超越於經典之上的所謂『理學』」〔註22〕。無論哪一種角度的解說，都證明理學的發展離不開經學。

前人論《春秋》，多就《春秋》經與史的兩種屬性論經史關係，如蘇氏父子。程頤則從經與「理」的關係入手，進而具體討論《春秋》。其經學思想如下：

首先，對經與「道」的定位，經爲載道的工具。經指儒家經典，「道」即二程所謂「天理」。程頤提出：「道之在經」〔註23〕「經所以載道也」〔註24〕「思索經義，不能於簡策之外脫然有獨見。」〔註25〕即儒家經典是爲「道」服務的，經爲求道的文本基礎，道爲經存在的意義。道與經典相比，道更重要。治經的目標是「知道」，「經所以載道也，器所以適用也。學經而不知道，治器而不適用，奚益哉？」〔註26〕即道爲本，經爲末，治經以求道爲方向。由經載道，程頤進而認爲：「誦其言辭，解其訓詁而不及道，乃無用之糟粕爾。」〔註27〕重視對經典文字的考據訓詁，是兩漢經學的治學特點，也日益成爲經學發展的阻礙。程頤批判漢學的治經方式，把經從神聖不可動搖的地位拉下來，樹立起求「道」的宗旨。「經所以載道」，不僅是對漢學的衝擊，就是相對於前期學人如孫復、孫覺的尊經，如劉敞、蘇轍等的疑經也是很大的突破。尊經、疑經畢竟是在經傳等文本範圍內打轉，並沒有跳出此框架而提出更高的理論。所以，程頤講：「古之學者，先由經以識義理，蓋始學時，盡是傳授。後之學者，卻先須識義理，方始看得經。」〔註28〕前一「義理」

〔註21〕張豈之主編《中國思想史》，西北大學出版社，1989年版，第339頁。
〔註22〕姜廣輝《論宋明理學與經學的關係》，《湖南大學學報》，2004年第5期。
〔註23〕〔宋〕程顥，程頤著，王孝魚點校《二程集》，《河南程氏遺書》卷1，中華書局，2004年版，第2頁。
〔註24〕〔宋〕程顥，程頤著，王孝魚點校《二程集》，《河南程氏文集·遺文》，中華書局，2004年版，第671頁。
〔註25〕〔宋〕程顥，程頤著，王孝魚點校《二程集》，《河南程氏粹言》卷1，中華書局，2004年版，第1186頁。
〔註26〕〔宋〕程顥，程頤著，王孝魚點校《二程集》，《河南程氏遺書》卷6，中華書局，2004年版，第95頁。
〔註27〕〔宋〕程顥，程頤著，王孝魚點校《二程集》，《河南程氏文集·遺文》，中華書局，2004年版，第671頁。
〔註28〕〔宋〕程顥，程頤著，王孝魚點校《二程集》，《河南程氏遺書》卷15，中華

爲經文字內的義理，且並非自得；後一「義理」是超出經文字之上的「義理」，以義理指導經典。

其次在治經方法上，程頤強調「自得」。「爲學，治經最好。苟不自得，則盡治五經，亦是空言。」〔註 29〕即以經爲本，自得經義。如何自得？程頤講：「思。『思曰睿，睿作聖』，須是於思慮間得之，大抵只是一個明理。」〔註 30〕自得要通過思考，思考的內容不外乎「理」。具體步驟，程頤認爲《論語》、《孟子》爲基本，「學者先須讀《論語》、《孟子》，窮得《論語》、《孟子》，自有個要約處，以此觀他經，甚省力。」「《論語》、《孟子》如丈尺權衡相似，以此去量度事物，自然見得長短輕重。」〔註 31〕即由《論語》、《孟子》先立大綱，以《論語》、《孟子》經義爲標準，丈量其他經書，自然明理。「《論語》、《孟子》既治，則六經可不治而明矣。」〔註 32〕程頤以此義理解經批評經之後的傳注之學，「聖人之經，皆不得以而作……後世之言，無之不爲缺，有之徒爲贅，雖多何益也？」〔註 33〕意指經義在文字文本之外，傳注不得經義，尤其對漢代章句之學表示不滿，「漢之經術安用？只是以章句訓詁爲事。且如解《堯典》二字，至三萬餘言，是不知要也。」〔註 34〕「不知要」就是後文提到的「不明理」，切中漢代經學繁瑣的要害。

最後，治經不只是窮理，也要應用於實踐。「窮經，將以致用也。如『誦《詩》三百，授之以政不達，使於四方，不能專對，雖多亦奚以爲？』今世之號爲窮經者，果能達於政事專對之間乎？」〔註 35〕即窮經的目的是應用於日常及政事，在實踐操作中體現聖人之道。二程又將窮理與致用相聯繫，

書局，2004 年版，第 164 頁。

〔註 29〕〔宋〕程顥，程頤著，王孝魚點校《二程集》，《河南程氏遺書》卷 1，中華書局，2004 年版，第 2 頁。

〔註 30〕〔宋〕程顥，程頤著，王孝魚點校《二程集》，《河南程氏遺書》卷 22，中華書局，2004 年版，第 296 頁。

〔註 31〕〔宋〕程顥，程頤著，王孝魚點校《二程集》，《河南程氏遺書》卷 18，中華書局，2004 年版，第 205 頁。

〔註 32〕〔宋〕程顥，程頤著，王孝魚點校《二程集》，《河南程氏遺書》卷 25，中華書局，2004 年版，第 32 頁。

〔註 33〕〔宋〕程顥，程頤著，王孝魚點校《二程集》，《河南程氏遺書》卷 18，中華書局，2004 年版，第 221 頁。

〔註 34〕〔宋〕程顥，程頤著，王孝魚點校《二程集》，《河南程氏遺書》卷 18，中華書局，2004 年版，第 232 頁。

〔註 35〕〔宋〕程顥，程頤著，王孝魚點校《二程集》，《河南程氏遺書》卷 4，中華書局，2004 年版，第 71 頁。

「讀書將以窮理，將以致用也。今後滯心於章句之末，則無所用也，此學者之大患。」〔註36〕治經所窮之理並非脫離實踐之「理」，而是可以在現實生活中得以表現之「理」。

二、「學《春秋》可以盡道」

程頤對儒家經典文本主張窮理以致用，具體到《春秋》經，程頤以「理」為旨歸，對《春秋》從形式到內容作了全面的分析。

首先要解決的是關於程頤《春秋傳》的成書問題。「昔劉質夫作《春秋傳》未成，每有人問伊川，必對曰：已令劉絢作之，自不須某費工夫也。劉傳既成，來呈伊川，門人請觀，伊川曰：卻須著某親作。竟不以劉傳示人，伊川沒後，方得見。今世傳解至閔公者。」〔註37〕劉絢，字質夫，是「程門弟子最著者之一」。程頤對其評價很高，「先生（劉絢）歿，伊川哭之曰：聖學不傳久矣！……遊吾門者眾矣，而信之篤、得之多、行之果、守之固若子者幾希。」在程頤看來，劉絢在德行、踐履方面超出他人。又，劉絢「少通《春秋》，祖於程氏，專以孔、孟之言斷經義，作傳未就」，與程頤所講「已令劉絢作之」相符。謝良佐也講：「諸君留意《春秋》之學，甚善。向見程先生言，須要廣見諸家之說，其門人惟劉質夫得先生旨意最多。」〔註38〕可見，程頤及其弟子關注《春秋》，弟子中又以劉絢解《春秋》得到認可，程頤對其期待有加。《直齋書錄解題》錄有劉絢《春秋傳》十二卷，「二程門人，其師亟稱之，所解明正簡切。」〔註39〕《郡齋讀書志》則載劉質夫《春秋》五卷，兩書所記卷數各異。今劉傳不可考，其卷數與解經特點也不可斷言。但可知即使是劉絢這樣的高足「以孔孟之言斷經義」，程頤最終還是不甚滿意，決定自己解注《春秋》。

《二程集·外書》載：「先生（尹和靖）嘗問伊川《春秋解》，伊川每曰：

〔註36〕〔宋〕程顥，程頤著，王孝魚點校《二程集》，《河南程氏遺書》卷18，中華書局，2004年版，第187頁。

〔註37〕〔宋〕程顥，程頤著，王孝魚點校《二程集》，《河南程氏外書》卷12，中華書局，2004年版，第432頁。

〔註38〕〔清〕黃宗羲原著，全祖望補修，陳金生，梁運華點校《宋元學案》卷30，《劉李諸儒學案》，中華書局，1986年版，第1065～1066頁。

〔註39〕〔宋〕吳興，陳振孫《直齋書錄解題》卷3，《春秋類》，《四庫全書〈文淵閣〉本》，上海古籍出版社1987年影印。

『已令劉絢去編集，俟其來。』一日，劉集成，呈於伊川。先生復請之，伊川曰：『當須某自作也。』自涪陵歸，方下筆，竟不能成書，劉集終亦不出。」〔註40〕程頤親手作《春秋傳》始於「自涪陵歸」後，據《宋史》本傳講：「紹聖中，削籍竄涪州……徽宗即位，徙峽州。」〔註41〕可知，程頤《春秋傳》作於徽宗建中靖國元年（1101）左右，此時已是其晚年。程頤作《春秋傳序》為崇寧二年（1103），距其卒僅五年。所以，同對其他經書的關注程度相比，程頤自稱「用功亦不多」。《春秋傳》中桓公九年處注有「先生作《春秋傳》至此而終，舊有解說者，纂集附於後」的字樣，觀桓公九年以後的經文注解，一方面對《春秋》經原文並非逐一作解，另一方面從某些解義來看，與桓公九年前解詞有別。如隱公元年「公及邾儀父盟於蔑」條，程頤解為「盟誓以結信，出於人情，先王所不禁也。」莊公二十七年「同盟於幽」條，解為「同志而盟，非率之也。」後一解詞顯然並非程頤解經的風格。陳亮《書伊川先生〈春秋傳〉後》講：「今其書之可見者，才二十年，咸惜其缺也。」〔註42〕由此推知程頤《春秋傳》解至桓公九年，只有二十年。《直齋書錄解題》所講：程頤《春秋傳》「襄昭後尤略」有誤。

　　現在我們從內容上看《春秋》，也即程頤對《春秋》大義的整體定位，並非指對各條經文的分析。

　　程頤認為學《春秋》可以窮盡「道」，「聖人之道，如河圖、洛書，其始止於畫上便出義。後之人既重卦，又繫辭，求之未必得其理。至如《春秋》，是其所是，非其所非，不過只是當年數人而已。學者不觀他書，只觀《春秋》，亦可盡道。」〔註43〕其中「聖人之道」、「理」、「道」是同一概念的不同表達方式。這裡程頤指出《易》與《春秋》文本本身體現聖人精神，其他文字注疏類的解讀並不得大義，這種平宜簡約的治經方式正是宋學特色。其中暗含的前提是「理」，以「理」解《春秋》。「《春秋》是是非非，因人之行事，不

〔註40〕　〔宋〕程顥，程頤著，王孝魚點校《二程集》，《河南程氏外書》卷12，中華書局，2004年版，第436頁。

〔註41〕　〔元〕脫脫等《宋史》卷427，《道學傳一‧程頤》，中華書局，1977年版，第12720頁。

〔註42〕　〔宋〕陳亮《龍川集》，卷16，《四庫全書〈文淵閣〉本》，上海古籍出版社1987年影印。

〔註43〕　〔宋〕程顥，程頤著，王孝魚點校《二程集》，《河南程氏遺書》卷15，中華書局，2004年版，第157頁。

過當年數人而已，窮理之要也。學者不必他求，學《春秋》可以盡道矣。然以通《語》《孟》爲先。」〔註44〕此處與上引材料相似，不同的是，程頤明確指出《春秋》之「是是非非」處爲窮理的關鍵所在，解《春秋》的基礎是通曉《論語》、《孟子》之「理」，這正與程頤治經方法上要求先看《論語》、《孟子》合若符節。

「道」在現實中表現爲「法」。「如忠質文之所尙，子丑寅之所建，歲三月爲一時之理……孔子知是理，故其志不欲爲一王之法，欲爲百王之通法，如語顏淵爲邦是也，其法度又一寓之《春秋》。」〔註45〕這裡有兩層含義：一是「一時之理」中的「理」表示「禮」，有時間的限制，不具有永恒性，不固定而有靈活性。「『禮，孰爲大？時爲大』亦須隨時，當隨則隨，當治則治。當其時作其事，便是能隨時。」〔註46〕程頤強調的是時中之禮，所尙「忠質文」，所建「子丑寅」，反映的是三代之禮的因損革益。而「理」作爲絕對的存在，體現在不同事物中，成爲每一事物的本質與特性；二是孔子所知之「理」，並非「一時之理」，而是永恒之理，表現爲「通法」，載體爲《春秋》。顏淵問爲邦出自《論語・衛靈公》〔註47〕，「子曰：『行夏之時，乘殷之輅，服周之冕，樂則韶、舞。放鄭聲，遠佞人。鄭聲淫，佞人殆。』」「行夏之時」即古代曆法，夏以寅爲正月，合乎農時，「蓋取其時之正與其令之善」；「乘殷之輅」即天子所乘車爲木質，「商輅之樸素渾堅而等威已辨」；「服周之冕」即周代祭服所用之冠華不爲靡，貴不及奢，「文而得其中也」；「樂則韶、舞」即韶爲舜樂，「取其盡善盡美」；「放鄭聲，遠佞人」即禁絕鄭聲，遠離佞人。可見顏淵所問爲治國的方法，孔子所答是治理國家的普遍法則，不出乎重民生、興禮樂。程頤認爲孔子所立爲「百王之法」，《春秋》恰體現這一通法。法與理是器與道、用與體的關係，「建立綱紀，分正百職，順天揆事，創制立度，以盡天下之務，治之法也。法者，道之用也。」〔註48〕「法」指制度、規範

〔註44〕〔宋〕程顥，程頤著，王孝魚點校《二程集》，《河南程氏粹言》卷1，中華書局，2004年版，第1200頁。

〔註45〕〔宋〕程顥，程頤著，王孝魚點校《二程集》，《河南程氏遺書》卷3，中華書局，2004年版，第62頁。

〔註46〕〔宋〕程顥，程頤著，王孝魚點校《二程集》，《河南程氏遺書》卷15，中華書局，2004年版，第171頁。

〔註47〕〔宋〕朱熹《論語集注》卷8，載《四書章句集注》，中華書局，1983年版，第164頁。

〔註48〕〔宋〕程顥，程頤著，王孝魚點校《二程集》，《河南程氏粹言》卷1，中華書

等形下層面，「道」爲法的主宰，屬形上層面，「法」是道的具體實現，由此《春秋》爲「道之用」。

再來看《春秋》的形式，包括程頤對孔子作《春秋》原因的論述、治《春秋》的方法、《春秋》經與漢唐諸儒所注《春秋》的關係等。

關於孔子作《春秋》的原因，程頤三次反覆說明：

> 上古之時，自伏羲、堯、舜，歷夏商以至於周，或文或質，因襲損益，其變既極，其法既詳，於是孔子參酌其宜，以爲百王法度之中制。此其所以《春秋》作也。孫明復主以無王而作，亦非是。……大抵聖人以道不得用，故考古驗今，參取百王之中制，斷之以義也。〔註49〕

> 《春秋》之書，百王不易之法。三王以後，相因既備，周道衰而聖人慮後世。聖人不作，大道遂墜，故作此一書。此義門人皆不得聞，惟顏子得聞，嘗語之曰：行夏之時，乘殷之輅，服周之冕，樂則韶舞是也。此書乃文質之中，寬猛之宜，是非之公也。〔註50〕

> 夫子刪《詩》、贊《易》、敘《書》，皆是載聖人之道，然未見聖人之用，故作《春秋》。《春秋》聖人之用也。〔註51〕

由上述材料可知：第一，雖然「經所以載道」，但具體到各經，「載道」表現形式不一。在程頤看來，《詩》、《易》、《書》直接體現「道」，尤其是《易》，「聖人作《易》，以準則天地之道。《易》之義，天地之道也。」〔註52〕即「天地之道」或「理」、「道」包含在《易》中。「道」具有形上、高度抽象性，但眞實存在於萬事萬物中，「道之外無物，物之外無道。」能體現「道」之用的正是《春秋》，《春秋》應道而作，並非孫復所言《春秋》爲「無王」而作；第二，「道」存在於古典文獻中，「其變既極，其法既詳」，但並非每個人都能體道、悟道，而「聖人慮後世」，「聖人不作，大道遂墜」「聖人以道

局，2004 年版，第 1219 頁。

〔註49〕　〔宋〕程顥，程頤著，王孝魚點校《二程集》，《河南程氏遺書》卷 18，中華書局，2004 年版，第 245 頁。

〔註50〕　〔宋〕程顥，程頤著，王孝魚點校《二程集》，《河南程氏遺書》卷 22，中華書局，2004 年版，第 283 頁。

〔註51〕　〔宋〕程顥，程頤著，王孝魚點校《二程集》，《河南程氏遺書》卷 23，中華書局，2004 年版，第 305 頁。

〔註52〕　〔宋〕程顥，程頤著，王孝魚點校《二程集》，《河南程氏經說》卷 1，中華書局，2004 年版，第 1028 頁。

不得用」。孔子以文化自覺意識擔當此任，對上古禮制進行了整理，「考古驗今」，以「義」爲取捨標準。其所達到的理論效果爲「文質之中，寬猛之宜，是非之公」，即《春秋》爲理想治國之道的集中顯現。

《春秋》應道而作，研究《春秋》就要以「道」爲出發點，「《春秋》因其行事，是非較著，故窮理爲要。」〔註53〕如何窮理？從消極方面看，由於《春秋》長於記事，是非分明，所以求義理不可拘於文字。「有重疊言者，如征伐盟會之類，蓋欲成書，須勢如此，不可事事各求異義，但一字有異，或上下文異，則義須別。」〔註54〕即反對漢代經學訓詁式的治經方法。「《春秋》不可逐句看」，意指研究《春秋》要用一種整體而前後連貫的方法，體味其中的大義；從積極方面看，治《春秋》有其先後順序及準則。「先讀《論語》、《孟子》，更讀一經，然後看《春秋》，先識得義理，方可看《春秋》。」治《春秋》的前提是義理，義理體現於《論語》、《孟子》中，這一方法修正了邵雍所謂「《春秋》盡性之書」的觀點。「《春秋》何以爲準？無如《中庸》，欲知《中庸》，無如權，須是時而爲中……何物爲權？義也。」〔註55〕治《春秋》的標準爲《中庸》之「權」，即「中」，「權」的內涵爲「義」。孔子作《春秋》，「考古驗今」、「斷之以義」即是《春秋》以「權」爲標尺的表現。權、義尚在可以言說的範圍，權與義的所以然之理則「不可容聲矣，在人所見耳」，只可意會、自得，超出語言文字之外。程頤雖然在解《春秋》的方法上提及「義理」、「時」、「中」、「義」等諸多範疇，實際上所述範疇是「理」這一絕對存在、最高範疇在具體事物上的不同表現或表達，「理」是諸範疇的內在規定。

「經所以載道」，儒家經典有相通之處，且《春秋》經本身既有三傳，又有以後諸儒的注解，所以研究《春秋》勢必與其他經傳注類的著作相關聯。從橫向看，《春秋》與其他經典文本有同有異。「同」，如前述，「經者載道之器」，經爲「道」的工具；「異」，指「《詩》《書》載道之文，《春秋》聖人之用。《詩》《書》如藥方，《春秋》如用藥治疾。」〔註56〕《詩》《書》與《春

〔註53〕〔宋〕程顥，程頤著，王孝魚點校《二程集》，《河南程氏遺書》卷15，中華書局，2004年版，第164頁。

〔註54〕〔宋〕程顥，程頤著，王孝魚點校《二程集》，《河南程氏遺書》卷2，中華書局，2004年版，第19頁。

〔註55〕〔宋〕程顥，程頤著，王孝魚點校《二程集》，《河南程氏遺書》卷15，中華書局，2004年版，第164頁。

〔註56〕〔宋〕程顥，程頤著，王孝魚點校《二程集》，《河南程氏遺書》卷2，中華書局，2004年版，第19頁。

秋》爲道與用的關係，以「道」指導「用」，由「用」顯「道」，二者互補。
又，上文講治《春秋》的方法爲以《論語》《孟子》所得義理，以《中庸》之
權衡量《春秋》大義。

　　從縱向看，程頤講：「《春秋》，傳爲案，經爲斷。」〔註57〕以《春秋》
經裁斷傳，但傳並非完全處於被動地位，「以傳考經之事迹，以經別傳之眞
僞。」這裡的傳主要是指《左傳》，《春秋》經與傳相互依存。三傳之中，程
頤偏向於《左傳》，「問：『公、穀如何？』曰：『又次於左氏』。」個中原因，
或許與《公羊》《穀梁》所闡發的經義與程頤以「理」解《春秋》的方式相
距甚遠。對於《左傳》中的事件，程頤講：「不可全信，信其可信之耳。」
〔註58〕可信與否的標準爲《春秋》經。對於《左傳》成書年代與作者，程
頤一方面存疑，「《傳》中無丘明字，不可考。」另一方面以「『虞不臘矣』
並『庶長』皆秦官秦語」爲據，指出「《左傳》非丘明所作。」〔註59〕「虞
不臘矣」出自《左傳》僖公五年宮之奇之語，「臘」指臘祭，「庶長」爲秦官
名。程頤以臘祭爲秦始有而推斷《左傳》大體上屬戰國晚期的作品，後來朱
熹沿用此說法。《四庫全書總目》於此提出辯駁，「古有臘祭，秦王是始用，
非王是始創。」〔註60〕現代學者楊伯峻引《韓非子》、《禮記·禮運》證明
臘祭不適於秦〔註61〕。暫不論雙方是非，可以肯定的是程頤對《左傳》成
書的推斷啓發了後人進一步思考。對於《左傳》中《春秋》經文止於「哀公
十六年」，比《史記·孔子世家》中所載孔子作《春秋》「下迄哀公十四年」
多出兩年，即「續經」部分，程頤表示：「是孔門弟子所續。當時以謂必能
盡得聖人作經之意，及再三考究，極有失作經意處。」〔註62〕即「續經」
並不得聖人之道。

〔註57〕　〔宋〕程顥，程頤著，王孝魚點校《二程集》，《河南程氏遺書》卷15，中華
　　　　書局，2004年版，第164頁。
〔註58〕　〔宋〕程顥，程頤著，王孝魚點校《二程集》，《河南程氏遺書》卷20，中華
　　　　書局，2004年版，第266頁。
〔註59〕　〔宋〕程顥，程頤著，王孝魚點校《二程集》，《河南程氏外書》卷11，中華
　　　　書局，2004年版，第419頁。
〔註60〕　〔清〕永瑢等撰《四庫全書總目》卷26，《經部·春秋類一》，中華書局，1965
　　　　年版，第210頁。
〔註61〕　楊伯峻《〈左傳〉成書年代論述》，載《楊伯峻學術論文集》，嶽麓書社，1984
　　　　年版，第229頁。
〔註62〕　〔宋〕程顥，程頤著，王孝魚點校《二程集》，《河南程氏遺書》卷22，中華
　　　　書局，2004年版，第281頁。

　　至於漢唐諸儒所注解的《春秋》，程頤肯定唐啖、趙、陸《春秋》學說。
「開元秘書言《春秋》者，蓋七百餘家矣。然聖人之法，得者至寡。至於棄
經任傳，雜以符緯，膠固不通，使聖人之心鬱而不顯……獨唐陸淳得啖先生、
趙夫子而師之……絕出於諸家外，雖未能盡聖作之蘊，然其攘異端，開正途，
功亦大矣……旨義之眾，莫可歷數。要其歸，以聖人之道公，不以已得他見
而立異，故其所造也遠，而所得也深。」〔註63〕唐治《春秋》者或捨經從傳，
或雜以讖緯，《春秋》所隱含的聖人之道不得伸展。啖、趙、陸一系解讀《春
秋》雖有不完善之處，但在探討聖人之道、捨傳求經的學風方面有開先路之
功。

　　就開兩宋義理解《春秋》先河的孫復，程頤也有自己的看法。「或問《春
秋尊王發微》，子曰：『述法而不通意』。」〔註64〕「始隱，孫明復之說是也。
孫大概唯解《春秋》之法，不見聖人所寓微義。」〔註65〕「法」指倫常、制
度、法規等形下層面；「聖人微義」即程頤所講的形上之理。程頤贊同孫復《發
微》在「法」方面的貢獻，同時指出其在「意」方面的欠缺。應該說，程頤
以「理」評判孫復《發微》有「強人所難」處，畢竟孫復《春秋》學的不足
有時代背景及個人學術修行等多方面的因素，但這種評價體現出程頤《春秋》
觀中「理」的滲透。

　　總之，上述無論是在內容還是在形式，諸如治《春秋》的方法、《春秋》
經與其傳注關係等方面，程頤都是以「理」為標尺進行量度，雖然其「理」
的表現方式並不一致。

三、《春秋傳》的具體內容

　　《春秋傳序》講：

> 天之生民，必有出類之才，起而君長之，治之而爭奪息，導之
> 而生養遂，教之而倫理明，然後人道立，天道成，地道平。二帝而
> 上，聖賢世出，隨時有作，順乎風氣之宜，不先天以開人，各因時

〔註63〕〔宋〕程顥，程頤著，王孝魚點校《二程集》，《河南程氏文集》卷2，中華書
　　　　局，2004年版，第466頁。
〔註64〕〔宋〕程顥，程頤著，王孝魚點校《二程集》，《河南程氏粹言》卷1，中華書
　　　　局，2004年版，第1200頁
〔註65〕〔宋〕程顥，程頤著，王孝魚點校《二程集》，《河南程氏外書》卷9，中華書
　　　　局，2004年版，第402頁。

而立政。暨乎三王迭興，三重既備，子、丑、寅之建正，忠、質、文之更尚，人道備矣，天運周矣。聖王既不復作，有天下者，雖欲倣古之迹，亦私意妄爲而已。事之繆，秦至以建亥爲正；道之悖，漢專以智力持世，豈復知先王之道也。夫子當周之末，以聖人不復作也，順天應時之治不復有也，於是作《春秋》爲百王不易之大法，所謂考諸三王而不繆，建諸天地而不悖，質諸鬼神而無疑，百世以俟聖人而不惑者也。

先儒之傳，游、夏不能贊一辭，辭不待贊者也，言不能與於斯爾。斯道也，唯顏子嘗聞之矣。「行夏之時，乘殷之輅，服周之冕，樂則《韶舞》」，此其準的也。後世以史視《春秋》，謂褒善貶惡而已，至於經世之大法則不知也。《春秋》大義數十，其義雖大，炳如日星，乃易見也。惟其微辭隱義，時措從宜者爲難知也。或抑或縱，或予或奪，或進或退，或微或顯，而得乎義理之安，文質之中，寬猛之宜，是非之公，乃制事之權衡，揆道之模範也。

夫觀百物，然後識化工之神，聚眾材，然後知作室之用，於一事一義而欲窺聖人之用心，非上智不能也。故學《春秋》者，必優遊涵泳，默識心通，然後能造其微也。後王知《春秋》之義，則雖德非禹、湯，尚可以法三代之治。自秦而下，其學不傳，予悼夫聖人之志不明於後世也，故作《傳》以明之，俾後之人通其文而求其義，得其意而法其用，則三代可復也。是《傳》也，雖未能極聖人之蘊奧，庶幾學者得其門而入矣。〔註66〕

此序主要說明四個問題：第一，孔子作《春秋》的原因。「以聖人不復作也，順天應時之治不復有也，於是作《春秋》爲百王不易之大法。」「順天應時之治」即指王道，是天道、地道與人道合一的理想治國模式。夫子作《春秋》以文字形式確立這種模式，使其具有永恒指導性；第二，對《春秋》性質的定位。程頤不否認《春秋》的價值判斷，但更看重《春秋》大義，「經世之法」，是聖人之道的應用，「揆道之模範」；第三，治《春秋》的方法。《春秋》具有微辭隱義的特點，程頤主張以「遊涵泳，默識心通」的修養論尋求其中的大義，「心通」即「理通」；第四，程頤解《春秋》的目的，即申明《春秋》

〔註66〕　〔宋〕程顥，程頤著，王孝魚點校《二程集》，《河南程氏文集》卷8，中華書局，2004年版，第583頁。

大義，啓發後學「得其意而法其用。」

　　由以上程頤的《春秋》觀及其《春秋傳序》可知：程頤以「理」爲基礎建立起對《春秋》的全面認知，《春秋傳》所解《春秋》二十年的內容同樣以「理」爲指導思想，表現在倫常、災異、書例等各個方面，尤其突出表現爲政治倫理中的君臣關係。

　　倫常方面。面對當時的社會問題，程頤主張以王道治天下，「得天理之正，極人倫之至者，堯舜之道也；用其私心，依仁義之偏者，霸者之事也……故誠心而王則王矣，假之而霸則霸矣。二者其道不同，在審其初而已。」〔註67〕「堯舜之道」即王道，王道與霸道的區別不在治術等具體操作方面，而在於誠心，上得天理，下極人倫，所以程頤在解釋「天王」時與「天時」、「人道」相關聯。隱公「元年春王正月」，《春秋傳》〔註68〕曰：

　　　　元年，隱公之始年。春，天時。正月，王正。書『春王正月』，示人君當上奉天時，下承王正。明此義，則知王與天同大，人道立矣。周正月，非春也，假天時以立義爾。平王之時，王道絕矣，《春秋》假周以正王法。隱不書即位，明大法於始也。諸侯之立，必由王命，隱公自立，故不書即位，不與其爲君也。

這裡有三層意思：一是程頤主張通其文曉其義，不排斥對字義的解釋，「門弟子請問《易傳》事，雖有一字之疑，伊川必再三喻之，蓋其潛心甚久，未嘗容易下一字也。」程頤對一個字解釋再三，目的是窮理，形式上吸取了漢學考據的長處，同宋初批判漢代經學章句訓詁之風相比更具理性、開放性；二是《公羊傳》解此條經文：「元年者何？君之始年也。春者何？歲之始也。王者孰謂？謂文王也。曷爲先言王而後言正月？王正月也。何言乎王正月？大一統也。」解釋的重心放在政治綱紀方面。相比之下，程頤將「天」與「王」等同，「王道」是「天理」在現實社會的實現；三是體現程頤的「尊王」思想，「王」是「天理」指導下的理想之「王」。同樣，程頤解桓公五年「從王伐鄭」條，「王師於諸侯不書敗，諸侯不可敵王也；於夷狄不書戰，夷狄不能抗王也，此理也。其敵其抗，王道之失也。」以「理」而尊王，「王道之失」表現爲政治秩序、等級關係的混亂。

〔註67〕〔宋〕程顥，程頤著，王孝魚點校《二程集》，《河南程氏文集》卷1，中華書局，2004年版，第450頁。

〔註68〕〔宋〕程顥，程頤著，王孝魚點校《二程集》，《河南程氏經說》卷4，中華書局，2004年版，第1086～1124頁。

正因爲「王」以「理」爲內在準則，所以現實之王有缺陷。隱公五年「考仲子之宮，初獻六羽」，程頤講：「仲尼以魯之郊禘爲周公之道衰，用天子之禮祀周公，成王之過也。」所謂的「周公之道」含有等級關係的內容，「周公之道功固大矣，然臣子之分所當爲也，安得獨用天子之禮乎？其因襲之弊，遂使季氏僭八佾，三家僭雍徹，故仲尼論而非之。」〔註69〕以此來看，周王與諸侯國君都有失禮之處，並非王道。不單是現實君王有失道，而且整個君臣一倫出現失衡。桓公二年「宋督弒其君與夷及其大夫孔父」，《春秋傳》曰：「桓公無王，而書王正月，正宋督之罪也。弒逆之罪，不以王法正之，天理滅矣。督雖無王，而天理未嘗亡也。人臣死君難，書『及』以著其節。」這裡「天理滅」與「天理未嘗亡」並不矛盾，「天理滅」是就現實而言，王法不能正君臣等級，以此突出合理君臣關係的重要性；「天理未嘗亡」是指決定萬事萬物的最高之「理」具有永恒性，不會因某一具體事例而消失。同弒君行爲相比，「人臣死君難」也是「天理」的表現形式之一。「天理」因其實在性本身不會消亡，變化的是「天理」的表現形式。桓公七年「谷伯綏來朝，鄧侯吾離來朝」，程頤認爲桓公屬弒君之臣，「天理滅矣」，本應以王法正君臣關係，但現實是天子來聘，諸侯來朝，「逆亂天道」。所以陰陽失序，「歲功不能成矣」，表現在書例上則爲「不書秋冬」。

上下等級關係遭到破壞同樣表現在華夏族與少數民族的關係方面。程頤《春秋傳》的一貫態度是尊中國而賤夷狄，隱公二年「公會戎於潛」，《春秋傳》解爲：「周室既衰，蠻夷猾夏，有散居中國者，方伯大國，明大義而攘斥之，義也；其餘列國，愼固封守可也，若與之和好，以免侵暴，非所謂『戎狄是膺』，所以容其亂華也，故《春秋》華夷之辨尤謹。居其地而親中國，與盟會者則與之。公之會戎，非義也。」「大義」即道義，內涵爲「理」。程頤就諸侯國對夷狄的態度分爲或保護中原文明而攘斥夷狄的諸侯大國，或堅守疆土的較弱諸侯國。對於不辨華夷、相與會盟的諸侯國行爲，程頤予以批判。這裡的「夷」不是地域概念的少數民族，更多是文化之「夷」。「親中國」「與盟會者」即是少數民族主動接近、學習中原文明禮儀，如此而得到肯定。同樣，中原諸侯國喪失禮樂文明，則以夷相待，「《春秋》之法，中國而用夷道即夷之。」《春秋傳》解文公十年「秦伐晉」爲：「晉捨嫡嗣而外求君，罪也；

〔註69〕〔宋〕程顥，程頤著，王孝魚點校《二程集》，《河南程氏遺書》卷4，中華書局，2004年版，第71頁。

既而悔之，正也。秦不顧義理之是非，惟以報復爲事，夷狄之道也，故夷之。」以「義」「理」爲評判標準，則秦爲夷狄。《春秋傳》止於桓公九年，此條解義雖不在程頤親解之列，但符合其對夷狄的看法。關於夷狄，宋初《春秋》學者也主張文化、禮樂之夷，只是其判斷的標尺爲「利」、「義」，而並非程頤所謂「理」。

程頤之所以突出倫常中的君臣之分，是因爲「理」高度抽象而實有，通過社會倫理道德得以實現，尤其是父子君臣之間的等級之禮。「道之外無物，物之外無道，是天地之間無適而非道也，即父子而父子在所親，即君臣而君臣在所嚴，以至爲夫婦、爲長幼、爲朋友，無所爲而非道，此道所以不可須臾離也。」「父子君臣，天下之定理，無所逃於天地之間。」〔註70〕天理與倫理道德二者是體用關係，家庭倫理、政治倫理是天理在現實社會的落實。就當時所面臨的社會問題來看，程頤更突出君臣之分。有學者研究指出：「（二程）其治《春秋》的目的在於通過批判春秋社會的綱常秩序，來重整儒家倫理綱常，爲鞏固宋君臣上下的中央集權制和社會穩定服務。」〔註71〕這一評論說明了二程《春秋》學對現實政治的作用。但需要說明的是：通過《春秋》強調政治等級倫理，已是北宋《春秋》學者的共識，重要的是從何種角度突出《春秋》的倫理綱常。無論是孫復解讀《春秋》「尊王」大義，還是蘇轍以「道」「勢」解《春秋》，孫覺以「王道」解《春秋》，大都局限於制度、法規等具體措施的層面而對當時的政治問題提供一種參考方案，沒有站在更普遍、更整體的高度解決問題。程頤講「王道」、「大中之道」，講「尊王」等級名分，其背後的理論支撐是最高範疇的形上之「理」，君主個人的政治權威服從於「理」，並自覺地接受王道，由文化來建立政治憲綱。

災異方面。關於自然界的變化，首先，程頤對天人感應並非完全反對，「董仲舒說天人相與之際，亦略見些模樣，只被漢儒推得太過，亦何必說某事有某應？」〔註72〕即一方面肯定天人有相合之處，另一方面又批評漢儒「天人」說過於牽強；其次，程頤提出自己對天人關係的看法。「大抵《春秋》所書災異，皆天人響應，有致之之道。如石隕於宋而言『隕石』，夷伯

〔註70〕〔宋〕程顥，程頤著，王孝魚點校《二程集》，《河南程氏遺書》卷4，中華書局，2004年版，第73～77頁。
〔註71〕蔡方鹿《程顥、程頤與中國文化》，貴州人民出版社，1996年版，第202頁。
〔註72〕〔宋〕程顥，程頤著，王孝魚點校《二程集》，《河南程氏遺書》卷22，中華書局，2004年版，第304頁。

之廟震而言『震夷伯之廟』，此天應之也。但人以淺狹之見，以爲無應，其實皆應之。然漢儒言災異，皆牽合不足信。儒者見此，因盡廢之。」〔註73〕這裡明確認爲天與人相感應。「天」「人」二者中「人」爲主體，「天」被動響應，凸顯的是「人」，尤其是在上者的德性，「非天固欲爲害，人事德不勝也。」「盡廢」天人感應指的是王安石，前文有相關論述；再有，程頤把災異納入「理」的範圍。隱公三年「王二月，己巳，日有食之」，《春秋傳》云：「蓋有事則道在事，無事則存天時。天時備則歲功成，王道存則人理立，《春秋》之大義也。」上至天時，下至人事，二者在「理」或「道」這一層面是統一的。桓公三年「有年」，程頤講：「書『有年』，記異也。人事順於下，則天氣和於上。桓弒君而立，逆天理，亂人倫，天地之氣爲之繆戾，水旱凶災乃其宜也。今乃有年，故書其異。」由人事而上至「天」的變化，桓公弒君違背天理，以此推測「天地之氣爲之繆戾」。經書「有年」與由「天理」所推的「繆戾」之氣不符，故爲「記異」。程頤以「理」如此評判災異，似乎有牽強之嫌。

書例方面。程頤對《春秋》例法持保守態度，「如《春秋》以前，既已立例，到近後來，書得全別，一般事便書得別有意思，如依前例觀之，殊失之矣。」〔註74〕也即程頤並不反對《春秋》例法，對《春秋》前所立之書例無異議，反對的是隨意立例，以例解經。「問：書至如何？曰：告廟而書，亦有不緣告廟而書者。又問：還復。曰：『還只是歸復，如今所謂倒回。』又問：『隱皆不書至。』曰：『告廟之禮不行。』」〔註75〕關於某例的書法含義，程頤多取《春秋》常規例法，不作新的解釋。同時，程頤又主張因義而解《春秋》經文，而不是拘於例法。隱公四年「衛州籲弒其君完」，程頤敘述事件過程從《左傳》，隨後解例，認爲：「《春秋》大率所書事同則辭同，後人因謂之例，然後有事同而辭異者，蓋各有義，非可例拘也。」解經過程中，例法有一定的作用，但並不占主導地位，例法最終服務於義。

除上述幾點外，「理」所表現的社會道德規範用於仁政，規勸在上者愛

〔註73〕 〔宋〕程顥，程頤著，王孝魚點校《二程集》，《河南程氏遺書》卷15，中華書局，2004年版，第159頁。

〔註74〕 〔宋〕程顥，程頤著，王孝魚點校《二程集》，《河南程氏遺書》卷17，中華書局，2004年版，第174頁。

〔註75〕 〔宋〕程顥，程頤著，王孝魚點校《二程集》，《河南程氏遺書》卷22，中華書局，2004年版，第300頁。

民、重民。隱公七年「城中丘」，《春秋傳》講：「爲民之君，所以養之也。養民之道，在愛其力。民力足，則生養遂，生養遂，則教化行而風俗美，故爲政以民力爲重也。《春秋》凡用民力必書，其所作興不時害義，固爲罪也。雖時且義，必書，見勞民爲重事也。後之人君知此義，則知慎重於用民力矣。」以民爲本，重民生、民時，向來是《春秋》大義之一，《春秋》學者多有此義。但程頤又指出「有用民力之大而不書」的情況，「僖公修泮宮，復閟宮，非不用民力也，然而不書。二者興廢復古之大事，爲國之先務，如是而用民力乃所當用也。人君知此義，則知爲政之先後輕重矣。」「僖公修泮宮，復閟宮」見於《詩經・魯頌》中《泮水》篇、《閟宮》篇，前者讚美魯僖公承祖先事業，整修泮宮；後者歌頌魯僖公興祖業、復疆土、建新廟。可見，程頤主張最高權力者應當以國家興亡爲先；相比之下，使用民力是否合理退居其次。這一點的說明與當時社會實情有關。

軍事方面，程頤強調有「道」之戰。隱公二年「莒人入向」，《春秋傳》曰：「蓋彼加兵於己，則當引咎，或自辯喻之以禮義，不得免焉，則固其封疆，告於天子方伯；若忿而與戰，則以與戰者爲主。處己，絕亂之道也。」即在「天下有道」的情況下，被侵伐者當先禮後兵，屬理想的戰爭方式。程頤如此講，一方面不出「理」所表現的價值規範的藩籬；另一方面，「引咎」、「自辯喻之以禮義」看似迂闊〔註76〕，卻反映出程頤的學術修養或處事風格，也有一定的現實意義。

上述簡單梳理了程頤解《春秋》的特點，由其經學思想逐步過渡到其對《春秋》的整體認識，再具體到程頤親筆《春秋傳》二十年的內容。可以發現，程頤以最高、終極意義的「理」重新解讀《春秋》，「理」以不同的表現方式貫穿全文，從治經方法、目的、《春秋》經與傳注的關係，到深入考察《春秋》經文，以至書寫體例，《春秋》完全被吸收到程頤天理論的體系。但從側面也反映出程頤形上之「理」的構建離不開在《春秋》這一載體上的具體形下落實，《春秋》在程頤理學體系中並非「一無是處」。就北宋《春秋》學的發展來看，如果說蘇轍《春秋集解》以「道」「勢」解《春秋》拉近「理」與《春秋》的距離，周敦頤、邵雍、張載三位理學開創者把《春秋》推近理學的門檻，那麼，程頤則完全讓《春秋》融入理學的殿堂。儘管《春秋傳》

〔註76〕 注：關於程頤對禮的重視，由二蘇對程頤的戲謔可知。程頤主辦司馬光的喪事，嚴格恪守「慶弔不同日」之禮，二蘇稱其爲「鏖糟陂裏叔孫通也」，譏眼其山野，「自是時時譙伊川」。（《河南程氏遺書》卷11，第415～416頁）

本身並不完整，但仍起到了「一葉落而知秋」的功效。

第三節　體用結合的胡安國《春秋傳》

程頤把《春秋》引入理學的軌道，爲《春秋》的解讀注入了全新的血液，但畢竟《春秋傳》只是作注到桓公九年，其他爲後人雜入，影響後學者深入而全面地理解程頤《春秋》思想；況且程頤的理論貢獻主要是對天理論的構建，所關注的文化資源主要是思辨性較強的四書、《易》等著作，而《春秋》爲「聖人之用」，由《春秋》所突顯的現實關懷在《春秋傳》二十年的論述中表達不足。程頤對《春秋》不完美的闡釋既有學人自身的主觀條件，也有時代的客觀要求。胡安國《春秋傳》承接程頤以「理」解《春秋》的宗旨，從「天理」、「人欲」、「義」、「利」、修養等各個方面、各種形式重新看待《春秋》，其中貫穿強烈的歷史意識、經世關懷，體與用相結合，道德與政治相統一。由於胡安國處於民族矛盾異常尖銳的兩宋之際，所以，相較於程頤《春秋傳》，胡傳在「用」、致世層面的表現尤爲突出。胡安國《春秋傳》的理論特色對湖湘學派的形成奠定了形式上的基礎。

一、胡安國論「致知」

胡安國（1074～1138）《春秋傳》並非「空穴來風」，其中有一定的學術淵源。考察胡安國與程門弟子關係，目的是確定胡安國的學術師承，爲詳細論證胡傳做理論鋪墊。

二程之後理學南傳情況，南宋眞德秀有言：「二程之學，龜山得之而南，傳之豫章羅氏，羅氏傳之延年李氏，李氏傳之朱氏，此其一派也。上蔡傳之武夷胡氏，胡氏傳其子五峰，五峰傳之南軒張氏，此又一派也。」胡氏即胡安國。此論表明胡安國學統上宗二程，中經程門弟子謝良佐。胡安國爲謝門弟子說始自朱熹，其《上蔡祠記》中講：胡安國「以弟子禮秉學」。《宋元學案·武夷學案》對此有兩種看法：一是「梨州定《武夷學案》，以武夷爲上蔡門人。」即黃宗羲認爲胡安國之學得上蔡所傳爲多，此與朱熹所謂胡安國師從謝良佐的說法一致；一是全祖望與王梓材反對胡安國爲謝門弟子說，「私淑洛學而大成就者，胡文定公其人也。文定從謝、楊、游三先生以求學統，而其言曰：『三先生義兼師友，然吾之自得於《遺書》者爲多。』」即言胡安國

與程門弟子之間以師友交往。而且在全祖望看來，洛學南傳之功「文定幾侔於龜山」，肯定了胡安國在洛學中的地位。王梓材直接提出：「蓋武夷固由上蔡以私淑程子，上蔡亦未以門弟子接之也。」〔註 77〕否認胡安國與謝良佐之間的師生關係。

胡安國之子胡寅《斐然集・先公行狀》錄有胡安國對程氏的尊崇，「士大夫當以孔孟為師亦是也，然孔孟之道不傳久矣，自頤弟兄始發明之，然後知其可學而至也……今欲使學者蹈《中庸》，師孔孟，而禁使不得從頤之學，是猶欲納之室而使不得由戶也。」〔註 78〕在胡安國看來，程氏學說直接承接孔孟之道的統系，是儒學思想的根基，進而建議朝廷對程氏兄弟等四人「加之封號，載在祀典」。其中又講到：「公之使湖北也，楊尚為府教授，謝為應城宰，公質疑訪道，禮之甚恭。來見而去必端笏正立目送之……謝公嘗語朱震曰：胡康侯正如大冬嚴雪，百草萎死，而松栢挺然獨秀者也。」〔註 79〕言外之意為：一是胡安國與謝良佐的交往屬學問上的切磋交流，謝氏長於胡氏，「禮之甚恭」，理所應當；二是謝良佐對胡安國的為人品質稱讚有加。可以推斷，胡安國在學統上私淑洛學，在師承上與謝、楊等義兼師友。

除上述程門弟子外，《行狀》中記載「是時元祐盛際，師儒多賢彥。公所從遊者伊川程先生之友朱長文及穎川靳裁之。」〔註 80〕朱長文，程頤友人，師從孫復學《春秋》，著有《春秋通志》，已佚。《經義考》載有朱長文自序，論孔子作《春秋》的原因、《春秋》學在宋初前的歷史發展以及對孫復《春秋》學的推演。胡安國與朱長文交往，其《春秋傳》或許受到孫復一系《春秋》學的影響。

關於胡安國與程門弟子的關係，有學人專門進行考察〔註 81〕，論證比較詳細。但忽略的問題是：胡安國所宗程門，與程門弟子的交往，對他們的理論有何消化吸收，對其《春秋傳》的形成有何影響。

從目前所存文獻資料看，胡安國對心、性、致知等理學範疇、修養論、

〔註77〕〔清〕黃宗羲原著，全祖望補修，陳金生，梁運華點校《宋元學案》卷34，《武夷學案》，中華書局，1986 年版，第 1170～1171 頁。

〔註78〕〔宋〕胡寅著，容肇祖點校《斐然集》，中華書局，1993 年版，第 554～555 頁。

〔註79〕〔宋〕胡寅著，容肇祖點校《斐然集》，中華書局，1993 年版，第 558 頁。

〔註80〕〔宋〕胡寅著，容肇祖點校《斐然集》，中華書局，1993 年版，第 519 頁。

〔註81〕注：參見盧鍾鋒《論胡安國及其〈春秋傳〉》（《中國史研究》，1982 年第 3 期）；董立新《胡安國與程門弟子》（《湘潭大學學報》2004 年第 1 期）等。

學習方法等方面都有一些基本認識。首先，致知爲窮理的基礎。

> 窮理盡性，乃聖門事業，物物而察，知之始也。一以貫之，知
> 之至也。無所不在者理也，無所不有者心也。物物致察，宛轉歸己，
> 則心與理不昧。故知循理者，士也。物物皆備，反身而誠，則心與
> 理不違。故樂循理者，君子也。天理合德，四時合序，則心與理一，
> 無事乎循矣。故一以貫之，聖人也。〔註82〕

這段話有三層含義：一是胡安國援引儒家經典，如《論語》中「一以貫之」，
《大學》中「八條目」「反身而誠」，《易·乾》中「與天地合其德，與四時
合其序」，論證窮理盡性的方法；二是外向致知有一個從低到高的過程，表
現爲心與理的不同狀態，主體所達到的不同境界。觀察事物，是致知的開始，
需要有主體意識的主動配合，此時心與理處於分離的階段，但「心」的方向
朝向「理」，個體處於「士」的境界；觀察事物並且反諸己，心與理不違背，
心的主動性增強，個體達到「君子」的境界；再進一步，物與主體合一，心
與理自然合一，不分彼此，「一以貫之」，個體達到「聖人」的境界。由分離
到通貫，達到致知的最高層次，實現窮理盡性的目的。所以，胡安國認爲：
「聖門之學，則以致知爲始，窮理爲要。知至理得，不昧本心，如日方中，
萬象畢見，則不疑其所行而內外合也。故自修身至於天下國家無所處而不當
矣。」〔註83〕致知的理論效果是理與本心的統一，「本心」即理，其在現實
世界的表現爲小至修身、大至治理國家都得當無誤；三是胡安國不同於其他
理學家探討純粹之「理」的構建，而是強調致知在窮理中的地位，也即在實
踐操作的層面論證「理」。不僅對一般學者言：「學以能變化氣質爲功」，而
且以此用於政治生活，規勸在上者「正心之道，先致其知而誠其意，故人主
不可不學也……不學以致知，則分寸亂矣，何以成帝王之業乎？」〔註84〕學
的內容爲致知之道，由「正心」、「致知」、「誠意」而成就帝王事業，正是《大
學》「八條目」由格致正誠到修齊治平的生動詮釋，從而爲日後湖湘學派內
聖與外王統一的學派獨特氣質奠定了基礎。

　　其次，致知與修養並重。《宋元學案·上蔡學案》中謝良佐手束胡安國，
「儒異於禪，正在下學處。顏子工夫，眞百世軌範，捨此應無入路，無住宅，

〔註82〕〔宋〕胡寅著，容肇祖點校《斐然集》，中華書局，1993年版，第556～557
　　　　頁。
〔註83〕〔宋〕胡寅著，容肇祖點校《斐然集》，中華書局，1993年版，第557頁。
〔註84〕〔宋〕胡寅著，容肇祖點校《斐然集》，中華書局，1993年版，第547頁。

三十二年不覺便虛過了。」〔註85〕這裡謝氏以修養工夫的不同區分儒學與禪學，突出工夫在窮理中的重要地位。胡安國在此基礎上進一步提出具體操作工夫：「立志為先，忠信為本，以致知為窮理之門，以主敬為持養之道。」〔註86〕即致知窮理與修養工夫同等重要，且有其主次順序。胡安國不僅如此言說，更是在生活中躬身實踐。「（胡）寅被召造朝，公戒之曰：『凡出身事主，本吾至誠懇惻，憂國愛君，濟民利物之心。立乎人之本朝，不可有分毫私意。議論施為、辭受取捨、進退去就據吾所見義理上行，勿欺也。』……觀公室中所以戒其子者如此，則其自為者可知矣。」〔註87〕可見無論是為己處事，還是為國為民，胡安國都恪守操行。難怪謝良佐稱讚胡安國修養工夫，「聞公進道甚篤，德業日美，所到豈可涯涘，真足畏也！更以其大者移於小物，作日用工夫尤佳。」〔註88〕不過朱熹卻並不這樣認為，「胡文定公傳家錄，議論極有力，可以律貪起懦，但以上工夫做不到……子開云：『有力行之意多，而致知工夫少。』曰：『然。』」〔註89〕在理學之大成者朱熹看來，胡安國於「理」認識不足，導致其在修養方面力行工夫多於致知工夫。朱子所論有一定的道理，但從胡安國所處的兩宋之際的大環境來看，其在道德涵養方面的操守值得肯定。

再有，學習方法上注重自得。謝良佐手束胡安國提到：「進學加工處，如欲少立得住，做自家物，須要自用法術，乃可得之。」即為學進步要自有心得體會。更確切的比喻是：「鬍子問：『矜字罪過，何故恁地大？』謝子曰：『今人做事，只管要誇耀別人耳目，渾不關自家受用處。有的人食前方丈，便向人前吃，只蔬食菜羹，卻去房裏吃，為甚恁地？』」〔註90〕意指只有通過自己體會並親身踐履的學問，才是屬於自己的知識，體現出儒學「為己之學」「自家受用」的學術特徵，也是洛學所堅守的治學原則。所以，胡安國

〔註85〕〔清〕黃宗羲原著，全祖望補修，陳金生，梁運華點校《宋元學案》卷24，《上蔡學案》，中華書局，1986年版，第929頁。

〔註86〕〔宋〕胡寅著，容肇祖點校《斐然集》，中華書局，1993年版，第556頁。

〔註87〕〔宋〕胡寅著，容肇祖點校《斐然集》，中華書局，1993年版，第552頁。

〔註88〕〔清〕黃宗羲原著，全祖望補修，陳金生，梁運華點校《宋元學案》卷34，《武夷學案》，中華書局，1986年版，第1178頁。

〔註89〕〔宋〕黎靖德編，王星賢點校《朱子語類》卷101，中華書局，1994年版，第2580頁。

〔註90〕〔清〕黃宗羲原著，全祖望補修《宋元學案》卷24，《上蔡學案》，中華書局，1986年版，第929頁。

所講「世間惟講學論政則當切切詢究，若夫行己大致、去就語黙之幾，如人飲食，其饑飽寒溫必自斟酌，不可決諸人，亦非人所能決也。某之出處自崇寧以來，皆內斷於心，雖定夫、顯道諸丈人行亦不以此謀之，而後亦少悔。」〔註91〕以「饑飽溫寒」、「內斷於心」描述自得受用之學，與謝良佐所謂「人前吃」「房裏吃」有異曲同工之妙，都是對程氏洛學創新精神的承繼。具體到《春秋》，胡安國認爲自己雖與謝良佐、楊時等交往切磋，但「若論其傳授，卻自有來歷。據龜山所見在《中庸》，自明道先生所授。吾所聞在《春秋》，自伊川先生所發。」〔註92〕即胡傳受程頤《春秋傳》的啓發，其對《春秋》大義的發揮則「自斷於心」。程門弟子羅從彥與胡安國書信往來，討論關於《春秋》的一些問題，其中涉及治《春秋》的方法，胡安國認爲：《春秋》微辭隱義，需要「博取貫通」，「心解神受，超然自得，非可以聞見到也。」〔註93〕就是講治《春秋》應當收集諸家對《春秋》的看法，以「心解」、「自得」爲取捨標準，解讀《春秋》，融會貫通，得出自己的結論。

　　由上可知，胡安國學術源自程氏洛學，與程門弟子交往，義兼師友。其對「致知」、修養論、治學途徑的認識雖然沒有進一步展開闡述，但可以肯定這是對二程理學吸收後的基本形態。這一理論形態的主要特點是重外求致知，輕內求最高範疇，重「學」輕「道」，重實踐輕理論，從而爲胡安國《春秋傳》認同天理、突出經世的特徵打下了堅實的理論基礎，同時也說明胡傳宗旨上承接程頤《春秋》觀。

二、《春秋》「史外傳心」

　　胡安國《春秋》觀是胡安國對《春秋》的基本認識，包括作《春秋傳》的原因、解《春秋》的方法以及對《春秋》經、傳、史關係的看法。

　　首先，胡安國《春秋傳》的出現有內外兩種因素。從外因看，胡安國認爲王安石新學對《春秋》學的發展構成重創，「近世推隆王氏新說，按爲國是，獨於《春秋》貢舉不以取士，士庠序不以設官，經筵不以進讀，斷國論

〔註91〕　〔宋〕胡寅著，容肇祖點校《斐然集》，中華書局，1993 年版，第 558 頁。

〔註92〕　〔清〕黃宗羲原著，全祖望補修，陳金生，梁運華點校《宋元學案》卷 25，《龜山學案》，中華書局，1986 年版，第 956 頁。

〔註93〕　〔宋〕羅從彥《豫章文集》卷 16，《四庫全書〈文淵閣〉本》，上海古籍出版社 1987 年影印。

者無所折衷，天下不知所適，人欲日長，天理日消，其效使夷狄亂華莫之遏也。」﹝註94﹞關於王安石與《春秋》的關係，前文已有詳論。這裡胡安國把《春秋》當作政治決策乃至社會生活的標尺，而王安石的新學破壞了《春秋》的政治功用，造成的後果是「天理日消」，「人欲日長」。胡安國《春秋傳》自序一方面說明王安石新學在當時學術界占統治地位，影響深遠，尤其是對《春秋》的影響；另一方面說明王安石對《春秋》的態度成為其解《春秋》的動力。《斐然集・先公行狀》對此也有類似記錄，「初王荊公以《字說》訓釋經義，自謂千聖一致之妙，而於《春秋》不可以偏旁點畫通也，則詆為斷爛朝報，廢之不列於學官。下逮崇寧，防禁益甚。公自少留心此經，每日：先聖親手筆削之書，乃使人主不得聞講說，學士不得相傳習，亂倫滅理，用夷變夏，殆由此乎。於是潛心刻意，備徵先儒，雖一義之當，片言之善，靡不採入。」﹝註95﹞可見，胡安國正是在當時王安石新學權威重壓下開始關注、研究《春秋》。

由王安石《春秋》「斷爛朝報」說而引起重解《春秋》的衝動，似乎成為熙寧變法後《春秋》類專著出現的普遍原因，胡安國也不例外。不同的是，他人在解釋這一原因時，多從王安石對《春秋》的法令法規入手，胡安國則把王安石對《春秋》的政策所造成的後果提到「天理」「人欲」的高度。個中原因離不開理學在當時社會的發展壯大，以及《春秋》在身處兩宋之際的胡安國那裡地位「顯赫」，「天下事無不備於《春秋》。」

實際上，王安石的《春秋》「斷爛朝報」說只是為胡安國研究《春秋》提供了恰當的契機，胡安國潛心於《春秋》與其對《春秋》本身的認識有關。《春秋傳序》講：「古者列國各有史官，掌記時事。《春秋》魯史爾，仲尼就加筆削，乃史外傳心之要典。」按孔子在魯史《春秋》的基礎上修作成為《春秋》經，已是學人們的共識，重要的是胡安國把《春秋》定位為「史外傳心」。「傳心」，是典型的理學家用語。何為「傳心」？張載講：「古之學者便立天理，孔孟而後，其心不傳，如荀、楊皆不知。」﹝註96﹞此「心」即永恒存在的「理」，孔孟以後儒者斷開了傳心之統。二程稱《中庸》篇為「孔門傳授

﹝註94﹞﹝宋﹞胡安國《春秋胡氏傳・序》，《四部叢刊》本。以下簡稱胡傳或《春秋傳》。
﹝註95﹞﹝宋﹞胡寅著，容肇祖點校《斐然集》，中華書局，1993年版，第552頁。
﹝註96﹞﹝宋﹞張載著，章錫琛點校《張載集》，《經學禮窟・義理》，中華書局，1978年版，第273頁。

心法」〔註97〕，並發揮《尙書・大禹謨》中的「人心惟危，道心惟微，惟精惟一，允執厥中」十六字，把「心」分爲「道心」、「人心」，「『人心惟危』，人欲也；『道心惟微』，天理也；『惟精惟一』，所以至之；『允執厥中』，所以執之。」〔註98〕「人心私欲，故危殆；道心天理，故精微。滅私欲則天理明矣。」〔註99〕即「道心」「人心」是「天理」「人欲」的另一種表達。「傳心」即是傳「私欲滅則天理明」的普遍法則。

胡安國承接二程理學精神，論「心」與「理」從低到高的三種狀態，從心與理的相分到心與理的統一。「心」也稱「本心」，其內容爲社會倫理道德。「傳心」在胡安國《春秋》學中指向「天理」所表現的社會生活規範、倫理秩序。《春秋傳序》講：周道衰微，「人欲肆而天理滅」；孔子，「天理之所在」，以文化自覺意識承擔傳道使命，「故曰：我欲載之空言，不如見諸行事之深切著明也。空言獨能載其理，行事然後見其用。」胡安國「理」「用」說即是程頤所謂「《春秋》聖人之用」的展開。魯史《春秋》成爲載理見用的最佳媒介，「是故假魯史以寓王法，撥亂也反之正。」通過價值判斷以達到「敘先後之倫而典自此可惇，秩上下之分而禮自此可庸」的文化、政治有序而統一的局面，即《春秋》的經世之用。

胡安國進而比較儒家六經，突出《春秋》的理論意義和現實價值，

> 公好惡則發乎《詩》之情，酌古今則貫乎《書》之事，興常典則體乎《禮》之經，本忠恕則導乎《樂》之和，著權制則盡乎《易》之變。百王之法度，萬世之準繩皆在此書。故君子以謂五經之有《春秋》，猶法律之有斷例也。學是經者，信窮理之要矣；不學是經而處大事、決大疑能不惑者，鮮矣。

這裡指出了兩點：一是胡安國概括五經特點，認同二程所謂「五經之有《春秋》，猶法律之有斷例也」的說法，並在此基礎上進一步提高《春秋》的地位，認爲《春秋》超越了五經；二是治《春秋》目的是窮理以「處大事」「決大疑」，胡安國圖著重於《春秋》濟世的特點。《春秋》在現實生活中有其自身的實踐

〔註97〕〔宋〕朱熹《中庸章句》，載《四書章句集注》，中華書局，1983 年版，第 17 頁。

〔註98〕〔宋〕程顥，程頤著，王孝魚點校《二程集》，《河南程氏遺書》卷 11，中華書局，2004 年版，第 126 頁。

〔註99〕〔宋〕程顥，程頤著，王孝魚點校《二程集》，《河南程氏遺書》卷 24，中華書局，2004 年版，第 312 頁。

價值，《先公行狀》中從胡安國論邊防防禦之事，到上奏《時政論》都是以《春秋》爲證，表明《春秋》的經世之意。

其次，關於治《春秋》的方法，胡安國承認由於時間的久遠，從《春秋》中解讀「聖人之用」存在困難，但同時認爲「世有先後，人心之所同然一爾，苟得其所同然者，雖越宇宙若見聖人親炙之也，而《春秋》之權度在我矣。」「人心之所同然」指永恒性的天理，《春秋》中所體現的普遍法則超越時空的界限，永遠存在，解讀《春秋》所蘊含的「聖人之義」在於主體之「我」。邏輯上講，主體之「我」與「理」合一，達到聖人的境界，則《春秋》之義得以呈現。但胡安國所謂的「權度在我」有過度詮釋之嫌，詳見下文分析。所以朱熹講：「胡文定義理得當，然此樣處，多是臆度說。」〔註100〕肯定胡安國《春秋傳》義理得當的同時，批評其憑私臆斷。

胡安國以「人心之同然」即「天理」爲宗旨解讀《春秋》，是通過對比七家《春秋》觀而得以顯現。「學《春秋》者必知綱領，然後眾目有條而不繁，自孟軻氏而下發明綱領者凡七家。」〔註101〕胡安國認爲從先秦到北宋，孟軻、莊子、董仲舒、王通、邵雍、張載、程頤等七家對《春秋》的看法在某些方面甚得經書大義。就所列七家對《春秋》的基本看法而言，有學人總結爲四點：「一《春秋》的成書背景爲世道衰微，而孔子作《春秋》，目的正在於撥亂世而反諸正；二《春秋》是經世先王之志，非空言比；三《春秋》之法是百王不易之法；四《春秋》道名分，各人必須安於職守，不得僭越。」〔註102〕此是以七家所論《春秋》內容而進行的分類。如果從解《春秋》的方法來看，無非兩類：宋以前的孟、莊、董、王是以「義」解《春秋》，宋時期邵、張、程以「理」解《春秋》，二者有學術上的連貫性，且其中不同程度地涉及到《春秋》的致用特點。

正是在評論七家不同《春秋》觀的基礎上，胡安國提出：「七家所造固有深淺，獨程氏嘗爲之傳。然其說甚略，於意則引而不發，預使後學慎思明辨自得於耳目見聞之外者也。故今所傳事按《左氏》，義採《公羊》《穀梁》之精者，大綱本孟子，而微詞多以程氏之說爲證去。」〔註103〕應該說，七家之

〔註100〕〔宋〕黎靖德編，王星賢點校《朱子語類》卷83，中華書局，1994年版，第2151頁。
〔註101〕〔宋〕胡安國《春秋胡氏傳·述綱領》，《四部叢刊》本。
〔註102〕章權才《胡安國〈春秋傳〉研究》，《學術研究》，1995年，第2期。
〔註103〕〔宋〕胡安國《春秋胡氏傳·敘傳授》，《四部叢刊》本。

中確實不存在完整的、依據《春秋》經文解釋的《春秋》類專著，相比之下，程頤《春秋傳》畢竟逐條經文解到桓公九年，且引發後學者思考自得。對照《春秋》三傳與七家《春秋》見解，胡安國明確解《春秋》所遵循的方法：對三傳各有所取；「大綱本孟子」主要指孟子對《春秋》的基本看法，如《春秋》的內容（「其事則齊桓晉文」）、形式（「其文則史」）、內涵（「其義則丘竊取之」）、孔子作《春秋》的意義（「孔子成《春秋》而亂臣賊子懼」）；不確定的深奧之處則以程頤《春秋》說爲準。

　　再有，探討《春秋》經、傳、史關係，已成爲研究《春秋》躲不過的常識性問題。從橫向看，胡安國認爲《春秋》經以魯史《春秋》爲基礎，又是魯史《春秋》的深化，強調孔子以大義修作《春秋》。隱公十一年「冬十有一月壬辰公薨」，胡安國從經史關係解釋經文，「隱公見弒，魯史舊文必以實書，其日公薨者，仲尼親筆也。古者史官以直爲職而不諱國惡，仲尼筆削舊史，斷自聖心。於魯君見弒，削而不書者，蓋國史一官之守，《春秋》萬世之法，其用固不同矣。」可見，胡安國認爲魯史以記錄事實爲特點，其適用範圍爲一國；孔子在魯史基礎上整理《春秋》，以「聖心」即「理」爲標準進行刪改，其所蘊含的大義爲經世法則，超出一國的適用範圍，具有恒久性。胡安國將經與史的關係形象地比喻爲「化工」與「畫筆」，「聖人因魯史舊文能立興王之新法也，故史文如畫筆，經文如化工。嘗以是觀，非聖人莫能修之審矣。」（桓公三年「有年」條）「畫筆」自然、被動地存在，「化工」則主觀能動的隨「心」使用「畫筆」。胡安國論《春秋》經與魯史的關係，既注意到「史」的基礎作用，又指出《春秋》經義的重要地位。相比程頤所講「後世以史視《春秋》，謂善惡褒貶而已，至於經世大法，則不知也」〔註104〕，即過於著重《春秋》所含有的經世之法，而輕視魯史《春秋》的價值，胡安國《春秋》經與史並重的看法比較合理、客觀，表現出胡安國《春秋》學體用合一的特點。

　　從縱向看，胡安國明晰地把握《春秋》三傳的優劣，「傳《春秋》者三家，《左氏》敘事見本末，《公羊》《穀梁》辭辨而義精。學經以傳爲按，則當閱《左氏》，說詞以義爲主則當習《公》《穀》。」〔註105〕即《左傳》長於記事，

〔註104〕〔宋〕程顥，程頤著，王孝魚點校《二程集》，《河南程氏經說》卷4，中華書局，2004年版，第1125頁。

〔註105〕〔宋〕胡安國《春秋胡氏傳·敘傳授》，《四部叢刊》本。

《公》《穀》長於經義。就《春秋》經與三傳關係而言，胡安國承程頤所謂「傳為案，經為斷」之說，「傳者，案也；經者，斷也。考於傳之所載可以見其所由致之漸。」（文公元年「楚世子商臣弒其君頵」條）以經為準，取捨三傳，而由傳瞭解事件的發展。當《春秋》經與傳有衝突時，則尊經、信經，「經以傳為案，傳有乖謬，則信經而棄傳可也。」這裡的「傳」主要是指《左傳》，所謂「棄傳」並非絕對的捨傳求經，「《左氏》博通諸史，敘事尤詳，能令後人得見本末，因以求意，經文可知。而門弟子轉相傳授，日月既久，浸失本真，如書晉趙盾、許世子止等事，詳考傳之所載，以求經之大義可也，而傳不可疑。如『莒人弒其君密州』獨依經之所言，以證傳之繆誤可也，而傳不可信。盡以為可疑而廢傳，則無以知其事之本末；盡以為可信而任傳，則經之弘意大旨或泥而不通矣，要在學者詳考而精擇之可也。」（襄公三十一年「莒人弒其君密州」條）言明《左傳》在流傳以前，可參考其事以求經義；《左傳》在流傳過程中，其史實的可靠性值得懷疑。所以傳既不可全信，也不可全廢，信與廢的選擇在於以「理」詳考、精擇，即「反求於心，斷之以理，精擇而慎取之。」〔註106〕

　　以上分析了胡安國對《春秋》的基本認識。可以說，從解釋孔子作《春秋》的原因到說明自己治《春秋》的方法，再到對《春秋》經、傳、史關係的論述，胡安國都是接續程頤《春秋傳》以「理」解經的方式，更全面地在《春秋》中滲透理學精神。不同的是，胡安國解讀《春秋》在彰顯「理」的同時，又特地標示出《春秋》經世的特徵，體現胡安國治經道德與政治相提並論的學術特色，以至影響到日後湖湘學派的理論構建。

三、體用合一而偏於用的《春秋傳》

　　在具體分析胡傳內容以前，我們先來看胡安國《春秋傳》的成書過程。《宋史》本傳稱：紹興二年時，高宗曾讓胡安國校對《左傳》，胡安國認為：「《左氏》繁碎，不宜虛廢光陰，耽玩文采，莫若潛心聖經。」〔註107〕主張探求《春秋》經義，高宗稱善；五年，高宗令胡安國纂修所著《春秋傳》。從《春秋傳》正文前的《進表》來看，書成於紹興六年（1136），與《宋元學案》所

〔註106〕〔宋〕胡安國《春秋胡氏傳・敘傳授》，《四部叢刊》本。
〔註107〕〔元〕脫脫等《宋史》卷435，《胡安國傳》，中華書局，1977年版，第12913頁。

載「胡安國自壯年即服膺於此，至年六十一（1136）而書始就」〔註108〕的說法相合，而《玉海》所稱「十年三月書成上之」〔註109〕有誤。

　　的確，胡安國自壯年就潛心於《春秋》，其自述治《春秋》的過程：

　　　　某之初學也，用功十年，遍覽諸家，欲多求博取，以會要妙，然但得其糟粕耳；又十年，時有省發，遂集眾傳，附以己說，猶未敢以為得也；又五年，去者或取，取者或去，己說之不可於心者尚多有之；又五年，書向成，舊說之得存者寡矣。及此二年，所習似益察，所造似益深，乃知聖人之旨益無窮，信非言論所能盡也。今幸聖上篤好，要當正學以言，不當曲學以阿世。〔註110〕

這段話說明：第一，胡安國著《春秋傳》歷時三十餘年，「及此二年」當指胡安國被詔修《春秋傳》以前的一段時間，即紹興二年至五年之間（1132～1135）。以此上推三十年，則正值徽宗崇寧前後，王安石對《春秋》的法令至此時「防禁益甚」，胡安國於此時政治高壓下研究《春秋》；第二，胡安國階段性、逐級遞進地研究《春秋》，先是廣泛收集關於《春秋》的成果資料，但不合其意；其後以《春秋》傳注和自己簡單的理解著《春秋傳》，仍舊不得大義；隨著胡安國《春秋》理論水平的提高，其對《春秋傳》進行刪改；隨後五年《春秋傳》成，但仍有可改動處。及至胡安國為高宗講《春秋》，認識到《春秋》奧義微妙，意在言外。《四庫全書總目》講：胡傳「其自創至於成書，初稿不留一字，其用意勤矣。」〔註111〕說明胡安國對《春秋》的認知不斷提高，其中不排除其受程頤以「理」解《春秋》及其程門弟子理學的影響。

　　胡安國《春秋傳》也離不開其子胡寧的輔助。《宋元學案》言：「文定作《春秋傳》，修纂檢討盡出於先生手。又自著《春秋通旨》，總貫條例、證據史傳之文二百餘章，輔傳而行。」〔註112〕雖然陳振孫對《春秋通旨》的作者

〔註108〕〔清〕黃宗羲原著，全祖望補修，陳金生，梁運華點校《宋元學案》卷34，《武夷學案》，中華書局，1986年版，第1177頁。

〔註109〕〔宋〕王應麟《玉海》卷40，《四庫全書〈文淵閣〉本》，上海古籍出版社1987年影印。

〔註110〕〔宋〕胡寅著，容肇祖點校《斐然集》，中華書局，1993年版，第553頁。

〔註111〕〔清〕永瑢等撰《四庫全書總目》卷26，《經部·春秋類二》，中華書局，1965年版，第219頁。

〔註112〕〔清〕黃宗羲原著，全祖望補修，陳金生，梁運華點校《宋元學案》卷34，《武夷學案》，中華書局，1986年版，第1182頁。

有異議，認爲《春秋通旨》是胡安國與其弟子的問答及其他議論，胡寧只是編輯，但肯定《春秋通旨》本身的價值，「欲觀正傳，又必先求之《通旨》。」即《通旨》與胡傳相參考。又，胡安國著有《春秋諸國興廢說》、《春秋提要》，前者類似於各諸侯國簡史，後者錄周王、各諸侯國君、聘問、戰爭等事件，條分體系。

現在來看胡安國《春秋傳》的特點。同其他《春秋》類專著相比，胡傳注重倫常秩序、夷夏關係、災異、軍事、書例等一般的《春秋》學問題；不同的是，表達這類問題的方式因人因時而異，胡安國處於兩宋之際，政治上民族矛盾上升，文化上理學有進一步發展。所以，胡傳闡述以上問題，既有理學因素，又有時代特徵。以理解經，經以濟世，體與用相合而偏於用。

（一）倫常關係

倫常關係主要是指華夏民族內的等級倫理。胡安國在《春秋傳序》中把《春秋傳》的主要內容概括爲「尊君父，討亂賊，辟邪說，正人心，用夏變夷」，《先公行狀》中也提到「所以尊君父、討亂賊、存天理、正人心者，必再書屢書。」〔註113〕可見，《春秋傳》的宗旨是以「天理」「人心」爲體，以尊君、討賊、攘夷爲用。確實，胡安國多次論及尊君、抑臣、討賊、正人倫。僖公五年「公及齊侯宋公……會王世子於首止」，《春秋傳》認爲用「及」與「會」表示君臣之間的互尊，「《春秋》抑強臣，扶弱主，撥亂世反之正。特書及以會者，若曰王世子在，是諸侯咸往會焉，示不可得而抗也。」通過書「及」「會」突顯等級秩序，尊卑關係。「天尊地卑，而其分定，典敘禮秩而其義不明。」成公六年「取鄟」，胡安國同樣強調「《春秋》尊君抑臣，以辨上下謹於微之意也。」並以此引申至朋黨之爭。宣公十一年「楚子陳侯鄭伯盟於辰陵」，胡安國發揮《春秋》爲「經文大法在誅亂臣討賊子，有亂臣則無君，有賊子則無父。」君臣、父子倫理秩序不容忽視。

如果胡安國以尊君、抑臣、討賊等倫常關係諸篇解釋《春秋》，實則並無新意可言，最多只是加入了時代特徵如朋黨的因子。事實上，上述胡安國強調的綱常秩序是「天理」在社會、政治生活中的表現。從「天理」角度解釋倫常關係，又發掘其濟世功能，正是胡安國吸收前人理論成果而又高於前人的地方。

〔註113〕〔宋〕胡寅著，容肇祖點校《斐然集》，中華書局，1993年版，第552頁。

　　《春秋傳》開篇解釋「元年」，已爲全文以「理」解經打下基礎。「即位之一年必稱元年者，明人君之用也。大哉乾元，萬物資始，天之用也；至哉坤元，萬物資生，地之用也；成位乎其中，則與天地參。故體元者，人主之職，而調元者宰相之事。元即仁也，仁，人心也。《春秋》深明其用當自貴者始，故治國先正其心，以正朝廷與百官，而遠近莫不一於正矣。」也就是說：一是胡安國解釋「元年」不同於《公羊》所謂「元年者何？君之始年也」屬一般性的時間上的解說，而是引入《易》中解釋「乾」「坤」的卦辭，以君王與天地相參的方式把君提升到超出主觀個體而具有普遍法則的高度；其他版本《春秋傳》解釋「元」，「元者何？仁是也。仁者何？心是也。建立萬法，酬酢萬事，帥馭萬夫，統理萬國，皆此心之用也。」〔註114〕這種解詞與上文釋「元」意思相近，只是更加細緻。從「心之用」表現爲治理國家的法規、制度等形下層面推至「仁」，再到「元」，則「心」實爲「天理」，是「元」的本質，「仁」爲溝通「元」與「心」的橋梁；二是，由上文所講心與理合一爲聖人境界來看，胡安國有把君王與聖人合一的意圖，理學政治家與道德至上者相統一。所以，胡安國提出現實的在上者要「體元」、「正心」，涵養品性，仁政愛民，由「正心」而至「平天下」，到達內聖與外王合一；三是應該說，胡安國以「仁」、「心」解釋「元」，頗有理學家的味道，但由於胡安國對「理」的認知有限，導致其由「心」到「仁」再到「元」的系統缺少理論基礎，略顯突兀。朱熹就評論：「問：『胡文定說元字，某不能無疑⋯⋯今胡氏訓元爲仁，訓仁爲心，得無太支離乎？』曰：『楊龜山亦嘗以此議之。胡氏說經，大抵有此病。』」〔註115〕「支離」即指胡氏由「元」到「心」的訓解牽強不自然。

　　「天理」有時用「道」表示，對於成公元年「王師敗績於茅戎」的解釋，北宋《春秋》學者大多認同「王自敗」的結論，胡安國也有此意，但論證的過程以「理」爲準則。首先胡安國承接程頤《春秋傳》中「天理」之下的「尊王」思想，「程氏曰：王師於諸侯不言敗，諸侯不可敵王也；於夷狄不言戰，夷狄不能抗王也。不可敵不能抗者，理也；其敵其抗，王道之失也。桓王伐鄭，兵敗身傷，而經不書敗，存君臣之義，立天下之防也。」繼而延伸認爲：

〔註114〕轉引自王雷松《胡安國政治哲學簡析》，《商丘師範學院學報》，2006 年第 4
　　　　期，第 2 頁。

〔註115〕〔宋〕黎靖德編，王星賢點校《朱子語類》卷 95，中華書局，1994 年版，第
　　　　2157 頁。

「雖以尊君父外戎狄爲義，而君父所以尊，夷狄所以服，則有道矣。」周桓王所爲是「失其所以君天下、御四夷之道也。」此「道」即爲存在於自然、社會一切事物中的普遍之「理」，而不僅是制度、法規等含義。

《春秋傳》中「天理」通過「義」、「法」、「權」等概念得以呈現。

1. 表現爲「公」「義」、「法」等原則，以「公」、「義」、「法」反對「私」、「利」等，體現「天理」的道德屬性

僖公九年「晉里克弑其君之子奚齊」，胡安國引《詩》「天生蒸民，有物有則」，說明「天理根於人心，雖以私欲滅之，而有不可滅也。《春秋》書此以明獻公之罪，抑人欲之私，示天理之公，爲後世戒，其義大矣。」即「天理」超越時空的限制，永恒存在，其功能爲普遍性之「公」，並非個體私欲。晉獻公以私欲對抗倫常大法，故有過錯。

胡傳遵循董仲舒所謂「正其義不謀其利，明其道不計其功」的義利觀，肯定大義而反對私利。就齊桓公而言，胡安國贊成其在維護華夏民族禮制文明方面的功勞，「中國衰微，夷狄猾夏，天子不能正，至於遷徙奔亡，諸侯有能救而存之則救而存之，可也。」所以，「齊師宋師曹師城邢」是「美桓公志義，卒有救患之功也」（僖公元年），即齊桓公深明大義。至於君臣之義方面，胡安國認爲齊桓公以功利謀天下，而「功利之在人淺矣，《春秋》明道正義，不急近功，不規小利，於齊桓晉文之事有所貶而無過褒以此。」（僖公十六年「葬齊桓公」）即因爲齊桓謀求私利，故《春秋》予以貶斥。宣公十一年「楚子入陳」，《春秋傳》認爲：楚莊公「以義討賊，勇於爲善，舜之徒也；以貪取國，急於爲利，跖之徒矣。」對楚莊的行爲肯定其「大義」的一面，又否定其貪利的一面。又，莊公十九年「公子結媵陳人之婦於鄄，遂及齊侯宋公盟」，胡安國認爲：大夫受命而出境，「有可以安社稷利國家則專之可也，謂本有此命，得以便宜從事，特不受專對之辭爾；若違命行私，雖有利國家安社稷之功，使者當以矯制請罪，有司當以擅命論刑，何者？終不可以一時之利，亂萬世之法，是《春秋》之旨也。」「利」爲私利、一時之利，「法」爲公法、萬事大法，《春秋》宗旨在於後者。

無論「天理」以「義」、「法」等哪種方式出現，都是對倫理之道，尤其是君臣關係的說明。宣公二年「趙盾弑其君夷皋」，胡安國解釋「亡不越境，反不討賊」的含義，進而認爲書法如此是「閉臣子之邪心而謹其漸也」，即防範在下者的犯上作亂。「《春秋》之大義明矣，微夫子推見至隱，垂法後世。」

以此「大義」、「大法」指導後世,「《春秋》成而亂臣賊子懼。」文公十六年「宋人弒其君杵臼」,胡安國同樣申明君臣之義,「聖人以弒君之罪歸宋人者,以明三綱,人道之大倫,君臣之義不可廢也。」

2. 表現為「權」,且與「義」、「節」、「情」等概念相關聯,體現「理」的變化功能

「審事物之重輕者,權也;權重輕而處之得其宜者,義也。」權為義的前提,義為權的內涵,二者相互不補充。以此來看「宋萬弒其君捷及其大夫仇牧」(莊公十二年),仇牧「不畏強禦」,死難其君,精神可嘉。即使是「徒殺其身,不能執賊,無益於事」,但「食焉不避其難,義也;徒殺其身,不能執賊,亦足為求利焉而逃其難者之訓矣」,也就是說仇牧為「權重輕而處之得其宜者」,明大義者,知權、義者。胡安國通過「權」「義」強調仇牧事件中所體現的忠君之義,不關注事件本身的實際效果。前人孫覺持相反意見,「以春秋之時,則三人在可褒之域;格之以聖人之道,則三人猶未備焉」,認為仇牧等三人死難其君有警示後世臣下者作為的作用,但在「以道事君」事君方面並不可稱。可見,孫覺以「道」解經,強調的是理想的君臣關係;胡安國以「權」解釋經文,突出的是臣對君的義務。

襄公二十九年「吳子使箚來聘」,一般《春秋》學者解經著眼於肯定少數民族在禮樂文明方面的進步,如孫復、孫覺等。胡安國則用大量篇幅,在史實的基礎上解釋由不書「公子」,表示貶斥季札「辭位而生亂」的行為。其原因在於「《春秋》達節而不守者也……若季子之辭位,守節立名,全身自牧,則可矣;概諸聖王之道,則過矣。《中庸》曰:道之不明不行也,我知之矣。季子所謂賢且智,過而不得其中者也。」「達節」指最終效果,其途徑關涉「中」、「權」,其實質為「道」;「守節」表示操作行為,不具有「理」或「道」的內涵,《春秋》主導的是「達節而不守」。在胡安國看來,季札只是守節,保全自身,是私而非公,不合《春秋》大義。所以,「仲尼於季子望之深矣,責之備矣。惟與天地同德,而達乎時中,然後能與於,此非聖人莫能修之,豈不信夫?」進一步肯定聖人「德」與「理」相合,《春秋》蘊涵聖人精神。以《中庸》解釋《春秋》,並非胡安國的首創,程頤《春秋》觀已有此意,詳見前文所述。不單是程頤本人主張如此,程門弟子謝良佐也曾與胡文定書信往來論及此事,「《春秋》大約如法家斷例也,折以中道耳。恐因是及中庸,因『中』

有『權』與『取兩者之中』之說。」〔註116〕

　　僖公二十八年「天王狩於河陽」條，一直是《春秋》學人發揮經義的「用武之地」，如孫復言辭激昂地以「尊王」解釋此經，蘇轍較爲理智地從「情」「禮」兩個方面進行分析，孫覺則從變禮引申出「尊王」。胡安國援引《左傳》中孔子所謂「以臣召君，不可以訓，故書曰天王狩於河陽」表示「尊周全晉」，有「尊王」之意；又引啖助所言「晉侯召君名，義之罪人也，其可訓乎？若原其自嫌之心，嘉其尊王之意，則請王之狩，忠亦至焉」，即從常規禮制與心理動機兩個方面評論此事。進而提出「所謂原情爲制，以誠變禮者也」，主張以「情」、「變禮」解讀經文。不難看出，這是在蘇轍、孫覺等《春秋》觀基礎上的整合，並最終提升到「《春秋》忠恕也」的高度。「忠恕」，《論語・里仁》中講：「夫子之道，忠恕而已矣。」《中庸》也講：「忠恕違道不遠，施諸己而不願，亦勿施於人。」忠恕本爲夫子之道的內容之一，是「道」在社會關係中的運用。胡安國通過「情」、「變禮」把《春秋》視爲忠恕原則的文化載體。

　　胡安國解「天王狩於河陽」，其中體現的尊王之意中「王」的內涵不明確。僖公五年「鄭伯逃歸不盟」，《春秋傳》規定「王」，《春秋》道名分尊天王而以大義爲主。夫義者，權名分之中而當其可之謂也。」意指《春秋》所突出的「尊王」並非遵從個體意志、威權，而是其中的「大義」。此年首止盟會，諸侯會王世子，《春秋》予以肯定；鄭伯「雖承王命，而制命非義」，即鄭伯所尊王命是主觀現實之「王命」，王命不合義理，鄭伯尊之不義。「天下之大倫有常有變」「賢者守其常，聖人儘其變。」人倫之「常」指倫理秩序的固定性，人倫之「變」指在普遍原則即「義」、「理」的前提下，靈活地踐行等級義務。

　　以上通過對「天理」在「義」、「法」、「權」等方面的表現，論述胡安國《春秋傳》中貫穿的倫理綱常。需要注意的是：第一，從內容上講，上述所論及的倫常關係重點是華夏民族內的君臣父子關係，尤其是臣對君的絕對義務，表現出胡傳強烈的「尊王意識」。「王」既有物質條件，「有其土地人民以奉宗廟之典籍」，又是道德模範與政治家的理想統一體。在這一前提下，胡安國指出：「人君擅一國之名，寵神之主而民之望也。愛之如父母，仰之

〔註116〕〔清〕黃宗羲原著，全祖望補修，陳金生，梁運華點校《宋元學案》卷24，《上蔡學案》，中華書局，1986年版，第929頁。

如日月，敬之如神明，畏之如雷霆。」（襄公十四年「衛侯出奔齊」）以此言在下者對君王的尊崇。

第二，從理論基礎來看，胡安國論證倫理關係承繼程頤以「理」解經的思想，從天理的高度進行闡發。「義」、「法」、「權」是「理」的不同表達方式，倫理道德規範是「理」在現實生活中的實現，忠君、孝父等單方面的義務是必然之理。天理與倫理道德之間是體與用的關係。

第三，從現實效果看，胡安國以「理」解《春秋》，突出其中的倫理等級規範，在解經過程中參考史實經驗，緊密結合時政，有鮮明的濟世致用色彩。閔公二年「公子慶父出奔莒」，胡安國首先分析魯閔公即位時的形勢，說明誅殺篡位者需要天時、地利、人和，以此反駁孫復所謂譏貶季子緩不討賊之意。隨後以西漢時誅呂黨為例，展示誅殺慶父存在的問題。最後主題落到魯莊公本人有失君道上，「忘親無復仇之意」、「使慶父主兵失馭臣之道」，以此警鑒後世。與其說胡安國在解經，不如說胡安國借說經而諄諄勸誡宋高宗。又如，僖公三十一年「杞伯姬來求婦」，本是一件聘禮或婚姻之事，胡安國卻引申為：「婦人之不可預國事也」「特書於策，以為婦人亂政之戒。」並以漢呂后、唐武則天為例進行說明。這種現實性很強的經義發揮過而不當，南宋朱熹對此有不滿，認為胡安國借經「不使道理明白，卻就其中多使故事，大與做時文答策相似。」〔註117〕此論不無道理。

（二）夷夏觀

胡安國對華夏族與少數民族關係的看法，可以從以下三個方面加以闡明。

第一，同其他《春秋》學者一樣，胡安國堅持「尊王攘夷」，維護華夏族的正統性，並為「尊王攘夷」尋求理論基礎。《春秋傳》曰：「聖人謹華夷之辨，所以明族類，別內外。」「內外」是從地域、族群上劃分華與夷，「洛邑天地之中而戎醜居之，亂華甚矣」，並以漢、唐發生的戎狄之亂為例，言明「中國夷狄終不可雜也」（文公元年「公子遂會洛戎盟於暴」）。以地域概念區分華夷，並攘斥夷狄，已成為《春秋》各家的共識。不同的是，在空間辨別華夷的基礎上，胡安國又進一步引申至倫理道德、理論基礎的層面，

中國之有戎狄，猶君子之有小人。內君子外小人為泰，內小人

〔註117〕〔宋〕黎靖德編，王星賢點校《朱子語類》卷83，中華書局，1994年版，第2157頁。

外君子爲否。《春秋》聖人傾否之書，内中國而外四夷，使之各安其所也。無不覆載者，王德之體，内中國外四夷者，王道之用。」（隱公二年「公會戎於潛」）

「君子」與「小人」本是踐行道德規範的兩種不同層次，這裡類比於華夏族與少數民族；「內」與「外」由空間範疇上昇至價值範疇，含尊卑之義，即尊中國賤夷狄；「泰」與「否」本爲《易》中泰、否兩卦象辭，由天地陰陽之氣的消長論證社會現象，這裡以此類比華與夷之別，則「尊王攘夷」有了堅實的理論後盾；「體」與「用」概念的提出源於先秦，後演變爲本質與現象的關係，屬理學範疇，這裡用以解釋理想政治倫理與現實民族關係的矛盾，因爲「天無所不覆，地無所不載，天子與天地參者也，《春秋》天子之事，何獨外戎狄乎？」即最高權力者的德化精神與天地同在，沒有種族、地域、空間、時間等的界限，不存在「外夷狄」的情況；但現實條件下華與夷的內外、尊卑之別是王道、王德的具體實現，暗含有以夏變夷之意。可見，華與夷的區別，以及相應的「尊王攘夷」思想在胡安國這裡得到了理論的昇華，超出了前人或以空間或以禮制論述夷夏之別的觀點。有學人指出：從自然現象到社會人事再到華夷關係，「爲他（胡安國）的華夷之辨提供了自然哲學的依據，使他對《春秋》『攘夷』之義的說明富有哲理性。」〔註118〕這一評論指出了胡安國夷夏觀的創新意義。雖然其中的「自然哲學依據」「哲理性」有待學術上的嚴密考察，但卻是體現了胡傳以「理」解經、體用並存的理學特徵。

第二，「尊王攘夷」的內容是社會倫理道德，尤其是君臣父子大倫。胡安國認同前人劉敞在血緣上區分不同少數民族的先祖淵源，並提出：「《春秋》比諸夷狄雖然猶不欲絕其類，是以上不使與中國等，下不使與夷狄均，推之可遠，引之可來。」（昭公五年「楚子蔡侯……伐吳」）即肯定邊緣蠻夷民族的存在，對其態度是嚴防華夷之別，「各安其所」，以華夏民族優勢文明感化、引導落後民族。中原文明的優越體現在社會秩序、等級倫理等方面，「《春秋》固天子之事也，而尤謹於華夷之辨。中國之所以爲中國，以禮義也。」（僖公二十三年「杞子卒」）「禮義」即倫常規範。胡安國屢次強調「中國之爲中國以有父子君臣大倫也，一失則爲夷狄。」（僖公五年「諸侯盟於首止」）「爲人臣者懷利以事其君，爲人子者懷利以事其父，君臣父子去仁義懷利以相

〔註118〕侯外廬，邱漢生，張豈之主編《宋明理學史》（上），人民出版社，1984年版，第240頁。

與，利之所在則從之矣，何有於君父？故一失則夷狄，再失則禽獸，而大倫滅矣。」（僖公三十三年「晉人及姜戎敗秦於殽」）「人之所以異於禽獸，中國之所以貴於夷狄，以其有父子之親，君臣之義爾。世子弒君是夷狄禽獸之不若也，而不知討，豈不廢人倫滅天理乎？」（襄公三十年「宋災故」）也就是說，中原民族有別於且高於邊遠民族的標識是禮義人倫，此爲「天理」在現實生活的落實，所以禮義人倫普遍而必然。可見，胡安國尊王攘夷「尊」的是「天理」指導下的倫理秩序，「攘」的是違背人倫本性的非人類的行爲方式。前人論華夷之辨也多從禮樂文化上進行論證，胡安國在前人夷夏觀的基礎上，把這種倫理文化置於最高形上範疇「天理」之下，凸顯其華夷觀的理學色彩。

　　第三，以人倫大義作爲評判華夏民族與少數民族的標準，則華與夷之間存在動態的變化，而不僅僅是空間地域、族群的界限。莊公二十三年「荆人來聘」，胡安國認爲以州稱荆，是貶斥其無禮；以「人」稱荆楚，是「嘉其慕義自通，故進之也。」即蠻夷主動學習、接受中原文明，「朝聘者，中國諸侯之事，雖蠻夷而能修中國諸侯之禮，則不念其猾夏不恭而進焉。」肯定其在文化方面取得的進步。不僅如此，胡安國高調稱讚少數民族在維護倫常道德方面所做的努力。宣公十二年「楚子圍鄭」，北宋《春秋》學者多解爲貶斥夷狄，胡安國則認爲：「上無天王，下無方伯，天下諸侯有臣弒君、子弒父，諸夏不能討而楚子能討之，《春秋》取大節略小過。雖如楚子憑陵上國，近造王都之側，猶從末減，於以見誅亂臣、討賊子、正大倫之爲重也。」「大節」即倫常之理，表現爲「誅亂臣」「討賊子」等，「小過」是相對「大節」而言，不涉及倫常秩序，如「憑陵上國」「近造王都之側」等。言明對中原諸侯與邊沿夷狄進行價值評判的準繩爲倫常義理，荆楚「除天下之殘賊而出民於水火之中」，是以義驅之，在肯定之列。倫常秩序是文明發展程度的標誌，維護者則進步，給予褒揚；破壞者倒退，給予貶斥。魯桓公以弟弒兄，以臣弒君，本在誅討之列，滕子卻來朝見，是「反天理肆人欲，與夷狄無異，《春秋》深惡之」（桓公二年「滕子來朝」）。這種踐踏倫常道德的行爲通過書「子」而歸入夷狄之列，夷狄含落後文明之意，並非指固定地域之邊疆民族。

　　以上論述了胡安國的夷夏觀。可以發現，胡安國論華夷關係的基本思路與北宋《春秋》學人如孫復、蘇轍、孫覺等所論華夷之辨大致相同。從主導思想上的「尊王攘夷」推至所尊所攘的實質，華與夷主要是倫理文化上的區

分，進而華與夷超出空間的範圍，華夏可貶，夷狄可贊。但就具體內容來看，胡安國不同於北宋《春秋》學人的是：一爲「尊王攘夷」尋求了形上之「理」的理論依據，尊攘所體現的等級關係是「天理」在社會生活中的表現；二是華夷之辨更具有鮮明的現實意義。這兩方面的不同正是兩宋之際學術上理學發展，政治上民族矛盾空前尖銳在胡安國《春秋》思想中的反應，呈現出胡傳亦體亦用的學術風格。

（三）災 異

胡安國論自然現象，上承程頤《春秋傳》中天人感應之理，同時又有所發揮，突出其適用價值。

一是天與人感應的內在依據爲「理」。胡安國首先吸收張載對「氣」的論說，以陰陽運動解釋自然現象。僖公二十九年「大雨雹」，「《正蒙》曰：凡陰氣凝聚，陰在內者不得出則奮擊而爲雷霆，在外者不得入則周旋不捨而爲風。和而散則爲霜雪雨露，不和而散則爲戾氣曀霾，陰常散緩受交於陽，則風雨調、寒暑正。」由張載陰陽之氣的變化解釋雹爲戾氣。隱公九年「大雨雪」，胡安國也是從此角度作解，「震電者，陽精之發也，雨雪者，陰氣之凝。」「大雨雪，此陰氣之縱也。」進而胡安國認爲自然界的異常現象並不是偶然、客觀發生的，而是對人事的反應，「人事感於下，則天變動於上。」（莊公七年「星隕如雨」）「天」因人事而變化，主動權在人。《春秋》所載人事言，則是非善惡之迹設施於前，而成敗吉凶之效見於後；以天道言，則感應之理明矣，不可不察也。」（隱公十一年「公及齊侯鄭伯入許」）這裡胡安國承接程頤《春秋》觀中的天人關係，承認存在天與人的相感，又進一步細化天人感應表現爲事件發展的前因後果，實質爲「天道」、「天理」在現實中的落實。

二是論證天人相應之理，目標指向現實政權，勸誡在上者體認「天理」，以德治國。「天理」的主要內容爲倫常，而人事的異常莫過於倫常的破壞，反映到自然現象的變化也爲倫常，如大雨雹的發生爲「陰脅陽，臣侵君之象」，孔子作《春秋》「明王道，正人倫氣志，天人交相感勝之際深矣」，以天與人感應之理反襯人倫禮制的合理性。「若反身修德，信用忠賢，災異之來必可禦矣。」即胡安國認爲在上者德性的培養可以預防自然界異常現象的發生，並以周宣王爲例，說明「以人勝天，以德消變之驗也。」（昭公二十五年「季辛又雩」）所以，胡安國講災異是通過道德說教權力者而發揮《春秋》的濟世之意。

　　總之，胡安國《春秋傳》的災異觀，不僅是以「天理」爲最高根據，而且認爲自然界的異常現象可以通過人，尤其是在上者的道德修養而得以消除，表明《春秋》的經世致用的特性。

　　除上述三個方面外，《春秋傳》在軍事問題上一方面是繼承程頤《春秋》觀的有「道」之戰，另一方面又聯繫時政，顯示出其強烈的現實色彩。文公二年「晉侯及秦師戰於彭衙，秦師敗績」，胡安國提出「處己，息爭之道，寡怨之方，王者之事也」，也即程頤所謂「處己，絕亂之道」說法的具體展開。同時，胡安國又主張君王內修德政，外以德服遠而不可屈從於外夷，並一再強調兵權不可下移，以示尊君。如批評齊桓公「不務德，勤兵遠征，不正王法，則將開後世之君勞中國而事外夷，舍近攻而貴遠略」（莊公二十三年「齊人伐山戎」），通過貶稱「人」而警戒後世好武力而不修文德者。對於魯國內亂，公子慶父弒君出奔齊，胡安國追溯周成王時，兵權分散，而莊公授兵權於慶父一人，「慶父主兵自恣，國人不能制也」，以此垂戒後世君王要統一兵權。這種說解與其是胡安國在發揮大義，不如說是其借《春秋》闡述時政，爲國君獻計獻策。稍後的理學家朱熹一方面肯定胡安國「能解經而通事務」〔註119〕，另一方面認爲胡傳「說得太深」「有太過處」〔註120〕，清代學人皮錫瑞也評論胡傳「鍛鍊太刻，都存託諷時事之心」〔註121〕，多就胡安國《春秋傳》中濃烈的政治意味有所微詞。但實際講來，其中原因離不開客觀上南宋政府所面臨的積弱積貧現狀，主觀上有胡安國個人康濟時艱的圈圈赤子之心。

　　在書例問題上，程頤指出事同辭同爲例，事同辭異而多有義，反對限於書例的解經方式。胡安國在此基礎上區分常例與變例，「《春秋》之文有事同則詞同者，後人因謂之例，然有事同而詞異則其例變矣。是故正例非聖人莫能立，變例分聖人莫能裁。正例，天地之常經，變例古今之通義。惟窮理精義，於例中見法，例外通類者斯得之矣。」〔註122〕指出例有常例、變例兩種，

〔註119〕〔宋〕黎靖德編，王星賢點校《朱子語類》卷95，中華書局，1994年版，第2458頁。
〔註120〕〔宋〕黎靖德編，王星賢點校《朱子語類》卷83，中華書局，1994年版，第2152頁。
〔註121〕〔清〕皮錫瑞著，周予同注釋《經學歷史》，中華書局，2004年版，第179頁。
〔註122〕〔宋〕胡安國《春秋胡氏傳·明類例》，《四部叢刊》本。

均爲聖人所定；例的用途是窮理求義。

綜上所述，胡安國及其《春秋傳》可概括爲以下幾點：

第一，胡安國承接程頤以「理」解經的精神，使《春秋》進一步納入理學軌道，正如《春秋傳序》中自言「以程氏之說爲證」。雖然胡安國對形上之「理」的理論貢獻及其自身體認有限，但在致知、學與心等理學範疇的相互關係上，即在窮理的方式方法上是有一定認知的。以此解釋《春秋》，無疑是在程頤《春秋傳》的基礎上對《春秋》義理化有進一步的推進。有學者認爲：依思想發展脈絡講，「宋代孫復、劉敞、胡安國的《春秋》學自成一種系統」，因爲得到後世理學家認同，所以將其《春秋》學納入到理學思想體系〔註123〕。應該說，將孫復、劉敞等《春秋》學歸入一類有一定的學術意義，但是否歸入理學，胡安國《春秋》觀是否也在其列有待考察，因爲首先三人處於不同的政治背景與學術環境，因其客觀條件的差異而形成的《春秋》學特徵也因人因時而異；其次孫復、劉敞二人《春秋》學從解經方式上大體可歸入一般儒學的《春秋》研究，而胡安國對《春秋》的研究產生於理學南傳的發展時期，其理論基礎爲二程的「天理」論，大體上可歸於理學體系。

第二，胡傳對程頤《春秋傳》的發展，以及對南宋理學有所影響的是：胡安國《春秋傳》注重經邦濟世。在「天理」的前提下，通過對「義」、「法」、「權」等價值範疇或原則的運用，對歷史事實的引鑒，強調倫理的道德規範，表現「尊王」、「討賊」、「攘夷」等政治行爲的合理性，以至超出《春秋》經義的界限，「感激時事」，「借《春秋》以寓意」〔註124〕，受到後世理學家的批駁。從學術意義上講，胡安國從史與事中尋求義理的治學路徑對理學延至南宋日漸內傾、對心性等形上價值建構日漸精微而忽於現實需要有一定的糾偏作用，使理學逐漸從高深的「神壇」走向現實政治、社會民眾。當然，這種趨勢傳達的主題仍是倫理綱常。有學者指出：北宋《春秋》學側重尊王，以孫復爲代表；南宋《春秋》研究主復仇攘夷之義，以胡安國爲代表〔註125〕。「胡安國闡明《春秋》大義所以強調封建綱常，突出尊王攘夷是著眼於現實，

〔註123〕姜廣輝《「宋學」、「理學」與「理學化經學」》，《哲學研究》，2007年第9期。

〔註124〕〔清〕永瑢等撰《四庫全書總目》卷26，《經部·春秋類二》，中華書局，1965年版，第219頁。

〔註125〕牟潤孫《論兩宋〈春秋〉學之主流》，載《注史齋叢稿》，中華書局，1987年版，第141頁。

立足於經世的。」〔註 126〕這一評論指出了胡傳的現實意義，但忽視了胡安國突顯倫理綱常的途徑於方法。

　　第三，胡安國《春秋傳》影響深遠，後儒評價不一，大致可分爲兩類：一類是就《春秋傳》具體內容的點評，如胡安國所提出的「以夏時冠周月」，朱熹持異議，表示「不敢信」；黃震認同胡安國所講「春」爲夏正之春，反對其「月」爲周月；毛奇齡對所謂《春秋》用夏時，表示不可解。關於此一曆法問題，有學人已專門進行了釐正〔註 127〕，在此不多述。又如胡傳的成書過程，黃淵引《宋史》本傳、《玉海》等史料加以論證；關於《春秋傳》中的災異，李蓘認爲胡傳多引漢儒所言災異，但不直接言說。這些評價敍多於論；另一類是就《春秋傳》整體而言，有褒有貶。如朱熹講：「胡氏《春秋傳》有牽強處，然議論有開闊精神。」〔註 128〕蔣悌生曰：「近世明經取士專用胡氏傳，蓋取其議論正大，若曰一一合乎筆削之初意，則未敢必其然也。」何喬新曰：「宋之論《春秋》而有成書者，無如胡文定公。文定之傳精白而博贍，慷慨而精切，然所失者信《公》《穀》太過，求褒貶太詳，多非本旨。」〔註 129〕可見，後人肯定胡傳對儒家精神大體方向的把握，「開闊精神」既有學術上的理學氣質，又有實踐上的可操作性；批評胡傳在經義發揮上走得太遠，是「宋之《春秋》非魯之《春秋》」，過於聯繫現實政治，有失《春秋》大義。

　　實際講來，胡安國經史並重、體用相合的思維方式對日後湖湘學派學術宗旨的建立，以至永嘉學派學術取向都有不同程度的影響，單是毀譽各異的評論本身就足以證明胡安國《春秋傳》的地位。而且，從史料記載來看，南宋時胡安國《春秋傳》被定爲經筵讀本，成爲官學；元代延祐年間科舉改制，「始以《春秋》用胡安國傳，定爲功令。」明代胡廣撰修《春秋大全》，「其書所採諸說，惟憑胡氏定去取而不復考論是非。」〔註 130〕清初，《欽定春秋

〔註 126〕侯外廬，邱漢生，張岂之主編《宋明理學史》（上），人民出版社，1984 年版，第 241 頁。

〔註 127〕注：參見趙伯雄《春秋學史》，山東教育出版社，2004 年版，第 513～520 頁。

〔註 128〕〔宋〕黎靖德編，王星賢點校《朱子語類》卷 83，中華書局，1994 年版，第 2155 頁。

〔註 129〕以上所引自朱彝尊《經義考》卷 185，胡安國《春秋傳》，《四庫全書〈文淵閣〉本》，上海古籍出版社 1987 年影印。

〔註 130〕〔清〕永瑢等撰《四庫全書總目》卷 28，《經部・春秋類三》，中華書局，1965

傳書彙纂》收集《春秋》類著作時，考慮到胡傳流傳時間長，一時難以更改，「仍綴於三傳之末。」〔註131〕由此可見胡安國《春秋傳》備受矚目的程度。

第四節　《春秋》研究方法的新探索

從周敦頤對《春秋》以「人道」推至孔子所作《春秋》，到二程以「理」解《春秋》的二十年，再到胡安國體用統一的《春秋傳》，《春秋》在理學家這裡完成了從點到線再到面的立體呈現，成爲義理解經的典型。學術的內在發展從來都是多樣化的，《春秋》學也不例外。除上述顯性的理學家「天理」下的《春秋》研究外，同時並存的有隱性的一般儒學的《春秋》研究。當然，所謂的「顯性」與「隱性」是相對的。這種研究形式或角度不同，或內容各異，但最重要的是其在《春秋》的研究方法上有探索、創新。本節主要就崔子方、蕭楚、葉夢得三人的《春秋》研究新方法上作一番考察。

一、崔子方以例與「理」解《春秋》

崔子方字彥直，號西疇居士，涪陵人，《宋史》無傳。從《四庫全書總目》、《玉海》、《經義考》等文獻資料來看，崔子方「爲人介而有守」，與蘇軾兄弟、黃庭堅交往，尤其是黃庭堅，稱崔子方爲「六合佳士」，又稱其賢。崔子方於紹聖年間（1094～1097）三次上疏，乞置《春秋》博士，不報。按《宋史·哲宗本紀》載：哲宗元祐元年六月置《春秋》博士，紹聖四年三月罷《春秋》博士，崔子方也就是在此時上書。隨後隱居眞州六合縣，閉門講習，專意著書三十餘年。當時，王安石新學佔優勢地位，崔子方《春秋》學到南宋初才引起關注。建炎二年六月，江端友請下湖州，取崔子方所著《春秋傳》藏秘書；紹興六年八月，崔子方之孫若上之，而翰林學士朱震在《進書箚子》中也推薦崔子方的著作〔註132〕。此時胡安國《春秋傳》修改稿已近完成，受到上層青睞。

崔子方著有《春秋經解》十二卷，據《四庫全書總目》稱：此書從《永

年版，第 230 頁。

〔註131〕〔清〕永瑢等撰《四庫全書總目》卷 29，《經部·春秋類四》，中華書局，1965年版，第 235 頁。

〔註132〕〔清〕永瑢等撰《四庫全書總目》卷 28，《經部·春秋類二》，中華書局，1965年版，第 217 頁。

樂大典》、黃震《日抄》所引《本例》裒輯成編，原書原文已不可見。《宋史·藝文志》錄《春秋本例》、《春秋例要》合爲二十卷，後《春秋例要》佚。四庫所存《春秋例要》是從《永樂大典》輯出。

1. 崔子方《春秋》學特點是兩條線並行

一是情與理，一是辭與例。《春秋經解自序》詳細闡明了這一觀點的產生及兩條線路的關係。

首先，崔子方從自身治學經歷談起，認爲前人在解讀《春秋》的路徑上存在誤區：

> 始余讀《左氏》愛其文辭，知有《左氏》而不知有《春秋》也；其後益讀《公羊》《穀梁》愛其論説，又知有二書而不知有《春秋》也。《左氏》之事證於前，二家之例明於後，以爲當世之事與聖人之意舉在乎是矣。然考其事則於情有不合，稽其意則於理有不通意者，傳之妄而求之過歟。乃取《春秋》之經治之，伏讀三年，然後知所書之事與所以書之之意，是非成敗褒貶勸誡之説具在夫萬有八千言之間，雖無傳者一言之辯，而《春秋》了可知也。〔註133〕

這裡崔子方治《春秋》有一個從讀傳到讀經再到尊經的轉變，而在其解經過程中進一步捨傳求經，於《春秋》經文尋求經義。宣公二年「晉趙盾弒其君夷皋」，《經解》解爲：「三家以爲趙穿弒也，趙盾不討賊，故書趙盾弒焉。夫《春秋》謹名分，別嫌疑。今加弒君之罪於人而不爲異辭以見之，恐非聖人之意，而傳或失之也。」即依《春秋》經的聖人精神而懷疑三傳。不過三傳自身仍有可取之處，《經解》也不同程度地採納了三傳的內容，《四庫全書總目》稱《經解》「大略皆從《左氏》，而亦間與從《公》《穀》者，故與胡安國《春秋傳》或有異同焉。」〔註134〕從《經解》來看，似乎分不出以三傳中的哪一傳爲主；而當時佔優勢地位的胡安國《春秋傳》主要是取《左傳》之事，《公》《穀》之精義，大綱依從《孟子》，混雜處則據程頤《春秋傳》，二人治經之異同有待進一步考察。

以此爲出發點，崔子方指出研究《春秋》者在治經方法上不得要領，產生紛爭，其原因在於「觀之經則簡略而難知，尋之傳則明白而易見，故後之

〔註133〕〔宋〕崔子方《春秋經解·自序》，《四庫全書〈文淵閣〉本》，上海古籍出版社 1987 年影印。以下簡稱《經解》。

〔註134〕〔清〕永瑢等撰《四庫全書總目》卷 28，《經部·春秋類二》，中華書局，1965年版，第 217 頁。

學者甘心於見誣，而有志之士雖有疑於其說，欲質之而莫得其術。於是是非蜂起，各習其師，務立朋黨，以相詆訾甚於操戈戟而相伐也。」即一方面是《春秋》經與傳的不同特點，另一方面是治經者的個人選擇，或「甘心見誣」，將錯就錯，或有所懷疑，但不知如何論證。

　　其次，崔子方提出以「情」與「理」、「辭」與「例」解經。「古今雖異時，然情之歸則一也；聖賢雖異用，然理之致則一也。合情與理舉而錯諸天下之事，無難矣。」「情」可理解爲認知常情，普遍之情，「理」可釋爲事物的條理、常理。情與理具有永恒性，超越時間與與空間，是一般的解經方法。聖人之辭「恃情與理以自託其言而傳之於後世」，後世學者依據一般性的「情與理」來領悟聖人之言。就《春秋》而言，「聖人之有作欲以繩當時之是非，著來世之懲勸，使人皆知善之可就，而罪之可避也。」即《春秋》經本身含有「情與理」，「情與理」的內容不外乎價值判斷，所以不必依託《春秋》傳注加以理解。

　　「情與理」在表達方式上存在一定難度，「其辭必完具於一經之間，其事必完具於一辭之中，雖然聖人豈敢以一辭之約而使後世之人曉然知吾之所喻哉？」即僅是通過簡約之辭並不能傳達經之大義，這就需要書例來解決。「辭之難明者則著例以見之，例不可盡也，則又有日月之例焉，又有變例以爲言者，然後褒貶是非之意見矣。」言一方面，辭與例之間相互依賴，「《春秋》之爲書辭約而例繁，欲其嚴也故其辭約，欲其明也故其例繁。例者，辭之情也。然則學者當比例而索辭，然後可也。」〔註135〕即辭與例在表達特徵上是矛盾的雙方，在經義方面，例爲辭的依據；另一方面，從橫向看，例分常例、變例，常例爲「著日以爲詳，著時以爲略，又以詳略之中而著月焉。」以書日、月、時表達詳略；變例即「以事之輕重錯於大小尊卑疏戚之間」，改變日、月、時的一般用法表達事件的輕重大小。從縱向看，例又有日月例與其他書例，「聖人之書編年以爲體，舉時以爲名，著日月以爲例，《春秋》固有例也，而日月之例蓋其本也。」〔註136〕言日月例爲《春秋》書法的基礎。

　　情與理、辭與例二者既有區別，又有聯繫。「聖人以辭與例成其書，以情與理而自託其言，則所以慮後世者亦至矣。辭與例，其文也；情與理，其質

〔註135〕〔宋〕崔子方《春秋經解・附錄》，《四庫全書〈文淵閣〉本》，上海古籍出版社1987年影印。

〔註136〕〔宋〕崔子方《春秋本例序》，《四庫全書〈文淵閣〉本》，上海古籍出版社1987年影印。

也。文質不備，君子不爲完人；文質不備，《春秋》不爲完經。」〔註137〕「文」與「質」本指文章的文采與樸實，「質勝文則野，文勝質則史。」後引申爲人的文采與道德品質，「文質彬彬，然後君子。」（《論語‧雍也》）這裡的「文」與「質」代表形式與內容，辭與例爲《春秋》經的形式，情與理爲《春秋》經的內容，二者共同構成《春秋》經。以此來看三傳，其不足之處是「捨情理而專求乎辭例之間」。具體而言，《左氏》只記事不作價值判斷而「失之淺」，《公羊》追求艱澀難懂「失之險」，《穀梁》務於曲折深遠而「失之迂」。三傳解經義主觀臆度，不得聖人精神。所以，解《春秋》的途徑當是「度當時之事以情，考聖人之言以理，情理之不違，然後辭可明而例可通也。」主張通過情與理而使文辭明朗，書例通達。

2. 事實上，辭與例、情與理在崔子方《春秋》學中表現爲政治大法

「雖然《春秋》因魯史而成文，而《春秋》不爲魯作，其文則魯史，而其義則有王者之法存焉。」〔註138〕指明《春秋》史的基礎，但《春秋》所含王法大義超出空間範圍而具有普遍性。「王法」的內容不外乎尊天子、卑諸侯、貶夷狄等倫理規範，並通過情、理、例得到闡發。如以書例表達尊王、攘夷之義，而日月例的產生也是由乎此。「蓋日天下有內外，國家有大小，位有尊卑，事有輕重，不可得而齊也。是故詳中夏而略夷狄，詳大國而略小國，詳內而略外，詳君而略臣，詳所重而略所輕，此《春秋》之意而日月之例所從生也。」〔註139〕即借書例的詳略呈現綱常等級關係。成公元年「王師敗績於茅戎」，《本例》講：按照書例應當書日，此書時，表示「王者之師，天下莫敢校；今茅戎乃能敗之，《春秋》深惡焉。故其詞使若王師自敗於彼云爾，又特略其事而以時志也。」即理想的政治形態中天王軍隊戰無不勝，現實中少數民族打敗周王的軍隊則以書日月例的不同表示「尊王」，貶斥夷狄之意。但現實中如果天王有悖王法，「蔡人、衛人、陳人從王伐鄭」，「以天王之尊，而從三國之微者伐鄭，《春秋》所不與也，故以略言之」〔註140〕，

〔註137〕〔宋〕崔子方《春秋經解‧自序》，《四庫全書〈文淵閣〉本》，上海古籍出版社 1987 年影印。

〔註138〕〔宋〕崔子方《春秋經解》卷1，《四庫全書〈文淵閣〉本》，上海古籍出版社 1987 年影印。

〔註139〕〔宋〕崔子方《春秋經解‧後序》，《四庫全書〈文淵閣〉本》，上海古籍出版社 1987 年影印。

〔註140〕〔宋〕崔子方《春秋經解》卷2，《四庫全書〈文淵閣〉本》，上海古籍出版社 1987 年影印。

則由不書月譏諷在上者的作爲。《春秋本例》解昭公二十六年「公圍成」,「夫公實有國,而不能制其臣,至於見逐,反區區欲取一邑以自營,見公之失君道矣。」〔註141〕依「君道」則君臣等級有序,這裡以不書月譏貶魯公不行君道。可見,崔子方通過書法的變化或正面或反面表達尊王之義。

對於少數民族政權,崔子方同樣以日月例進行褒貶。「凡外盟例月,與戎盟例時,公盟例日,與戎盟例月,《春秋》尊中國而賤夷狄,詳略之例然也。」由書時、日、月例的不同可推知事件的詳略,進而展現對華與夷的不同態度。華夏與夷狄有地域之分,但更重要的是文化之華夷的區分,所以對少數民族習染、接受華夏文明,崔子方也給予肯定。如對楚、吳的看法:楚始稱荊,「其後日以強大,來慕禮義,其君臣爵號名氏自同乎中國,故《春秋》亦從而書之。」到楚屈完來盟,楚與中原諸侯國並列,從而肯定楚在文明禮義方面的進步;吳「其行禮於中國,與其有援中國之功,則《春秋》從而進之」,其他情況則從舊俗,「終春秋之世貶也」。〔註142〕崔子方這種贊同少數民族的漸進說,以及對楚、吳的不同看法,可能受到蘇轍夷夏觀的影響。

因爲「情」作爲普遍之情,與「理」有相通之處,所以,以「情」、「理」解《春秋》大義可統一到「理」上,表現在「實」與「勢」兩個方面。崔氏認爲《春秋》經中存在直接引用舊史的情況,「聖人修《春秋》於舊史之書,其事不足以爲褒貶者,則削之;其文不足以見褒貶者,則修之。若夫載當時之事,因舊史之文而足以見夫褒貶者,吾何加損焉?亦因其實而已。」〔註143〕即史實性記事本身已經含有褒貶之義,聖人不作修改。文公五年「葬我小君成風」,《經解》釋爲:「《春秋》正名分、謹嫡庶而不可亂者也。然成風稱夫人以薨,稱小君以葬,何也?當時之辭也。」即《春秋》經文保持事件的原始記載,其中的褒貶之義自然流露。可知,「實」的內涵爲事理、常理,所以《春秋》依實而錄,褒貶自見。

「勢」主要是指歷史的發展形勢。崔子方在一定程度上承認歷史的客觀變化,如關於葬禮,「大國次國之葬例月,其越禮而葬者僭也,故加日以見

〔註141〕〔宋〕崔子方《春秋本例》卷6,《四庫全書〈文淵閣〉本》,上海古籍出版社1987年影印。

〔註142〕〔宋〕崔子方《春秋本例》卷19,《四庫全書〈文淵閣〉本》,上海古籍出版社1987年影印。

〔註143〕〔宋〕崔子方《春秋經解》卷6,《四庫全書〈文淵閣〉本》,上海古籍出版社1987年影印。

之,其不及禮而葬者,逼也,故去月以見之。」通過日月例的不同表達譏貶之義。「大國之僭禮者多,而次國之僭禮者少,次國不及禮者多,而大國之不及者少,理勢然也。蓋惟天子無僭而小國無逼耳。」〔註144〕所謂的大國、次國之分是指「《春秋》有所謂大國者晉、宋、齊、秦之屬是也,有所謂次國者陳、蔡、衛、鄭之屬是也,有所謂小國者曹、許、邾、杞之屬是也,又有所謂附庸微國者向、極、鄟、鄗之屬是也。」〔註145〕這是對當時社會現狀的總結。崔子方一方面通過日月例批評違反禮制的行為,另一方面又對不合禮的行為作了相應區分,區分的依據是「理勢」,是對當時現實政治的理智分析和概括。

同傳統《春秋》尊王抑霸相比,崔子方褒揚齊桓、晉文的盟會及其霸主地位。「夫諸侯之盟以日為信,而桓、文之盟則不日以為信,諸侯之盟以同為美,而桓文之盟以不同為美。然則《春秋》變例以見美於桓文者,其詳如此。」〔註146〕褒揚的原因在於齊桓「攘夷狄、安中國、九合諸侯,免民於左衽之患也」,其有保護中原文明之功。所以,崔子方講「事盟主之道」,文公十三年「公如晉」,《本例》解釋:「公方修禮於大國,而遽與他國私會,以為失事盟主之道,故不月以見譏。」本來,各諸侯國之間無君臣之分,崔子方不僅以各國實力分出大國、次國、小國,又提出諸侯國關係中存在小國事大國,各國事盟主的政治原則。這種新型政治觀的出現,與其說是「在一定程度上挑戰了傳統的中央集權制觀念」〔註147〕,不如更確切地說是崔子方變化的歷史觀在解讀《春秋》經義上的反應。而且,同霸政相比,崔子方更提倡王政,「周衰之末,天下無王,諸侯有能行王政而興起者,則易然也。以桓公之盛,管仲之賢,而不能有志乎此,乃區區為霸者之政,此孔子之門所以小管仲而下桓文。」〔註148〕這裡的「無王」並非指不存在現實之王,而是指缺少推行理想政治的「王道」之王,暗示齊桓具備政治革新的條件,

〔註144〕〔宋〕崔子方《春秋本例》卷14,《四庫全書〈文淵閣〉本》,上海古籍出版社1987年影印。

〔註145〕〔宋〕崔子方《春秋經解》卷2,《四庫全書〈文淵閣〉本》,上海古籍出版社1987年影印。

〔註146〕〔宋〕崔子方《春秋經解》卷3,《四庫全書〈文淵閣〉本》,上海古籍出版社1987年影印。

〔註147〕萬煥禮《崔子方的〈春秋〉學》,《山東大學學報》,2006年第4期。

〔註148〕〔宋〕崔子方《春秋本例》卷3,《四庫全書〈文淵閣〉本》,上海古籍出版社1987年影印。

表達出崔子方對王政的嚮往。這種觀點實際上正是崔氏就北宋政權所面臨的內憂外患而提出的理想政綱，對北宋統治者寄以厚望。

綜上，崔子方從情與理、辭與例兩條路徑解讀《春秋》大義，尤其突出日月例。以例尋求經義，並非崔子方首創，北宋《春秋》學人多少有所涉及，但並不作為研究重點。崔子方秉承前人捨傳求經的治學精神，突出日月例法，並完全以日月例言說《春秋》，不能不說在研究方法上是一種新視角、新突破。但實際操作中存在不足，似乎經義完全被限定在日月例的框架中，雖然有變例加以彌合。正如《四庫全書總目》提要所言：「予奪筆削寓意宏深，日月特其中之一例。故二家（《公羊傳》與《穀梁傳》）所說，時亦有合，而推之以概全經，則支離轇轕而不盡通，至於必不可通，於是委屈遷就，變例生焉。此非日月為例之過，而全以日月為例之過也。」〔註149〕即以日月例治經本身無可厚非，但完全依靠日月例，則經義支離不通。以情與理解《春秋》，從實際內容看，也並非崔氏首創，蘇轍《春秋集解》就以「道」「勢」解經，崔子方與蘇氏兄弟及其門人多有來往，其情與理概念的提出或許受到蘇轍解經思想的影響，尤其是其對「勢」的運用，近似於蘇轍《春秋》學中對「勢」的闡發，但「情與理」的直接表述是崔氏不同於蘇轍的創新點。當然，二人的理論根基並不同，崔子方沒有明確形上之「道」的概念，仍著重於「王政」、「王法」等制度、法規的層面，蘇轍則以形上之「道」為基礎，前文已有詳述。

二、蕭楚專題性研究《春秋》

蕭楚（？～1130）字子荊，廬陵人。《宋元學案》有錄，紹聖中入太學，貢禮部不第。當時蔡京專權，蕭楚激憤其奸，謂蔡京為宋朝王莽，後引退著書，專於《春秋》〔註150〕。其著有《春秋辨疑》，《四庫全書總目》稱：「《江西通志》及《萬姓統譜》云是書四十九篇，今止四十四篇，蓋有佚脫。《宋志》云十卷，今《永樂大典》所載止二卷，則明人編輯所合併也。」〔註151〕今所

〔註149〕〔清〕永瑢等撰《四庫全書總目》卷27，《經部‧春秋類二》，中華書局，1965年版，第217頁。

〔註150〕〔清〕黃宗羲原著，全祖望補修，陳金生，梁運華點校《宋元學案》卷45，《范許諸儒學案》，中華書局，1986年版，第1446頁。

〔註151〕〔清〕永瑢等撰《四庫全書總目》卷27，《經部‧春秋類二》，中華書局，1965年版，第217頁。

見本四卷。

《春秋辨疑》有兩大特點：一是從形式上講，《春秋辨疑》四十四篇分篇依例論述。如《盟會侵伐統篇》、《書入辨》、《同盟辨》等，每篇圍繞某一特例或突出重點事件，或總結所有相似事件進行經義的闡發。單篇可成文獨立存在，綜篇則成書表達大義。

蕭楚何以選擇專題性的方式詮釋《春秋》？或許可以從其對《春秋》經、史關係的看法中找到答案。「孔子本準魯史，兼採諸國之志而作《春秋》，《春秋》之未作則史也，非經也；《春秋》之既作則經也，其文猶史爾，而不可以爲史法。」按《春秋》爲孔子依據魯史而修作，已成爲學術界一般性共識。蕭楚則作進一步考證，認爲《春秋》經資料源於魯史及各諸侯國史書。從語言形式看，舊史有始有終，首尾完備，讀者一目了然；《春秋》則辭文簡約，類似提綱條目。如「仲尼讀《晉志》見趙宣子弑君事，曰：惜也出竟乃免。觀今《春秋》書曰：晉趙盾弑其君，使舊史之文只如此，則雖孔子何以知盾之奔未出竟也。」「《汲冢紀年》書稱：周襄王會諸侯於河陽，今只書：天王狩於河陽。」《春秋》經與舊史行文上的這種差別，正是孔子在舊史基礎上剪裁修改的結果，「未修《春秋》，辭有本末，足以辨事善惡；仲尼得以據其實而筆削之，非魯史之舊章也。」那麼，孔子爲何做這種變動呢？蕭楚認爲春秋時期，天下秩序混亂，表現爲「天子失其政柄，而諸侯擅權，終於陪臣執國命，而蠻夷張橫。諸夏遂微，先王綱紀文章於是蕩然。」即政權叠變，綱常崩壞。「聖人憂之，因國史所載亂敗之由，裁成其義，垂訓於世，冀後之君子前知而反之正也。」〔註152〕孔子所修裁的《春秋》其中包含普遍性的大義，爲後世治理國家提供憲綱模式。蕭楚分篇分例挖掘《春秋》書法，正是以這種方式尋求其中之「義」。

另一特點是從內容上講，《辨疑》是通過《春秋》經義致用於現實政治。《辨疑》認爲孔子改作《春秋》的主旨是「大中之道」，「首王而繫月，首月而繫事，以一天下之統；先王人而黜諸侯，先諸侯而黜大夫，以明天下之分；內中國而外諸夏，內諸夏而外夷狄，以正天下之勢。幽觀冥運之災變，近考人爲之得失，彰誠意之片善，發僞貌之巨奸，擬議予奪，一歸乎大中之道，此《春秋》所書之大約也。」此「大中之道」表現爲倫理綱常、道德判斷，

〔註152〕〔宋〕蕭楚《春秋辨疑》卷1，《春秋魯史舊章辨》，《四庫全書〈文淵閣〉本》，上海古籍出版社1987年影印。以下簡稱《辨疑》。

也即「王道」、理想的治國理念。進一步可概而論為天時、人事,「上律天時,下盡人事,賞善罰惡不離乎皇極之訓,此先王天下所以治也。」〔註153〕「皇極」即「大中之道」,前章已有詳述。

以「大中之道」指導現實社會,《辨疑》主張最高權力者統一兵權與政權,如《辨疑》提要所講:「辨地不繫國,以明統制必歸於王,辨伐沈救鄭,以明威福不可移於下。」又,《地名不繫所屬之國辨》主要解答《春秋》直接書寫政治事件、自然現象等發生的所在地,而不書所屬諸侯國的原因,是為了突出各諸侯國國土統屬天王,「言天下之地制歸於王也」「天下之事統歸於王」〔註154〕,也就是《詩經‧小雅》中所謂「溥天之下,莫非王土,率土之濱,莫非王臣」,體現最高統治者掌控天下之意。《大夫伐沈救鄭辨》認為霸國大夫與諸大夫伐人從伐沈開始,霸國大夫會大夫救人從救鄭開始,《春秋》皆貶斥書人,理由為「舉兵伐人使之畏伏,所謂威也,率眾救人使免於難,所謂福也。威福,人主之利器,諸侯擅之則害於天下,大夫擅之則害於國,況大夫而擅作天下威福乎?」〔註155〕「威福」見於杜預注解《左傳》昭公二十年「賞慶刑威曰君」為「作威作福,君之職也」,指君王的威嚴。蕭楚講「威福」是指君王支配武力而產生的兩種不同效果,指出統一兵權在治理國家中的重要地位。國君喪失兵權,容易造成在下者專權,導致上下失序,以至亡國。所以,蕭楚一再強調「威福不可移於下而杜禍於微」,「一國威柄,君人尤不可失。」〔註156〕如此反覆警示,實是蕭楚對當時宋廷時政的強烈關懷、衷心建議,從中可見《辨疑》的濟世功能。

以上簡略論述了蕭楚《春秋辨疑》以專題例法解經,意在經世的兩大特點。以書法解經,宋初學人王晳《春秋皇綱論》已有先例,但主要是承唐啖、趙《春秋》學派捨傳求經的治經精神,較為客觀地評論三傳及注解;崔子方同樣以例注《春秋》,突出的是日月例的發揮運用,以至有過於拘謹之嫌。《春秋辨疑》在前人書法解經的基礎上,對例法內容作了更廣泛的吸收,如

〔註153〕〔宋〕蕭楚《春秋辨疑》卷1,《春秋魯史舊章辨》,《四庫全書〈文淵閣〉本》,上海古籍出版社1987年影印。

〔註154〕〔宋〕蕭楚《春秋辨疑》卷4,《地名不繫所屬之國辨》,《四庫全書〈文淵閣〉本》,上海古籍出版社1987年影印。

〔註155〕〔宋〕蕭楚《春秋辨疑》卷3,《大夫伐沈救鄭辨》《四庫全書〈文淵閣〉本》,上海古籍出版社1987年影印。

〔註156〕〔宋〕蕭楚《春秋辨疑》卷1,《盟會侵伐統辨》,《四庫全書〈文淵閣〉本》,上海古籍出版社1987年影印。

在引證典籍上，不僅包括三傳，而且加入了《論語》、《孟子》、《易》以及唐啖助、宋初歐陽修等對某一書例或問題的看法；在具體例法上，不僅論證日月例，「若繫國之重者則日，其次則月，尤其此則時。」〔註157〕而且涉及其他凡例，「凡有攜二之國來受盟則日同」，對書例的分析大於對例的總結整合。

對於《春秋辨疑》的經世之意，四庫館臣認為：「雖多為權奸柄國而發，而持論正大，實有合尼山筆削之義。」此評價頗高。「與胡安國之牽合時事，動乖經義者有殊；與孫復之名為尊主，而務為深文巧詆者用心亦別。」〔註158〕應該說，拿《春秋辨疑》與現實色彩濃厚的北宋初年孫復《春秋尊王發微》和兩宋之際胡安國《春秋傳》相比，對比方向把握恰當，且孫、胡二人解《春秋》的確存在憑私臆度的不足。但若對比中考慮到三位學人的時間與空間的差距、事件背景以及學者個人的學術氣質，或許對比更具有合理性。如蕭楚為程頤弟子，胡安國為二程私淑弟子，同學承於程門，二人解《春秋》的路徑卻不盡相同。

三、葉夢得《春秋》學體系

葉夢得（1077～1148）字少蘊，號石林，蘇州吳縣人。紹聖四年進士，南渡後官至崇信軍節度使。《宋史》有載。

葉夢得嗜愛《春秋》，其《春秋》學有兩方面值得後人學習、探討。

第一，闡釋模式的創新。按《宋史・藝文志》載，葉夢得《春秋》類著述頗豐，有《春秋讞》三十卷、《春秋考》二十卷、《春秋傳》二十卷、《石林春秋》八卷、《春秋指要總例》二卷，其中後兩種已散佚，《春秋讞》、《春秋考》二書散見於《永樂大典》，獨有《春秋傳》為完書。關於葉夢得《春秋》類著作情況，有學人已做出詳細梳理〔註159〕，暫不贅述。

葉氏《春秋讞》、《春秋考》、《春秋傳》三類著作既各自獨立，又相互關聯。《春秋考・原序》講：「自其《讞》推之，知吾之所正為不妄也，而後可

〔註157〕〔宋〕蕭楚《春秋辨疑》卷1，《春秋魯史舊章辨》，《四庫全書〈文淵閣〉本》，上海古籍出版社1987年影印。

〔註158〕〔清〕永瑢等撰《四庫全書總目》卷27，《經部・春秋類二》，中華書局，1965年版，第217頁。

〔註159〕注：可參見潘殊閑《葉夢得〈春秋〉類著述考論》，《湖州師範學院學報》，2004年第6期。

以觀吾《考》；自其《考》推之，知吾之所擇爲不誣也，而後可以觀吾《傳》。」〔註160〕葉氏自己對三著作有排序，即先《春秋讞》，次《春秋考》，最後《春秋傳》，此正是葉氏《春秋》學體系。

《春秋考》、《春秋傳》的體裁自不待言，獨《春秋讞》之「讞」爲前人所未言。「讞」，本義爲審判定罪，《漢書·景帝紀》：「諸獄疑若，雖文致於法而於人心不厭者，輒讞之。」〔註161〕後引申爲判明、評斷，柳宗元《駁復仇議》：「向使刺讞其誠僞，考正其曲直，原始而求其端，則刑禮之用判然離矣。」〔註162〕葉夢得取「判明」之意用於《春秋》，論三傳得失，即《春秋左傳讞》、《春秋公羊傳讞》、《春秋穀梁傳讞》。據《四庫全書總目》稱此書三十卷，今從《永樂大典》輯出二十二卷，其中《左傳讞》本爲四百四十二條，缺九十條；《公羊傳讞》本爲三百四十條，缺六十五條；《穀梁傳讞》本爲四百四十條，缺八十四條。葉夢得自言：「其掊擊三傳曰讞」〔註163〕，「吾爲《春秋讞》是正三家之過，亦略備矣。」〔註164〕即評判三傳。如《春秋讞》辯駁《左傳》開篇對隱公的定位，認爲「元婦未必爲孟子」、「隱公母未必爲聲子」、「惠公未嘗再娶於宋，而仲子亦非桓母」、「隱立桓而奉之亦無有」，並且《史記》所載與《左傳》所錄有出入，「古書龐雜，諸儒各記所聞，莫可盡考，一當以經爲正。」〔註165〕主張從經而棄傳；又，以隱公三年「葬宋穆公」爲例，《公羊傳讞》《穀梁傳讞》都從反對兩傳的日月例入手，「日月爲例，《公羊》《穀梁》之說也，以經考之蓋無有盡契者，故復以變例爲之說。夫褒貶取捨以義裁之，則無常或可變也。日月者，有常而不可易，日月而可變，則復安所用例乎？」〔註166〕在葉氏看來，既然是日月例，就應當

〔註160〕〔宋〕葉夢得《春秋考·原序》，《四庫全書〈文淵閣〉本》，上海古籍出版社1987年影印。

〔註161〕〔漢〕班固撰，顏師古注《漢書》卷30，《藝文志》，中華書局，1999年版，第106頁。

〔註162〕〔唐〕柳宗元《柳河東集》卷4，《四庫全書〈文淵閣〉本》，上海古籍出版社1987年影印。

〔註163〕〔宋〕朱弁《曲洧舊聞》卷10，《四庫全書〈文淵閣〉本》，上海古籍出版社1987年影印。

〔註164〕〔宋〕葉夢得《春秋考·原序》，《四庫全書〈文淵閣〉本》，上海古籍出版社1987年影印。

〔註165〕〔宋〕葉夢得《春秋左傳讞》卷1，《四庫全書〈文淵閣〉本》，上海古籍出版社1987年影印。

〔註166〕〔宋〕葉夢得《春秋公羊傳讞》卷1，《四庫全書〈文淵閣〉本》，上海古籍

通行全文，符合經文中所有情況；如果存在變例，則與例本身的常規屬性相背，所以二傳對此經文的解釋不通。可見，《四庫全書總目》所稱此書「抉摘三傳是非，主於信經而不信傳，猶沿啖助、孫復之餘波」〔註167〕，契中《春秋讞》要旨。

應該說，以「讞」爲體，是葉氏在闡釋格式上的首創。四庫館臣對此有異議，「惟古引《春秋》以決獄，不云以決獄之法治《春秋》，名書以讞，於義既爲未允。且左氏、公羊、穀梁皆前代經師，功存典籍而加以推鞫之目，於名尤屬未安，是則宋代諸儒藐視先儒之錮習，不可爲訓者耳。」即反對以「讞」體解《春秋》，但其反對的理由並不充分。清代學人仍以「讞」判罪之義理解《春秋》，而葉氏取「讞」引申義評議三傳；且與其說是「宋代諸儒藐視先儒之錮習」，不如講是葉氏在前人理論成果基礎上的新開拓。

《春秋考》從《永樂大典》中輯出十六卷，是爲《春秋讞》評判三傳提供理論依據。葉氏於此《原序》中講：「古之君子不難於攻人之失，而難於正己之是非，蓋得失相與爲偶者也，是非相與爲反者也。必有得也，乃可知其失；必有是也，乃可斥其非。而世之言經者或未有得而遽言其失，莫知是而遽詆其非。好惡予奪惟己之私，終無以相勝，徒紛然多門以亂學者之聽，而經愈不明。」〔註168〕即指出《春秋》傳注以主觀臆測議論經文，不得經義。雖然《春秋》傳注存在不足，但葉氏並不主張簡單、一味地排斥、捨棄傳注，「吾所謂失者，非苟去之也，以其無當於義也，蓋有當之者焉；吾所謂非者，非臆排之也，以其無驗於事也，蓋有驗之者焉，則亦在夫擇焉而已。」而是有選擇的加以篩選，其標尺爲「義」與「事」，「義」的內涵爲「聖人之道」「先王之制」，此也是《春秋讞》評議三傳的標準。以《公》《穀》爲例，「《公羊》《穀梁》有據經而言義者，有據事而言經者，然時猶不免有失，其又有無事而鑿爲之說，以言經者則不知其何據。」言明二傳在「義」與「事」方面有失誤。如隱公二年「無駭帥師入極」，《春秋考》考察《公》《穀》對此經文的釋詞與對其他類似經文的解釋不甚一致，進而認爲此二傳是對經義的臆斷，「不明大夫不氏之例，遂縱橫廣爲多辭，以幸或中，其實皆非有聞

出版社1987年影印。

〔註167〕〔清〕永瑢等撰《四庫全書總目》卷27，《經部·春秋類二》，中華書局，1965年版，第219頁。
〔註168〕〔宋〕葉夢得《春秋考·原序》，《四庫全書〈文淵閣〉本》，上海古籍出版社1987年影印。

於經者也。」即二傳所解不合《春秋》經旨、例法，即使是有相合之處，也只是湊巧偶合，顯示出葉氏尊經之意。

《四庫全書總目》稱此書「大致在申明所以攻排三傳者，實本周之法度，製作以爲斷，初非有所臆測於其間，故所言皆論次周典，以求合於《春秋》之法。其文辨博縱橫，而語有本源，率皆典核。」〔註169〕所論中的。

《春秋傳》二十卷，是對《春秋讞》、《春秋考》的理論概括，也是葉氏《春秋》觀的直接體現。《春秋傳序》言：

> 《春秋》爲魯而作乎？爲周而作乎？爲當時諸侯而作乎？爲天下與後世而作乎？曰爲魯作《春秋》，非魯之史也；曰爲周作《春秋》，非周之史也；曰爲當時諸侯作《春秋》，非當時諸侯之史也。夫以一天下之大，必有與立者矣，可施之一時，不可施之萬世，天下終不可立也。然則爲天下作歟，爲後世作歟。故即魯史而爲之經，求之天理，則君臣也父子也兄弟也朋友也夫婦也無不在也，求之人事，則治也教也禮也政也刑也事也無不備也，以上則日星雷電雨雹雪霜之見於天者皆著也，以下則山崩地震水旱無冰之見於地者皆列也，泛求之萬物，則蟲螟蜮蜚麋蜮鸜鵒之於鳥獸，麥苗李梅雨冰殺菽之於草木者，亦無一而或遺也。而吾以一王之法筆削於其間，穹然如天之在上，未嘗容其心。……由是可以爲帝，由是可以爲王，由是霸者無所用其力，由是亂臣賊子無所竄其身。〔註170〕

這裡講：一是指明《春秋》的意義具有永恆性，是千秋萬世的普遍法則；二是《春秋》經基礎爲魯史，內容爲「天理」、「人事」以至世間一切萬物，「天理」是指其所表現的人類社會的倫常關係，「人事」是指社會制度、規範等操作程序；三是《春秋》的現實功能，倡王道反霸道。

由上的簡單分析，可以看出，葉氏《春秋》三書由《春秋讞》到《春秋考》再到《春秋傳》，層層相扣，內在邏輯嚴謹。《四庫全書總目》於《春秋讞》的提要講：「蓋《傳》其大綱，而《考》、《讞》其發明義疏也。」就三種《春秋》類著作的宗旨而言，可以說是爲「大綱」與「義疏」的關係；但就三書的邏輯次序言，是先破後立，逐級推進，由《讞》最後至《傳》。

〔註169〕〔清〕永瑢等撰《四庫全書總目》卷27，《經部・春秋類二》，中華書局，1965年版，第219頁。

〔註170〕〔宋〕葉夢得《春秋傳序》，《四庫全書〈文淵閣〉本》，上海古籍出版社1987年影印。

　　第二，解經思想上的新穎。葉夢得提出以事與義相參考的方式解讀《春秋》，「夫《春秋》者，史也，所以作《春秋》者，經也。故可與通天下曰事，不可與通天下曰義。」《春秋》作為史以記事見長，《春秋》經為史實的根據，以義見長。「事」具有直觀性，「義」則具有難解性，需要個體自身的理解力、判斷力等條件。所謂事與義的結合指：「不得於事則考於義，不得於義則考於事，事義更相發明，猶天之在上有目者所可共睹，則其為與為奪，為是為非，為生為殺者，庶幾或得而窺之矣。」（《春秋傳序》）言以事件與經義相互發揮的方法解《春秋》，所達到的效果是價值判斷、科學判斷合情合理。

　　以此評論三傳，則《左氏》「詳於史而事未必實，以不知經故也」，《公》《穀》「詳於經而義未必當以不知史故也」。三傳因為事與義相分離，所以其所擅長的或史實記錄或經義發揮也受到影響。如《春秋考》解釋外臣盟會，以隱公二年「紀子帛莒子盟於密」及昭公二十七年「晉士鞅宋樂祁犁……會於扈」為例，明確：「《左氏》知其事而不能言其義，《公羊》《穀梁》不知其事，故皆略而不為說，吾然後知三家言經，或知其事而不知其義，或不知其事而並失其義。」〔註171〕即三傳解《春秋》在事與義上缺少結合，最終有損經義。

　　又，葉夢得講：「《春秋》有可以事見者，求以事；事不可見而可以例見者，求以例；事與例義在其中矣。有事與例俱不可見而義獨可推者，求以義；義者，理之所在也。有事與例與義俱不可見而意可通者，求以意；意者，人情之所同也。莫易乎事，莫難乎意。」〔註172〕意指：一是解《春秋》的具體方法遵照從直接到間接，先易後難的順序，從事到例到義再到意。事與例直觀，「見」而既得，「義」需要「推」，需要個體的歸納、判斷等綜合能力，「意」則需要「通」，所謂「人情之所同」即普遍的情感、意志、欲望等，其本質為「天理」，表現在人身上即為「良知良能」。所以葉氏最後歸納解經方法為「此亦孟子論《詩》，所謂以意逆志」，讀者之「意」與文本作者之「志」在「天理」、「良知」上的統一；二是此處所論述的事、例、義、意的闡釋方法與上述所謂事與義相結合的方法，二者雖然在表達方式上有所不同，但含義相同，目標一致。從解經角度看，前者是就《春秋》經文而言，是具體的

〔註171〕〔宋〕葉夢得《春秋考》卷4，《四庫全書〈文淵閣〉本》，上海古籍出版社 1987年影印。
〔註172〕〔宋〕葉夢得《春秋考》卷1，《四庫全書〈文淵閣〉本》，上海古籍出版社 1987年影印。

解釋方法，後者是就《春秋》經與史的兩種屬性而言，是一般的解經方法；
從相互關係來看，前者是後者的展開論述。無論哪種表述，其旨向歸於聖人
精神，「出傳注之外而察千載之上」。

　　總之，葉夢得《春秋》學主要表現爲《春秋》學體系與闡釋方法的革新，
其批駁三傳、理論依據、正面立說的內在《春秋》學系統很容易讓人聯繫到
宋初劉敞《春秋權衡》、《春秋傳》、《春秋意林》的《春秋》學體系。應該說，
葉夢得對劉敞《春秋》學理論有汲取，「葉夢得作《石林春秋傳》，於諸家義
疏多所排斥……惟於劉敞則推其淵源之正。」〔註173〕更有進一步的創新，如
讞體的出現，以至元代王元傑撰有《春秋讞義》。且二人的理論基礎不同，劉
敞處於經學變古的高漲時期，於《春秋》尊經以至改經，倡導「王道」以致
用於世；葉氏不僅尊經棄傳，而且用理論加以論證，其「天理」、「人事」的
應用，顯然是受到理學的影響。事、理、例、義概念的提出，也是在前人解
經思想上的總結與發展。

　　上述概論了一般儒學的《春秋》研究，主要是研究方法上的新探求。崔
子方、蕭楚、葉夢得三人解讀《春秋》的途徑各有千秋，但這些方法並非絕
對獨立，相互之間有採納，如崔子方、蕭楚《春秋》學中都有對日月例的運
用，只是側重點不同。而且三人《春秋》學的主旨不外乎尊王、抑臣、賤夷
狄，用以治世。《春秋》研究新方法的出現，一方面說明義理化的《春秋》學
發展之外並存有《春秋》學的新氣象，彰顯研治《春秋》學術上的多樣化，
另一方面又表明這一時期《春秋》學人沿襲了北宋初年《春秋》學者的創新
精神、用世意識。

本章結語

　　這一時期理學形成，並得到初步發展，《春秋》學兩條路徑的進程更加明
朗化。一是義理化的《春秋》，隨著「理」的逐漸完備，《春秋》完全從屬於
「理」，「理」在《春秋》這裡也得到落實。周敦頤、邵雍、張載或從宇宙論
或從象數或從氣構建形上範疇「理」，《春秋》在此過程中只是起到輔助性作
用，且涉及面狹窄。二程「天理」論奠定了理學的基本形態，其《春秋》觀，
尤其是程頤對《春秋》的認識全面而理性，從經、史、傳關係到對儒家經典

〔註173〕〔清〕永瑢等撰《四庫全書總目》卷26，《經部・春秋類一》，中華書局，1965
　　　　年版，第215頁。

的定位再具體到《春秋》的解讀，「理」成為闡釋《春秋》的唯一、最高依據；《春秋》也為形上之「理」提供形下之落實載體。從理論上講，《春秋》在程頤這裡實現了完全義理化，形成「理」與《春秋》的道與器、形上與形下之勢；從形式上講，《春秋》義理化的表現與理論有一定的差距，畢竟程頤本人只解到《春秋傳》的桓公九年，而沒有通解《春秋》全經。其中的原因一方面是程頤對「四書」、對「理」的探索、構建是其關注的重點，《春秋》自然不在重點之列；另一方面也與《春秋》經本身的綱目體形式有關。殘缺的《春秋傳》影響到《春秋》在現實生活中的有效發揮。兩宋之際的胡安國作為洛學的私淑弟子，彌補了這一缺陷，其《春秋傳》博采前人理論成果，吸收程氏《春秋》觀的「天理」依據，又加入現實政治的元素，塑造出體用相合的學術風格，並延及其後湖湘學派的成長、發展。《春秋》學至此在最高層面上施展其濟世功能。

另一路徑是一般儒學的《春秋》研究。同前期這一形式的《春秋》學發展相比，這一時期在《春秋》的研究方法上有新的突破，崔子方、蕭楚、葉夢得三人各有所得。而之所以會出現這種現象，個中原因或許可理解為一方面是崔、蕭、葉三人對前人研究《春秋》方法上的總結、概括，又有個體的努力、認知；另一方面是就宋學的整體面貌而言，創新精神一直是學術前進的動力，無論是上述義理化的《春秋》研究，還是此處一般儒學的《春秋》探討，都是創新意識的實踐成果，崔子方、蕭楚、葉夢得對書例、闡釋模式的探尋是開拓精神的真實例證。

當然，《春秋》兩條路徑的發展並非獨立平行，而是相互有交叉點，比如尊王、攘夷，為現實政治提供參考方案是二者共同的方向，只是實現的途徑有別。

概而言之，《春秋》在理學的初步發展時期，失去了原所具有的對等平臺，成為「天理」存在的表現工具，並在更高的理論層面發揮實踐功能。

第五章　北宋學人研究《春秋》的方法

　　研究方法是研究者對歷史文獻的解讀途徑、思考路向，歷史文獻或文本是在一定歷史條件下特定作者的文化創造，其中既有特殊的文化含義，又有一般的真理性顆粒；研究者則具有與文本作者不同的歷史境遇和條件。二者之間如何達成有效、合理的理解、溝通，則需要解釋活動的介入。解釋學大師伽達默爾（Gadamer）認為：「誰想聽取什麼，誰就徹底是開放的。如果沒有這樣一種彼此的開放性，就不能有真正的人類聯繫。」〔註 1〕即解釋者與歷史文獻之間就共同的話題而展開對話，達到一種創新效果。有學者結合中國古代儒家經典解釋學思想的發展，將詮釋觀分為實在論的、規範論的、主體論的詮釋觀三派，規範論的詮釋觀以中國古代二程、朱熹，西方的伽達默爾為代表〔註 2〕。這種劃分在三派邏輯關係、解釋特點、適應對象等方面的論述是很有見地的，如規範論的詮釋觀是針對實在論的詮釋觀在實踐運作中存在問題而出現的，其特點為：「理」既是解釋依據，又是解釋活動所要把握的最高意義。此時理解的實質為解釋者或研究者之「心」與歷史文獻或文本之「理」的統一，通過對文本符號意義的瞭解，達到對文本整體之「理」的把握。換句話說，「理」同樣作為解釋方法而存在。

　　聯繫到本文，北宋學人對《春秋》的研究本身即為一種解釋活動，其中北宋學人為解釋者，《春秋》為歷史文獻和解釋對象，協調二者之間關係的為解釋方法。由於研究《春秋》的各學者本身具有歷史性，所以他們的解釋方

〔註 1〕　〔德〕加達默爾著，洪漢鼎譯《真理與方法——哲學詮釋學的基本特徵》，上海譯文出版社，1999 年版，第 469 頁。
〔註 2〕　張茂澤、鄭熊《孔孟學述》，三秦出版社，2003 年版，第 403～406 頁。

法不盡相同;同時,由於面對共同的研究對象《春秋》,處於相同的趙宋社會大背景下,承擔共同的文化、社會責任,所以在一定程度上決定了他們採用的研究方法具有共性。

從上述所論北宋《春秋》學的逐步發展來看,在研究方法的總體導向上存在一變化過程,即由依據制度化、倫理化的儒家之道解經轉向依形上意義之「理」解經。應該說,這種轉變是合乎邏輯、合情合理的。就《春秋》所具有的經、史屬性,《春秋》經與三傳並存的情況看,北宋學人解讀《春秋》的標準由儒家之道轉爲「理」,具體表現爲對《春秋》經、傳、史關係的不同認識。這種不同看法可概括爲以下兩點:

第一,整體而言,對《春秋》經、傳、史關係的探討貫穿北宋《春秋》學研究的始終,經、傳、史地位又各有變化。

宋初興起的經學變古思潮,以懷疑、開創精神而影響深遠,此後心性之學的高漲也是這一疑經惑傳學風日漸深入的結果。所以,從宋初的范仲淹、歐陽修到兩宋之際的胡安國、葉夢得等都對《春秋》經、傳、史關係進行過探討。

就《春秋》經而言,雖然同是依經而重解《春秋》,但經在范仲淹、歐陽修與二程、胡安國二者《春秋》學中有不同的地位。如前述,宋初開展的如火如荼的經學變古學風,不僅懷疑、批判三傳,而且質疑於《春秋》經本身,甚至出現刪改經文的現象。但從解《春秋》的主流看,根據《春秋》經本身解讀《春秋》仍舊是宋初《春秋》學者的普遍選擇,如歐陽修所言「經之所書,予所信也;經所不言,予不知也。」〔註3〕「宋初三先生」也主張脫離傳注,從《春秋》經中尋求大義,孫復《春秋尊王發微》可謂是這方面的代表。《春秋》經的重要地位在王安石、蘇轍那裡發生了變化,王安石以官方法令的形式剔除《春秋》經傳在科考中的席位,蘇轍雖然指出《春秋》爲「孔子所予奪」,但解釋《春秋》時並不像孫復等人那樣更多的依賴經文,而是以高度抽象之「道」與現實世界之「勢」的相互推蕩來闡釋《春秋》,純粹的依經解經在某種程度上退居解釋工具的二線。由於這一時期爲北宋《春秋》學的過渡時期,所以,孫覺堅定的尊經、信經的情況也存在,只是其中有了心性之學的影子。到程頤、胡安國那裡,經完全成爲載「道」之器,《春秋》成爲聖人之用,形上之「理」或「道」指導《春秋》經。

〔註3〕 〔宋〕歐陽修《歐陽文忠公集》卷18,《春秋論上》,《四部叢刊》本。

　　就《春秋》三傳而言，則經歷了由懷疑卻暗用到明確肯定的過程。如歐陽修、「宋初三先生」等人處於疑經惑傳、經學變革的盛行時期，所以相較於尊經、信經，《春秋》三傳遭到深刻而嚴肅地懷疑與批判，但三傳畢竟有可取之處，《春秋》學者不得不暗自採鑒，孫復、劉敞《春秋》觀都有此特點。發展到熙寧年間左右，理性精神漸長，蘇轍明確認爲「事必以丘明爲本」，把《左傳》所載史實作爲解經的基礎。即使是堅持尊經、信經的孫覺也表示「《穀梁》最爲精深。」可見，這一時期《春秋》學肯定三傳中某一傳的重要性。及至程頤、胡安國等人，以「理」爲標尺，衡量經、傳，對三傳而不是其中的一傳採取更加理智、全面的態度。如程頤偏於《左傳》，但又指出「不可全信」；胡安國則較客觀的評價三傳，表示解《春秋》取《左傳》史實，《公》《穀》之義精者。

　　當然，三傳在解經過程中地位的變化是與上述《春秋》經的變動是一致的。經由權威之體到載道之器，相應地，三傳也由被批判對象轉爲可利用材料。此爲宋初具有懷疑、開拓精神的經學變革的邏輯發展所使然。

　　就《春秋》史的屬性而言，同樣存在以史顯經而史處於被動地位到經史並重而史處於主動地位的逐漸變化。宋初歐陽修對《春秋》經與史的屬性都有一定程度的關注，這可以從其《春秋論》、《春秋或問》以及受《春秋》影響而作的《新五代史》、《新唐書》等專著中得到證明。在孫復、劉敞那裡，雖然認同《春秋》以魯史爲基礎，但突出的是《春秋》經的屬性。劉敞用玉與石、金與沙的關係類比經與史的關係，強調「仲尼修之則爲經」；發展至熙寧年間，蘇轍不滿前人對《春秋》史的屬性的忽略，大力提倡事件的發生發展要遵從《左傳》。孫覺也提出「《春秋》據實而書」，要依據史實的歷史發展進行價值判斷。及至二程洛學，突出「理」在倫理規範層面的落實，相對地減少了對《春秋》史的屬性的注意；其私淑弟子胡安國對此有所修正，認爲「史文如畫筆，經文如化工」。葉夢得對經史關係作了簡單明瞭的概括：「《春秋》者史也，所以作《春秋》者經也。」進而主張事與義相結合的解經模式。

　　不難發現，《春秋》經、傳、史三者地位的升降實際上是相互關聯的，其原因一方面是《春秋》經本身據魯史而成，而《左傳》又長於記錄事件；另一方面則是儒學更新運動發展的必然現象。

　　第二，展開來看，對經、傳、史關係的討論涉及對書例，尤其是日月例

的態度，以及一些具體的解經規則，如情、理、事、義、意等。

書法、書例是對記事體例一般規律的總結，三傳中對此都有記錄，如《左傳》中有以「凡」字開頭的通例，《公》《穀》主要是日月例法，即記日記月的常見法則或特殊法則。北宋《春秋》學者討論日月例的情況較多，從宋初學人的不贊成意見發展為改進再到對日月例解經的詳細論證。如劉敞提倡信經求義，認為日月例法於經義無益，「但欲以日月為例而不知理有不可者」，表示對日月書例的否定。蘇轍以「道」「勢」解讀《春秋》，注重事件的發生發展，所以主張以變例解《春秋》；同時又對日月例法進行總結。孫覺擅於對比、歸納相似書例的解釋，從中提取經義，如前章所述。到二程洛學，程頤以「理」解經而不局限於例法，例法要服從於義理，其私淑弟子胡安國承接此觀點。崔子方則認為日月例法為孔子作《春秋》的根本，並分析日月例產生的原因，主張以日月例解讀《春秋》，從而擴展了《春秋》研究中對解經方法的思考路向。

解經過程中的具體規則，如情、意、理等的運用，是與《春秋》學者們對經、傳、史關係的認識分不開的。如歐陽修提出「求情責實」的解經方法，要求在事件的真實發展中進行褒貶；蘇轍同樣主張依據史實闡明經義，反對空鑿臆斷，並概括為「勢」，崔子方標舉「情與理」，「理」為常理，表現形式之一為「實」，「因舊史之文足以見夫褒貶者。」三人解釋《春秋》的學術背景雖然不甚相同，但都突出了《春秋》史的屬性。程頤強調《春秋》經、傳、史之上的形上之「理」，「先識得個義理，方可看《春秋》。」〔註4〕「理」為其解《春秋》的準則。葉夢得較全面地總結治經方法，指出由易到難的解經次序，「《春秋》有可以事見者，求以事；事不可見而可以例見者，求以例；事與例義在其中矣。有事與例俱不可見而義獨可推者，求以義；義者，理之所在也。有事與例與義俱不可見而意可通者，求以意；意者，人情之所同也。」〔註3〕由事到例到義再到意，其中含有抽象之「理」的因素，最終葉夢得將此歸結為孟子所論「以意逆志」的解釋方法。

現在的問題是《春秋》研究方法中存在的經、傳、史地位的變化如何解釋，進一步講，解經依據何以由制度化、倫理化的儒家之道轉為終極意義之

〔註4〕 〔宋〕程顥，程頤著，王孝魚點校《二程集》，《河南程氏遺書》卷15，中華書局，2004年版，第164頁。

〔註3〕 〔宋〕葉夢得《春秋考》卷1，《四庫全書〈文淵閣〉本》，上海古籍出版社1987年影印。

「理」。其發展歷程或可解釋如下：正如前章所述，無論是宋初社會現實，還是儒學自身發展都面臨迷茫。范仲淹、歐陽修、「宋初三先生」等學者寄希望於對儒家經典的重新解讀，並最終作出回歸三代精神即王道理想政治的選擇，《春秋》原本所具有的政治意味在王道指導下重煥生機。雖然學人們的努力換來了創新學風、剛勁士風的新面貌，但這種王道引領的可操作層面的變革都以失敗收尾。熙寧新法理念及其失敗的原因引起學人們的重新思考，而更高理論層面的構建，突破傳統經典制度、禮法等的框架，漸入學術視域，普遍而抽象且可具體落實的「理」成爲治《春秋》的依據，《春秋》的政治功能位於其爲「聖人之用」的特徵之下。可以說，解讀《春秋》根據的轉變是由學術及現實需要合力而成的結果。當然，其中也有《春秋》學者個體的學術修養或選擇的因素。

結　語

一、北宋《春秋》學的特點

以上我們從北宋《春秋》研究的前提條件、具體發展、解釋方法三個方面，較全面地展現了北宋《春秋》學的演變過程。《春秋》學盛於兩宋，並非偶然，尋其根源，勢必要從趙宋建立之初的內外環境談起。所以，對北宋《春秋》學的研究首當其衝。北宋學人在解讀《春秋》思想的過程中表現出以下幾個特點：

1. 《春秋》始終處於北宋學人的研究視野內

北宋建國之初面臨內憂外患，如何解決這些問題，維護社會的正常、穩定運轉是當時政府和學者共同關心、思考的話題。《春秋》本身具備政治倫理、民族關係等原則，以當時最高權力者與士大夫敏感、焦急地政治神經，將求助的目光投向《春秋》，理所當然也必然。所以，宋初對《春秋》的研究盛於一時。當從《春秋》中所提取的制度性、法規性的政治原理應用於實踐而遭受到挫敗時，在更高理論層面的經典解讀呼之欲出，《論語》、《孟子》、《中庸》、《大學》等儒家資源於其中發揮了重要作用，《春秋》因不具備建構形上理論體系的特性而「隱退」，但並沒有消失，而是成為抽象理論的現實載體。總之，《春秋》不出北宋學人的研究範圍，只是在被解讀的方式方法上大有不同。

2. 北宋《春秋》學有強烈的致用性

先秦時，孟子指出「孔子成《春秋》而亂臣賊子懼」，奠定了《春秋》社會功能的基礎；兩漢時，董仲舒發揮《公羊傳》代，推進國家制度、體制的

建立；中唐啖助、趙匡、陸淳《春秋》學派打通三傳，申明己意，突出《春秋》的救世功用，導宋人義理解經學風之先。北宋《春秋》學者繼續《春秋》學或政治或文化的實踐精神，畢竟宋初面臨的社會問題、學術困境，成為北宋以至南宋學人繞不開的現實關懷。無論是歐陽修、孫復等依託《春秋》而探尋三代王道精神，還是蘇轍、程頤、胡安國等以形上之「道」或「理」研究《春秋》，最終目的指向濟世、政治實踐〔註1〕，尤其在胡安國那裡表現鮮明。可以說，致用性貫穿北宋以至南宋學人的《春秋》研究。

3. 北宋《春秋》學與理學的互動關係

北宋學人對《春秋》的研究離不開廣義上理學思潮的發生發展。慶曆之際對章句訓詁之學的否定，義理解經的興盛，並且最終獲得官方的支持，《春秋》經傳於其中發揮了積極主動的作用。宋初士人普遍地批評《春秋》傳注，倡導以《春秋》經為本，闡明己意，從而為日後性理之學的深究掃除了障礙。王安石雖然以法令的形式取消了《春秋》在科考中的地位，但其對性命之理的探討，對《春秋》「斷爛朝報」的評判間接為《春秋》學的發展提供了新的思考方向；蘇轍以「道」「勢」解《春秋》，直接把《春秋》推到形上之「道」的名下。周敦頤、邵雍、張載等理學家著重於抽象之「理」的建構，《春秋》於其學術體系中起到例證、論據的輔助性作用；到程頤，《春秋》完全納入其理學體系。《春秋》在與理學的關係中經歷了由相對主動到相對被動的過程，這與理學的興起、發展的內在理路是一致的。

4. 理學家沒有完整的《春秋》類著作

雖然北宋《春秋》學與理學之間有相應的互動過程，但比較宋初孫復、劉敞等以至稍後蘇轍、孫覺與周敦頤、張載、程頤等理學家的《春秋》觀，可以發現：孫復、劉敞都有完整的《春秋》專著，且劉敞《春秋》學自成體系；周敦頤、張載等只是論及《春秋》的某一點，程頤晚年作有《春秋傳》，但只親自解到桓公九年，且所解經文不完整，解詞也較簡略。對於同一解釋對象，何以有如此不同？筆者認為：這是由學術發展的邏輯進程決定的。宋初經學仍舊受到漢唐訓詁之學的束縛，注重傳注的權威性，繁瑣而脫離現實

〔註1〕 注：有學者研究指出：「『內聖』與『外王』在理學家的構想中，自始即是一不可分的整體。而且，『內聖』領域的開拓正是為了保證『外王』的實現。」「理世界必歸結於人間秩序確是宋代理學家共同信仰」(余英時《余英時文集》第10卷，廣西師範大學出版社，2006年版，第3～4頁。)

生活。如果要尋求經文大義，則必須拋棄漢唐注疏，以義理解經，並結合實際，指導實踐。孫復、劉敞全面闡發《春秋》經義，迴向三代王道精神。即使是過渡時期的蘇轍、孫覺，其治經取向仍是追求理想社會秩序，只是蘇轍探索形上之「道」，並通過「道」與變化之「勢」解讀《春秋》而表達政治觀點；孫覺大體上沿襲宋初孫復、胡瑗的解經思路，明確《春秋》的王道思想。經文框架內的、操作層面的儒家之道實踐中的失敗，必將要求學人在更高的理論層面闡釋經典，致用於當下。所以，學人們趨向於普遍關注《論語》、《孟子》、《中庸》、《大學》等儒家經典，並反覆摸索、探究其中的奧妙。《春秋》本身不具備形上資源，退出重點、焦點之列。但抽象理論體系的建構並非一蹴而就，需要對可利用資源吸收、消化、融合、創新，從而耗去研究者的大半生精力。這也就不難理解周敦頤、張載理論結構中《春秋》所處的輔助性地位，而程頤晚年以「理」解《春秋》至桓公九年。

5. 理學的《春秋》研究與一般儒學的《春秋》研究相異而又互補

北宋《春秋》學存在兩種解經模式：理學的《春秋》研究與一般儒學的《春秋》研究，這種劃分主要是解經標準的不同。前者以形上之「理」或「道」解經，主要包括周敦頤、張載、邵雍、程頤、胡安國等的《春秋》觀，後者以儒家之道解經，或著重於制度、法規等形下層面的闡釋，或議論治經方法，以孫復、劉敞、葉夢得等為代表。而且，從學術發展的內在邏輯看，批評章句之學，以儒家之道解經在先，以「理」解經在後。

雖然二者有內容、標準的不同，但並非截然對立，最明顯的例子即為熙寧新法前後的蘇轍、孫覺的《春秋》觀。因為這一時期的《春秋》學處於承上啓下階段，所以，孫覺解經既承接宋初一般儒學的《春秋》研究模式，又有抽象理論的痕迹；蘇轍不僅以最高範疇「道」與變化之「勢」闡述《春秋》，其中又有對《春秋》一般問題的涉及。應該說，兩種解讀《春秋》的方式你中有我，我中有你，只是不同階段對二者有不同程度的側重、突出，且二者共同、最終的目的是經世致用，尋求理想的治國憲綱。

6. 《春秋》與其他經、書的密切關係

兩宋文化中存在著四書學興起，五經地位下降的學術現象，對此學人們已有考論。〔註2〕其實，從北宋《春秋》學發展中也能隱約感覺到這種變化。

〔註2〕　注：可參考章權才《宋代退五經尊四書的過程與本質》（《學術研究》，1996

《詩》、《書》、《易》、《禮》、《春秋》五經雖然內容各異，但相互間有通達之處，都是對人的物質世界、精神世界的反應，《大學》、《中庸》本為《禮記》中的兩篇，《論語》、《孟子》與五經相輔相成。宋初《春秋》學者一般多引證《詩》、《書》、《禮》等經典解說《春秋》，內容多為對古代禮制的補充說明，對政治倫理道德的強調，又或是對史實的敘述。即使《春秋》學過渡時期的蘇轍、孫覺等援引《孟子》、《中庸》，其對《春秋》大義的發揮作用有限，但其徵引《論語》、《孟子》的次數明顯增多。如蘇轍《春秋集解》九次引《論語》，而孫復《春秋尊王發微》有六次引《論語》。至程頤的《春秋》觀，則在方法上以四書規範《春秋》，「先讀《論語》、《孟子》，更讀一經，然後看《春秋》，先識得義理，方可看《春秋》。」〔註3〕即突出了四書的重要作用，也指出了《春秋》與四書的關係，成為其所建立的四書學體系的一部分，為稍後朱熹完成四書學體系打下基礎。

二、北宋《春秋》學在中國思想史上的地位

從《春秋》學發展的整個歷史過程來看，北宋《春秋》學打開了《春秋》研究的新局面。先秦時《春秋》學初步形成，三傳注解的出現，以及孟子、荀子等對《春秋》的基本定位，都為日後《春秋》學的發展打下基礎。漢代《春秋》研究，一方面是發揮政治功能，指導國家體制的建立，並最終成為官方統一的意識形態，另一方面形成典章訓詁的解經方式，並延續至唐初。唐中期啖、趙、陸《春秋》學派改變原來的注疏體解經模式，以經排擊傳注，開宋人義理解經的先河。這種變化雖然一直在緩慢發展，如五代十國時期的《春秋》學〔註4〕片論倡導「尊王」即為明證，但畢竟是少數學者的開創性研究，且經由唐末五代的戰亂，經學變古之風如強弩之末。至宋初慶曆年間的經學革新，《春秋》傳注大範圍地遭到懷疑、否定，義理解經成為治學新風，《春秋》經受到學人們的普遍關注與闡釋，並在理學家那裡得到理論滋

年第2期）；束景南，王曉華《四書升格運動與宋代四書學的興起》（《歷史研究》，2007年第5期）；徐洪興《思想的轉型——理學發生過程研究》（上海人民出版社，1996年版）等相關論著。

〔註3〕 〔宋〕程顥，程頤著，王孝魚點校《二程集》，《河南程氏遺書》卷15，中華書局，2004年版，第164頁。

〔註4〕 馮曉庭《五代十國的經學》，載彭林《經學研究論文選》，上海書店出版社，2001年版，第1～31頁。

養。南宋，朱熹雖然強調以史看待《春秋》，但並不否認《春秋》經典地位及所包含的聖人精神。元明時期發揮《春秋》旨義仍是《春秋》學發展的主線，清代學者則對宋學治經宗旨、方法有所反思。

《春秋》學爲宋學的三大陣地〔註5〕之一，而北宋《春秋》學又開起先路，其在中國思想史上的地位具體表現爲：

1. 北宋《春秋》學豐富了宋代學術的繁榮

陳寅恪曾講：「華夏民族之文化，歷數千載之演進，造極於趙宋之世。」〔註6〕宋代文化包羅萬象，史學、文學、哲學、科技等一應俱全，每一學科內部又分類複雜。就經學而言，有宋一代承接先秦、漢唐六經、七經、九經、十二經而發展爲十三經，並沿襲至清。不難想像，宋代學人研治經典不亞於任何一歷史時期，而北宋《春秋》學作爲經學研究中的一域，功不可沒，拓寬了中國思想史的研究範圍。

2. 北宋《春秋》學為理學的興起、發展提供了實踐資源

北宋學人研究《春秋》打破僵化的章句體，重在闡發義理，而理學的興起、高漲正是伴隨眾多的義理研究出現的，《春秋》被解讀的過程也是理學健康成長的過程。由於《春秋》自身理論思維欠缺，所以並沒有直接供給理學以有益理論營養，但並不妨礙其爲理學提供實踐載體，對理學的形成有間接貢獻。

3. 北宋學人研究《春秋》所提出和討論的觀點、命題，成為時人或後人思考、論證的起點

眾所周知，王安石《春秋》「斷爛朝報」說是《春秋》學史上一大公案，當時成爲《春秋》學者批判的對象，進而又成爲重解《春秋》的動力。即使在如今，「斷爛朝報」說也是學人們考證、論辯的關注點。北宋《春秋》學中的政治倫理關係，尤其是對君臣關係的闡述，有利於政治哲學的完善，社會學的拓展。

4. 北宋學人研究《春秋》所表現出的現實關懷值得我們繼承和發揚

趙宋建國初所面臨的社會、文化危機，強烈地激起士人內在的憂患意識，

〔註5〕　注：宋學三大陣地指「《易》學」、「《春秋》學」、「孟學」。
〔註6〕　陳寅恪《宋史職官志考證序》，《金明館叢稿二編》，生活・讀書・新知三聯書店，2001年版，第277頁。

在探求理想政治憲綱的道路上，《春秋》有著不可抵抗的學術魅力。從歐陽修、孫復到程頤、胡安國，其《春秋》觀最終指向濟世救民。《春秋》致用的學術品質值得我們研讀，北宋學人研究《春秋》所體現出的人文關懷，更值得我們繼承、發揚。

參考文獻

B

〔漢〕班固，漢書〔M〕，北京：中華書局，1962。

白壽彝主編，中國史學史〔M〕，第四卷，上海：上海人民出版社，2006。

C

〔宋〕晁公武，郡齋讀書志〔M〕，四庫全書文淵閣本，上海：上海古籍出版社 1987 年影印。

〔宋〕陳亮，龍川集〔M〕，四庫全書文淵閣本，上海：上海古籍出版社 1987 年影印。

〔宋〕程顥，程頤著，王孝魚點校，二程集〔M〕，北京：中華書局，2004。

〔宋〕崔子方，春秋經解〔M〕，四庫全書文淵閣本，上海：上海古籍出版社 1987 年影印。

〔宋〕崔子方，春秋本例〔M〕，四庫全書文淵閣本，上海：上海古籍出版社 1987 年影印。

〔明〕陳邦瞻，宋史紀事本末〔M〕，四庫全書文淵閣本，上海：上海古籍出版社 1987 年影印。

〔清〕蔡上翔，王荊公年譜考略〔M〕，上海：上海人民出版社，1959。

陳來，宋明理學〔M〕，瀋陽：遼寧教育出版社，1991。

陳廷傑，經學概論〔M〕，北京：商務印書館，1930。

陳寅恪，宋史職官志考證序〔A〕，金明館叢稿二編〔C〕，上海：生活‧讀書‧新知三聯書店，2001。

陳植鍔，北宋文化史述論〔M〕，北京：中國社會科學出版社，1992。

陳戰峰，宋代《詩經》學與理學〔M〕，西安：陝西人民出版社，2006。

池田秀三著，石立善譯，日本京都大學的《春秋》學研究之傳統[EB/OL].
　　http://www.zisi.net/htm/xzwj/slswj/slswj/2006-12-20-35390.htm。

蔡方鹿，程顥、程頤與中國文化〔M〕，貴陽：貴州人民出版社，1996。

D

戴維，春秋學史〔M〕，長沙：湖南教育出版社，2004。

鄧廣銘，鄧廣銘治史叢稿〔M〕，北京：北京大學出版社，1997。

F

〔宋〕范仲淹，范文正公集〔M〕，四部叢刊本。

〔宋〕范祖禹，范太史集〔M〕，四庫全書文淵閣本，上海：上海古籍出版社
　　1987年影印。

范文瀾，群經概論〔A〕，民國叢書〔C〕第二編，上海：上海書店，1989。

范學輝，董仲舒《春秋繁露》與經學開山〔J〕，孔子研究，2006（5）。

G

高亨，周易大傳今注〔M〕，濟南：齊魯書社，1998。

葛煥禮，八世紀中葉至十二世紀初的「新春秋學」〔M〕，濟南：山東大學出
　　版社，2003。

葛煥禮，崔子方的《春秋》學〔J〕，山東大學學報，2006（4）。

葛煥禮，論蘇轍《春秋》學的特點〔J〕，孔子研究，2005（6）。

葛煥禮，孫覺《春秋經解》四庫本訛誤考析〔J〕，史學月刊，2005（7）。

郭正忠，中國古代官僚機構的膨脹規律及根源〔J〕，晉陽學刊，1987（3）。

H

〔漢〕何休，春秋公羊解詁〔M〕，四庫全書文淵閣本，上海：上海古籍出版
　　社1987年影印。

〔宋〕胡安國，春秋胡氏傳〔M〕，四部叢刊本。

〔宋〕胡寅著，容肇祖點校，斐然集〔M〕，北京：中華書局，1993。

〔清〕黃宗羲原著，全祖望補修，陳金生，梁運華點校，宋元學案〔M〕，北
　　京：中華書局，1986。

何兆武，宋代理學和宋初三先生〔J〕，史學集刊，1989（3）。

何澤恒，歐陽修之經史學〔M〕，臺灣：國立臺灣大學出版委員會，1980。

何忠禮，科舉制度與宋代文化〔J〕，歷史研究，1990（5）。

侯外廬主編，中國思想通史〔M〕，第四卷上冊，北京：人民出版社，1959。

侯外廬，邱漢生，張豈之主編，宋明理學史〔M〕，上冊，北京：人民出版社，
　　1984。

J

賈貴榮，《春秋》經與北宋史學〔J〕，中國史研究，1989（3）。

蔣伯潛，十三經概論〔M〕，上海：上海古籍出版社，1983。

姜廣輝主編，中國經學思想史〔M〕，第一，二卷，北京：中國社會科學出版
　　社，2003。

姜廣輝，論宋明理學與經學的關係〔J〕，湖南大學學報，2004（5）。

姜廣輝，「宋學」、「理學」與「理學化經學」〔J〕，哲學研究，2007（9）。

江湄，北宋諸家《春秋》學的「王道」論述及其論辯關係〔J〕，中國哲學，
　　2007（7）。

江湄，從「大一統」到「正統」〔A〕，瞿林東，文明演進源流的思考〔C〕，
　　北京：北京師範大學出版社，2007。

〔德〕伽達默爾著，洪漢鼎譯，真理與方法——哲學詮釋學的基本特徵〔M〕，
　　上海：上海譯文出版社，1999。

金鑫，曹家齊，說歐陽修的正統論思想〔J〕，史學史研究，2005（2）。

L

〔唐〕柳宗元，柳河東集〔M〕，四庫全書文淵閣本，上海：上海古籍出版社
　　1987 年影印。

〔宋〕李覯著，王國軒校點，李覯集〔M〕，北京：中華書局，1981。

〔宋〕黎靖德編，王星賢點校，朱子語類〔M〕，北京：中華書局，1994。

〔宋〕李明復，春秋集義綱領〔M〕，四庫全書文淵閣本，上海：上海古籍出
　　版社 1987 年影印。

〔宋〕李燾，續資治通鑒長編〔M〕，上海：上海古籍出版社，1986。

〔宋〕李心傳，建炎以來繫年要錄〔M〕，四庫全書文淵閣本，上海：上海古
　　籍出版社 1987 年影印。

〔宋〕劉敞，公是先生七經小傳〔M〕，四部叢刊本。

〔宋〕劉敞，公是弟子記〔M〕，四庫全書文淵閣本，上海：上海古籍出版社

1987 年影印。

〔宋〕劉敞，公是集〔M〕，四庫全書文淵閣本，上海：上海古籍出版社 1987 年影印。

〔宋〕劉敞，春秋意林〔M〕，四庫全書文淵閣本，上海：上海古籍出版社 1987 年影印。

〔宋〕劉敞，春秋說例〔M〕，四庫全書文淵閣本，上海：上海古籍出版社 1987 年影印。

〔宋〕劉敞，春秋權衡〔M〕，四庫全書文淵閣本，上海：上海古籍出版社 1987 年影印。

〔宋〕劉敞，春秋劉氏傳〔M〕，四庫全書文淵閣本，上海：上海古籍出版社 1987 年影印。

〔宋〕陸佃，陶山集〔M〕，四庫全書文淵閣本，上海：上海古籍出版社 1987 年影印。

〔宋〕羅從彥，豫章文集〔M〕，四庫全書文淵閣本，上海：上海古籍出版社 1987 年影印。

李建軍，宋代《春秋》學與宋型文化〔M〕，北京：中國社會科學出版社，2008。

李祥俊，王安石學術思想研究〔M〕，北京：北京師範大學出版社，2000。

梁啓超著，夏曉紅點校，清代學術概論〔M〕，北京：中國人民大學出版社，2004。

劉連開，再論歐陽修的正統論〔J〕，史學史研究，2001（4）。

劉澤亮，從《五經》到《四書》：儒學典據嬗變及其意義〔J〕，東南學術，2002（6）。

〔美〕劉子健著，趙冬梅譯，中國轉向內向——兩宋之際的文化內向〔M〕，南京：江蘇人民出版社，2002。

盧國龍，宋儒微言〔M〕，北京：華夏出版社，2001。

盧鍾峰，論胡安國及其《春秋傳》〔J〕，中國史研究，1982（3）。

M

〔元〕馬端臨，文獻通考〔M〕，四庫全書文淵閣本，上海：上海古籍出版社 1987 年影印。

馬宗霍，中國經學史〔A〕，民國叢書〔C〕第二編，上海：上海書店，1989。

馬通伯，韓昌黎文集校注〔M〕，北京：古典文學出版社，1957。

牟潤孫，注史齋叢稿〔M〕，北京：中華書局，1987。

N

內藤虎次郎著，蘇振申譯，支那史學史‧宋代史學的發展〔A〕，宋史研究集〔C〕第 6 輯，臺灣：國立編譯館中華叢書編審委員會，1977。

O

〔宋〕歐陽修，歐陽文忠公集〔M〕，四部叢刊本。
〔宋〕歐陽修，新五代史〔M〕，北京：中華書局，1974。

P

〔清〕皮錫瑞著，周予同注釋，經學歷史〔M〕，北京：中華書局，2004。
潘殊閒，葉夢得《春秋》類著述考論〔J〕，湖州師範學院學報，2004（6）。
彭林，經學研究論文集〔M〕，上海：上海書店，2001。
蒲衛忠，孫復與宋代春秋學研究〔A〕，經學今詮初編〔C〕，瀋陽：遼寧教育出版社，2000。

Q

漆俠，宋學的發展和演變〔M〕，石家莊：河北人民出版社，2002。
錢穆，中國學術思想史論叢〔M〕，五，臺灣：東大圖書有限公司，1978。

R

〔清〕阮元校刻，十三經注疏‧尚書正義〔M〕，北京：中華書局，1980。
饒宗頤，中國史學上之正統論〔M〕，上海：上海遠東出版社，1996。

S

〔宋〕邵伯溫，聞見錄〔M〕，四庫全書文淵閣本，上海：上海古籍出版社 1987 年影印。
〔宋〕邵雍，皇極經世書〔M〕，四庫全書文淵閣本，上海：上海古籍出版社 1987 年影印。
〔宋〕石介著，陳植鍔點校，徂徠石先生文集〔M〕，北京：中華書局，1984。
〔宋〕司馬光，溫國文正公文集〔M〕，四部叢刊本。
〔宋〕蘇洵，嘉祐集〔M〕，四庫全書文淵閣本，上海：上海古籍出版社 1987 年影印。
〔宋〕蘇軾，東坡易傳〔M〕，四庫全書文淵閣本，上海：上海古籍出版社 1987

年影印。

〔宋〕蘇軾，蘇軾文集〔M〕，四庫全書文淵閣本，上海：上海古籍出版社1987年影印。

〔宋〕蘇軾，東坡全集〔M〕，四庫全書文淵閣本，上海：上海古籍出版社1987年影印。

〔宋〕蘇轍，春秋集解〔M〕，四庫全書文淵閣本，上海：上海古籍出版社1987年影印。

〔宋〕蘇轍，老子解〔M〕，四庫全書文淵閣本，上海：上海古籍出版社1987年影印。

〔宋〕蘇轍，古史〔M〕，四庫全書文淵閣本，上海：上海古籍出版社1987年影印。

〔宋〕蘇轍，欒城集〔M〕，四庫全書文淵閣本，上海：上海古籍出版社1987年影印。

〔宋〕蘇轍，欒城應詔集〔M〕，四部叢刊本。

〔宋〕蘇轍，欒城後集〔M〕，四庫全書文淵閣本，上海：上海古籍出版社1987年影印。

〔宋〕蘇籀，欒城遺言〔M〕，四庫全書文淵閣本，上海：上海古籍出版社1987年影印。

〔宋〕孫復，孫明復小集〔M〕，四庫全書文淵閣本，上海：上海古籍出版社1987年影印。

〔宋〕孫復，春秋尊王發微〔M〕，四庫全書文淵閣本，上海：上海古籍出版社1987年影印。

〔宋〕孫覺，春秋經解〔M〕，四庫全書文淵閣本，上海：上海古籍出版社1987年影印。

沈玉成，劉寧，春秋左傳學史稿〔M〕，南京：江蘇古籍出版社，1992。

舒大剛，李冬梅，蘇轍佚文兩篇：《詩説》、《春秋説》輯考〔J〕，文學遺產，2004（1）。

束景南，王曉華，四書升格運動與宋代四書學的興起〔J〕，歷史研究，2007（5）。

T

〔元〕脫脫等，宋史〔M〕，北京：中華書局，1977。

唐君毅，中國哲學原論‧原教篇〔M〕，北京：中國社會科學出版社，2006。

W

〔宋〕王安石，臨川先生文集〔M〕，四部叢刊本。

〔宋〕王應麟，玉海〔M〕，四庫全書文淵閣本，上海：上海古籍出版社1987年影印。

〔宋〕王應麟著，孫海通校點，困學紀聞〔M〕，瀋陽：遼寧教育出版社，1998。

〔宋〕吳興，陳振孫，直齋書錄解題〔M〕，四庫全書文淵閣本，上海：上海古籍出版社1987年影印。

〔宋〕吳曾，能改齋漫錄〔M〕，四庫全書文淵閣本，上海：上海古籍出版社1987年影印。

吳德義，論孫復思想的貢獻及其時代價值〔J〕，晉陽學刊，1990（4）。

X

〔宋〕蕭楚，春秋辨疑〔M〕，四庫全書文淵閣本，上海：上海古籍出版社1987年影印。

蕭永明，北宋新學與理學〔M〕，西安：陝西人民出版社，2001。

徐洪興，思想的轉型——理學發生過程研究〔M〕，上海：上海人民出版社，1996。

Y

〔宋〕楊時，龜山集〔M〕，四庫全書文淵閣本，上海：上海古籍出版社1987年影印。

〔宋〕葉夢得，春秋考〔M〕，四庫全書文淵閣本，上海：上海古籍出版社1987年影印。

〔宋〕葉夢得，春秋讞〔M〕，四庫全書文淵閣本，上海：上海古籍出版社1987年影印。

〔宋〕葉夢得，春秋傳〔M〕，四庫全書文淵閣本〔M〕，上海：上海古籍出版社1987年影印。

〔宋〕葉夢得，石林燕語〔M〕，四部叢刊本。

〔宋〕葉適著，習學記言序目〔M〕，北京：中華書局，1977。

〔宋〕尹洙，河南先生文集〔M〕，四庫全書文淵閣本，上海：上海古籍出版社1987年影印。

〔明〕楊士奇，黃淮等編，歷代名臣奏議〔M〕，四庫全書文淵閣本，上海：上海古籍出版社1987年影印。

〔清〕永瑢等，四庫全書總目提要〔M〕，北京：中華書局，1：965。

楊伯峻，春秋左傳注〔M〕，北京：中華書局，1981。

楊向奎，宋代理學家的春秋學〔J〕，史學史研究，1989（1）。

姚瀛艇主編，宋代文化史〔M〕，鄭州：河南大學出版社，1992。

余英時，余英時文集〔M〕，桂林：廣西師範大學出版社，2006。

余英時，朱熹的歷史世界〔M〕，上海：生活・讀書・新知三聯書店，2004。

Z

〔宋〕張大亨，春秋通訓〔M〕，四庫全書文淵閣本，上海：上海古籍出版社
　　1987 年影印。

〔宋〕張載著，章錫琛點校，張載集〔M〕，北京：中華書局，1978。

〔宋〕趙秉文，滏水集〔M〕，四庫全書文淵閣本，上海：上海古籍出版社 1987
　　年影印。

〔清〕趙翼著，王樹民校證，廿二史札記校證〔M〕，北京：中華書局，1984。

〔宋〕周麟之，海陵集〔M〕，四庫全書文淵閣本，上海：上海古籍出版社 1987
　　年影印。

〔宋〕朱弁，曲洧舊聞〔M〕，四庫全書文淵閣本，上海：上海古籍出版社 1987
　　年影印。

〔宋〕朱熹，四書章句集注〔M〕，北京：中華書局，1983。

〔清〕朱彝尊，經義考〔M〕，四庫全書文淵閣本，上海：上海古籍出版社 1987
　　年影印。

張高評，臺灣《春秋》經傳研究之師承與論著〔J〕，江海學刊，2004（4）。

張豈之主編，中國思想史〔M〕，西安：西北大學出版社，1989。

張豈之主編，中國思想學說史〔M〕，宋元卷上，桂林：廣西師範大學出版社，
　　2007。

張豈之主編，王宇信等撰述，中國近代史學學術史〔M〕，北京：中國社會科
　　學出版社，1996。

張豈之，五十年來中國古代思想史研究〔J〕，中國史研究，1999（4）。

張茂澤，鄭熊，孔孟學述〔M〕，西安：三秦出版社，2003。

章權才，宋明經學史〔M〕，廣州：廣東人民出版社，1999。

章權才，宋代退五經尊四書的過程與本質〔J〕，學術研究，1996（2）。

章權才，胡安國《春秋傳》研究〔J〕，學術研究，1995（2）。

章權才，宋初經學的守舊與開新〔J〕，廣東社會科學，1998（5）。

張尚英，舒大剛，宋代《春秋》學文獻與宋代《春秋》學〔J〕，求索，2007

（7）。

張志強，從思想史到政治哲學〔J〕，哲學動態，2006（11）。

趙伯雄，春秋學史〔M〕，濟南：山東教育出版社，2004。

周予同，群經概論〔A〕，民國叢書〔C〕第二編，上海：上海書店，1989。

朱維錚編，周予同經學史論著選集〔M〕，上海：上海人民出版社，1983。

致　謝

　　記得中學時候學過朱自清的《匆匆》,「聰明的,你告訴我,我們的日子為什麼一去不復返呢?」當時只是背誦得很熟練,其中的眞意,並不能懂多少。如今,一轉眼,我在西北大學已經學習、生活了將近六年,此時此刻此身才深深地體會、領悟到什麼是「匆匆」,什麼是「一去不復返」。六年的日子裏,留在腦海中最多的是翻閱原典、謄抄筆記、整理思路、發表文章、聆聽導師教誨、不斷寫作修改,每一步都離不開老師的諄諄善誘,每一步都有艱辛的付出。

　　導師張豈之先生在本文的寫作過程中,給與了悉心的指導和關懷。從論文題目的選定,到論文提綱的審核,以至論文的修改,先生都提出了寶貴意見。不僅如此,先生對於我取得的細小進步和成績,也適時地加以肯定和鼓勵,從而增添了我克服困難、努力前行的信心和勇氣。

　　思想所的方光華老師、謝陽舉老師、張茂澤老師嚴謹的治學態度,讓我收穫頗多、受益匪淺。劉薇老師、鄭熊老師、李江輝老師、陳戰峰老師、宋玉波老師對我的關心、照顧和勉勵,時時激勵我不斷前進。

　　王強、夏紹熙、朱曉紅、王建宏、張建民等眾位同窗的傾力相助、相互切磋,成爲我學習的動力和目標。三年的同學情誼,將是我難以忘懷的寶貴的精神財富。

　　「路漫漫其修遠兮,吾將上下而求索」,面對新的挑戰和生活,我將一如既往地充滿信心、勇往直前。

侯步雲　謹記

2009 年 04 月